市民の憲法

五十嵐敬喜

早川書房

市民の憲法

目次

序章　5
第二章　直接民主主義の設計　17
第三章　人権論の創造　40
第四章　環境権　47
第五章　外国人の権利　69
第六章　地方自治　92
第七章　立法　114
第八章　行政　139

第九章　大統領制　158
第一〇章　司　法　175
第一一章　憲法裁判所　193
第一二章　財　政　202
第一三章　伝統と文化　225
第一四章　戦争放棄と平和への貢献　242
あとがき　267

巻末資料
憲法関連年表　273
「美しい都市を創る権利」に関わる世界の憲法　294
参考文献　300

序章

憲法は、国内最高の規範（ルール）であり、そこには日本の国と国民の「あるべき姿」が示されている。この憲法について、最近「改憲」がいわれるようになった。憲法にうたわれた理念や制度と現実が乖離し、役立たなくなった。旧いものは壊し、新しいモデルをつくらなければならないというのである。

緊迫する憲法状況

「改憲」の直接的な引き金になったのは、二〇〇一年九月のアメリカに対するテロ攻撃と、これに対するアメリカのアフガン空爆であった。日本もアメリカと同じようにテロと戦うべきであり、そのためには「自衛隊の参加」が欠かせず、自衛隊を海外に派遣するためには「集団的自衛権」が必要である。しかし、憲法九条はこの「集団的自衛権」を認めていないというのであった。

改憲の動機は九条にとどまらない。もっと大きな気分をいえば、現在の日本は「円、株、債券」のいわゆるトリプル安があって、経済は底無し沼に沈みこんで、国の借金は天文学的な数字にふくらんだ。失業や自殺が増えてきている。しかし政治は全く頼りなく、どんな政府をつくってももはやこの困難を切り抜けることはできない。

確かに日本では、特に一九九〇年代後半から、政治改革、行政改革、司法改革といった「三権改革」と、それにあわせて公共事業、医療、金融などの分野別改革、さらには地方分権や規制緩和などのシステム改革など、あらゆる「改革」が取り組まれて来た。

二〇〇一年、二一世紀最初の総理大臣として登場した小泉純一郎の「聖域なき構造改革」は、これら一連の改革の総仕上げとして登場してきたとみることもできるだろう。しかし率直に言って、これら「改革」はいつも掛け声ばかりで、日本が直面しているさまざまな困難を解決できないばかりか、反対にかつてのバブル以来積み上げられてきた負の連鎖を加速させているようにすらみえる。バブルの崩壊と不況→公共事業による景気対策→財政の悪化と信用不安→景気停滞→そして再び公共事業といった具合だ。

これまでの一連の改革が機能しなかったとすれば、座して死を待つか、それともこれら一連の改革の頂点に位置する、最大のルールである憲法の改正に着手する以外にないという気分がわいてくる。

そしてそのような眼であらためて憲法をみると、自衛隊だけが問題だというわけではない。

高度経済成長の名において、あまりにも環境が壊された。日本国中、やせた杉林と直線の川、そしてテトラポッドで埋めつくされた海岸。マスコミ等によるプライバシー侵害は甚だしい。得体の知れない組織が勝手に名簿を使い、変なメールを送り付けてくる。これらを正すことは新しい基本的人権として、憲法上保障されなければならない。一方、政治のほうも不安がつきない。今のような選挙制度で何回選挙をやっても、自民党支配の政治は変わらない。官僚は族議員と結びついて「改革」をほんろうしている。総理大臣は毅然として改革を進めなければならない。そのためには、国会内の多数派から選ぶという議院内閣制の総理大臣ではなく、国民が直接選ぶ大統領制がよいのではないか。国の形も、地方分権を徹底するべきであるし、むしろ今の国家を一旦解体して、道州制あるいは連邦制にしたほうがよいのではないか等々、「日本改造」のための改憲論が次々と浮上してくるのである。

そうした中で読売新聞の憲法改正第二次試案（二〇〇〇年五月三日）は、憲法全体について論じた代表的な改憲論であり、すでに衆議院と参議院に設置してある憲法調査会も、まもなく中間報告を、そして今後二年以内には最終報告を提出するとしており、それも有力な改憲論となっていくであろう。

なお、二〇〇二年春、憲法改正を実施するために必要な国民投票に関する「憲法改正国民投票法案」が提案されつつあるということも、このような動きに拍車をかける。

もちろん、このような「改憲論」に対する抵抗も強い。

大局的にいえば、国民主権、基本的人権の尊重、そして平和主義をうたった現行憲法は、押しつけられたものか否かはともかく、基本的に正しいものであり、二一世紀も、日本だけでなく人類共通の遺産として引き継がれるべきである。確かに、現在日本では先にみたような現象を含めて、社会に閉塞感が充満していることは事実である。しかし、それは憲法が悪いからではなくて、むしろ反対に、憲法を正しく運用しなかったからである。したがって、この「閉塞感」を克服するためには、今一度憲法の原点に立ち返って、その正しい運用に努めなければならない。

安易に憲法改正論に乗ったり、あるいは刃向かったりするのは「敵のワナ」にはまるだけで、いつのまにか捕虜になる。とりわけ敵のねらいは、ただひとつ憲法九条の改正と自衛隊出兵にあるのであって、環境権やプライバシー権などといかにも肌ざわりのよい権利の提案は、そのためのダミーだということに気がつかなければならない、というのだ。

改憲論と護憲論は、このようにして、いわば憲法を改正する必要があるか否かの入口で衝突し、決してそれ以上進もうとはしなかった。今回のアフガン空爆で、難民救援が国際的な課題となった。その必要性は改憲派、護ち憲派に限らず、誰しも異論なく認めるところである。しかし、これにひとたび自衛隊が絡むと、冒頭にみた「集団的自衛権」や「PKO（PKF）」、さらには「有事法制」問題が発生し、この賛否について入口で紛糾したまま、肝腎要《かなめ》の難民救援の具体的な方策や制度については立ち往生してしまう、というのがこれまでであった。

「論憲」の必要

憲法の理念や制度と現実との間に、なぜこのような落差が生じてしまったか、改憲か護憲かの選択は、じつはこの認識の差にかかっているのではないか。すなわち、前者、改憲派は、この落差は現行憲法の規定から必然的に発生するのであり、それが限界だとするのに対し、護憲派は右にみたようにそうではなくて、それは運用が悪いために、たまたま発生したにすぎない、とみるのである。そのいずれが正しいか、私たちはこの問題を、憲法の規定と具体的事実を突きあわせていきながら、考え、かつその解決策を提示する、という立場にたつ。これを仮に「論憲派」と呼ぶことにしよう。

これまでこの論憲派は、強固な改憲派と護憲派の間に挟まれて、必ずしも目立ったものではなかった。しかも、挟まれたまま身動きがとれないというだけでなく、内在的な弱さも存在している。

憲法改正というのは、国家の最高の政策を変更する、ということである。それがどういうものであるか、明治憲法、現行憲法が制定された時期とその内容を想起したい。

明治憲法は、周知のように、江戸という封建時代から、明治という近代に変わる過程で幕府と薩長の「内戦」を経て制定された。その第一条には「大日本帝国ハ万世一系ノ天皇之ヲ統治ス」と書かれ、天皇を頂点とする強力な君主制国家としてスタートした。それはちょんまげが洋服にかわり、それまで君臨してきた武士がいなくなる、天と地がひっくりかえる革命であった。

現行憲法も、やはり天と地がひっくりかえるような革命を経て制定された。天皇制は、いつしか軍部の跋扈を許し、日本は太平洋戦争に突入し、広島、長崎に原爆を落とされて戦争に敗北し、何百万人という人の命が奪われた。日本はアメリカに占領され、憲法が改正された。その結果、天皇は「現人神から象徴」に変更され、先ほどの国民主権、基本的人権の尊重、そして九条にみられる徹底した平和主義が確立された。軍国主義にかわって民主主義になったのである。

そして、以来六〇年近くが過ぎた。それでは今後制定される憲法とは、どういうイメージか。これには二つの考え方がある。

一つは、例えば環境権の追加などのように、現行憲法で足りないと思われるような点について、骨格は全部残したうえで部分的に追加していく、という方法である。アメリカの修正条項のように、元の憲法はそのままにしたうえで、新たなものをつけ加えていくといった方法は、その典型例であり、戦後何回も改正されたドイツ憲法も、既存の憲法の条文を書き換えるという意味ではアメリカと同じではないが、部分的対応という点では同じ発想といえるであろう。

もう一つは、このような部分的なものではなく、明治憲法、現行憲法と同じように、いわば革命的状態という社会変動を背景に、これを切り抜けるべく、その未来を示すといった根本的な改訂を行うというものである。これは世界的にみても、いわゆる先進資本主義国では例をみない方法であるが、現行憲法の制定された一九四六年当時と二〇〇二年の今とでは、憲法をとりまく社会環境が、それこそ江戸から明治へ、昭和軍国主義から昭和民主主義へといったものと同じ程度に異なってきたとみれば、部分改訂ではすまされず、それこそ全面改正もありうるということであろう。

さて、それではこのどちらが選択されるべきか。答えはもちろん、今後日本はどうなっていくか、という点にかかっている。このところの円安、株安、債券安といったトリプル安は、日本の経済が全面崩壊にむかっているという兆候である。憲法九条が改正されて、自衛隊が正式に軍隊として認知され、海外に派遣されるようになれば、それは単に九条の変更にとどまらず、現行憲法の本質的な変更につながる。

あるいは憲法の条文だけでなく、「首都移転」が着手されれば、それこそかつての「遷都＝御一新」といったイメージを醸成するであろう。深い危機に対処するために、「大統領制」といったものが採用されたらどうであろうか。

このようにして、状況は不安定かつ流動的なのであるが、少なくとも先にみた読売新聞改憲試案などをみると、それはアメリカのように、現行憲法を元にして足りないところを少しずつ増やしていくといったものではなく、憲法全体にわたる本格的なものとみることができるようである。それはその根底に時代の危機をみるからに他ならない。

体系的・論理的に捉える

そこで論憲派も、これに対応していく必要があると思われる。その際注意しなければならないことは、それが憲法の改正である以上、一つ一つの条文もそれら全体の配置も、論理的で体系的でなければばならないということである。

憲法九条に手をいれるということは、自衛隊を軍隊として認めるということである。そして、軍隊と認めるとしても、あるいは認めるからこそ、これに対して文民、つまり市民のコントロールが強化されなければならない。この二つ、つまり宣戦布告や市民統制の手続きをどうするかということが一体でなければ、近代的国家の軍隊とは認められないのである。同じようなことは、例えば地方分権と連邦制についてもあてはまる。

連邦制とは、現行憲法が、まず国があって、その下に都道府県あるいは市町村を置くとイメージしているのと異なって、例えばアメリカのようにまず自治体に自治権があって、それが集合して国がつくられるというイメージである。したがって、それを採用する場合には、単に連邦制をとるということを宣言するだけでなく、国と自治体の関係について、右のイメージに沿うような制度設計をしなければならないのである。つまり、一つの条項やイメージを変えるということは、憲法全体に影響しあうという意味で体系的であり、しかもそれらは相互に矛盾してはならないという意味で論理的なのである。

もう一つ、憲法改正にとって決定的に必要なことをつけ加えておかなければならない。それは、全体的な改正であれば当然だが、その改正が部分的なものであっても、その将来像は明確でなければならない、ということである。

市民の政府

それでは、この「将来像」とは何か。それは、一つは歴史によってつくられるものであり、それはまた想像力によってつくられるものである。歴史とは過去の総括であり、想像力とは未来への予感である。

そこでまず、最近行われてきた「改革」からみていくことにしよう。

政治・行政改革、そして現在行われている司法改革のいわゆる三権改革は何をもたらしたか。政治改革は、国民と国会の復権が最大課題であったにもかかわらず、「小選挙区制」という選挙区の改正にとどまった。行政改革は、文字どおり官僚による中央集権体制の打破が目標であったにもかかわらず、いつしかそれは省庁の統合と再編にとどまった。官僚の権力は、これによってむしろ強化されたという指摘すらある。

司法改革は現在進行中であるが、早くも官僚に対する行政訴訟の改革が延期されるなど、国民による裁判のコントロールなど夢のまた夢という状態だ。

金融、社会保障、公共事業など、個別分野の改革も、例えば金融機関に対する公的資金の再注入の動きにみられるように、志半ば、あるいは年金や医療改革などのように、国民の負担が重くなるだけという分野もある。

地方分権や規制緩和といったシステム改革も、「自治の名による合併の強制」という事態にみられるように、改革の理念とは全く裏腹の政策が公然と繰り広げられている。規制緩和についていえば、緩和と強化がいたちごっこでくり返されている。

なぜこのような状態になるか。総じていえば、改革の理念は一般的には共有されても、それを具体化する過程で次第に骨抜きにされ、当初の理想とは全く異なったものになる。その圧倒的な支配者が「官僚」である、ということではないか。言い換えれば、先にみた数多くの改革は「国民主権」の名の下の「官僚支配」に対する各方面からのさまざまな論理による挑戦であったが、ことごとくはねつけられたということであろう。

それでは、現行憲法の下でこの「官僚支配」は是正できるであろうか。

現行憲法でも、「官僚支配」に対するさまざまなコントロール手法が定められている。国会を中心とした三権分立、中央政府に対する地方自治、そしてさまざまな基本的人権は、本来「官僚支配」を許さないはずであった。しかし、現実にそれがおきているとしたら、それぞれの制度や理念に欠陥があったからである。それは何か。

本書は、その原因に対する探求の書であり、もっと基本的には、現行憲法では「国民主権」は定められているものの、それは名ばかりで、実質が伴っていないことを明らかにするものである。私たちは、憲法の二大構成要素である基本的人権と権力の形態の双方について、国民主権を貫徹していく必要がある。そのことによって人権はより充実し、権力も官僚に操られた国民と無縁なものではなく、「市民の政府」となる。巨視的にいえば、明治以来続けられてきた官僚支配との決別が、第三の憲法の将来像とならなければならない、と考えるのである。言い換えれば、さまざまな改正論は、この市民の政府のイメージの下で論理的に体系化されなければならないといえよう。

そこであらかじめ私たちの憲法に対する論憲のアプローチを示しておくと次のようになる。

憲法をめぐっては、巻末資料の憲法関連年表にみられるように、今に始まったわけではなく、長い歴史があり、また最も体系的な憲法改正試案と思われる読売新聞にみられるように、論点は憲法九条だけでなく、数多くある。

本書では、このうち私たちが論憲するにあたって必要不可欠と考えるものだけをとりあげる。論点すべてにふれるためには、本書の何倍かの作業が必要となるであろう。
私たちの憲法の基本的イメージは、官僚支配を超えて、文字どおり国民主権にもとづく政治、すなわち「市民の政府」と、それとワンセットとなった新しい基本的人権の創造である。その原動力となるのが市民による直接民主主義の保障と実践である。

本書は論憲的な体系書を目指している。当初、その構成をめぐって現行憲法とパラレルに、前文から始まって、一条の天皇、二条の皇位継承というように、逐条的に対置するという方法を考えた。しかし本書では、例えば「大統領制」のように、現行憲法を大きくはみ出す制度提言が試みられている。そして、このような提案は必ずしも現行憲法の順序とはかみあわず、またこれを大胆に再編成したほうが合理的であると考えられた。したがって、本書では体系的であることを目指しながら、現行憲法とパラレルに叙述する方法をとらず、全く新しい順序を提案している。

「市民の政府」の主役は、当然のことながら市民＝国民であり、論理的にはこれが冒頭にくるというのが正しい。そこでの市民はもはや「間接民主主義」による「統治の対象」としての市民ではなく、「自らの決定」によって政府そのものを創る主権者としての市民である。このような市民概念の転換を、私たちは「間接民主主義と直接民主主義」の選択として提案したい。

次いで、市民がつくる政府は、もちろん市民を統治する統治機構ではない。
市民の政府形態は、市民が直接的に政府に参加できる仕組みとして構築しなおさなければならない。ここでは、現在の「議院内閣制」と、新たな「大統領制」が対置され、検討される。それに応じて、国会と裁判所の「三権分立」の質的な変容が試みられるであろう。私たちは、憲法九条は二一世紀日本の世界に誇るべき「個性」だという認識である。しかし周知のように、ここにも次々と大きな衝撃がおきている。特に二〇〇一年九月のアメリカへのテロ攻撃とアフガン空爆、そしてこれに対応する我が国の後方支援と有事体制の論争は、危機管理の早急な確立が求められているということを教えた。私たちは二一世紀、「市民の政府の憲法」を構築するために、この論点に対する具体的な対処を考えたいのである。

市民立法

憲法改正はもはや研究者の研究事項でも、評論家の評論対象に限られない。あるいは国会議員の特権でも野望でもない。あらゆるところで論議されていくべき国民的テーマである。言い換えれば、このような国民の運命にかかわるテーマこそ、国民が直接かかわらなければならないのである。現行憲法が憲法改正を最終的には国民の投票に委ねたのは、それを要請してのことである。

かつて明治憲法の制定は、確かに日本人の手で行われた。しかしそれは少数のエリートによるものであって、国民が直接かかわったというものではない。

また、現行憲法制定のイニシアティブをとったのは、周知のとおり連合国軍最高司令官としてのマッカーサーであった。国会で審議したという意味では国民も参加したとはいえるが、これも国民が実質的に参加したというわけにはいかないであろう。

今回の日本近代史上三番目になる憲法改正こそ、歴史上初めて国民がイニシアティブをとることを要請している。

市民の政府を原理的な政治形態とし、それを新しい基本的人権に位置づける私たちの改正案では、国民のイニシアティブは、一般的に要請されるというだけでなく、命であり、権利である。新しい憲法は、新しい「市民立法」という方法でつくられて輝きを増すのである。

第二章　直接民主主義の設計

議会不信

最近、日本の政治史上かつてみられなかったような異常事態が起きた。小泉内閣総理大臣、田中康夫長野県知事が、一時は八〇%以上もの高い支持率を得たということである。小泉内閣総理大臣の「聖域なき構造改革」、田中知事の「脱ダム宣言」などは、いわば戦後日本の宿痾となっている病根に次々とメスをいれようとしている。しかも、その手法も従来のような「根回し」といった方法ではなくて、いわば独裁的に断行しようとしているという点で、閉塞感に悩む国民に対して、一種の清涼感を与えた。

制度的にいうと、本来総理大臣や知事というのは万能である。総理大臣は、周知のように国会議員の中から選ばれる。言い換えれば、彼は行政及び国会の頂点にあり、絶えず多数派なのである。したがって、彼が政策決定をすれば、それは法律や予算という形をとって国会を通過し、行政を通じて実施されていくのである。知事は総理大臣と異なって、直接国民の投票によって選ばれる。いわば「大統領」なのである。大統領は、直接国民に選ばれたという、まさにそのことによって権限をふるうことができるのであり、アメリカの大統領はその典型的な姿といってよいだろう。その意味で、彼らは「根回し」や「独裁」という方法などとらなくても、通常のスタイルで政治を行えば、その政策を達成できるということになっている。

しかし実際には、小泉内閣の「聖域なき構造改革」は、「道路公団の民営化」にみられるように、総理大臣は民営化のためのいくつかの条件整備（国費投入の廃止など）は行ったが、結局民営化のための法律は提出できないまま、「道路民営化委員会」という第三者委員会をつくり、そこに民営化の具体案の検討を委ねるというように、ある種の迂回ルートを使わざるを得なかった。

田中知事の「脱ダム宣言」も同様で、議会との激しい衝突のあと、結局「治水・利水検討委員会」という、右の小泉内閣の「道路民営化委員会」と同じような第三者機関を設置し、問題をそこでの検討に委ねざるを得なかった。

なぜこのようなことがおこるかというと、双方とも議会が「抵抗勢力」となって、法律や条例、あるいは予算といったものが否決されると予想されるからである。

内閣総理大臣と議会、あるいは知事と議会が衝突した場合どうなるか。これは憲法によって明確に規定されていて、議会が可決しないかぎり法律や予算は通らず、これに対して総理大臣は、自ら辞職するか議会を解散する。知事も同様に議会による不信任決議に対して、自ら辞職するか議会を解散するしかないのである。

これは、権力間のチェック・アンド・バランスをはかる方法として、世界中のあらゆるところで認められている（各国若干の相違はある）三権分立の理論であった。小泉総理大臣も田中知事も、そういう意味では、最終的には議会を解散して国民に信を問えばよいのである。これが現行憲法の想定した通常の姿である。

しかし彼らはそうはせず、第三者機関という方法をとった。もちろん、この程度の問題でいちいち議会を解散していられないという事情はある。しかし、こういう事態が恒常的になってきたら当然解散ということもあるのであるが、簡単にはそうはできない。

それにはいくつかの理由がある。一つは、解散をした場合に、内閣総理大臣や知事の政策に賛同する有権者が、議員に対してもそういう選択をするか、ということであり、実はこれが大問題なのである。

小泉総理大臣の場合、二〇〇一年に行われた参議院選挙では、小泉総理大臣の政策に反対する自民党議員が大量に出現したし、田中知事の場合も、仮に知事選挙を行った場合には現職が、議員選挙を行えばやはり現職の議員が当選するといわれている。

このような現象は、知事の場合は大きな政策で選ぶが、議員の場合は身近な利害で選ぶといったような理由から発生するのであるが、これは一時的な有権者側の浮気というものではなく、恒常的になっている。

もう一つ、最近の政策は後にみるように、戦後長らく蓄積されてきた既得権益の解体といったものが多く、それは必ずしも与党と野党の政策の違いとイコールではない。小泉改革の場合にはむしろ与党内に反対派が多く、野党の側に潜在的な賛成派がみられるというように、内閣に対する国会の姿勢に大きなねじれがみられる。他方、田中知事に対する議会のスタンスは「オール野党」ともいえる状況をみせ、議会そのものが知事の政策に抵抗している。内閣や知事が自らの権力基盤を強くするために解散を行い、自らの政策を市民に問おうとしても、その狙いどおりの結果を得ることが非常に難しいのである。

このようにして、政策決定にあたって、消極的な方法ではあるが、議会の存在や機能といったものがクローズアップされるようになってきた。

あらためて議会とは

憲法では、後に詳しくみるように国会は、「最高で唯一の立法機関」として、三権の中でも最も高い位置に立つ。それは、議会こそ行政や司法と異なって、そのメンバーを国民自ら選挙で選ぶという、最も正当な民主主義手続きを踏んでいるからだ。議会は、このような手続きを踏まない行政が、ときに専横になることをチェックするものとしてその役割を果たすことが期待されているのである。権力相互間のチェック・アンド・バランスの保障という意味で、直接国民を代表する議会の機能は重要なのである。

しかし、そこには議会は「民意を反映する」という大前提があった。小泉内閣や田中知事が「第三者機関」を経由しなければならないというのは、実はこの議会が必ずしも民意を反映しない、というより、高速道路やダムなどのシングル・イシュー（単一争点）に限っていえば、むしろ反対に民意と大きくかけ離れている、といった事実を指摘しなければならない。

公共事業についてみてみよう。今日、あらゆる世論調査などをみても、国民の七、八割が公共事業には無駄が多いとみている。公共事業費は削減しなければならず、道路公団は民営化すべきだし、高速道路もダムももういらないと考えているのである。小泉内閣や田中知事は、これを受けて政策化しようとしているのであるが、国会や地方議会の大半は、今もってこれと正反対の主張になっている。

そこに議会の病弊があり、この病弊はそもそものような矛盾した投票をする有権者が悪い、と非難するだけでは解決できないものとなった。そこでとられたのが第三者機関といった迂回作戦の活用である。しかし、この第三者機関には、二つの決定的な弱点がある。それは、第三者機関はあくまで「中立・専門的な機関」であって、議会のように「多数決で事を決する場」ではないということであり、もう一つは、そこでつくる答申は、裁判所の判決のように法的な拘束力はなく、したがってその答申に従うか否かは自由だということである。多くの場合、人選にもよるが、その結論が一つにまとまるというのは珍しく、複数の意見が並立するということになって、したがってその結論も著しく権威を失っている、というのが現実なのである。

総理大臣も知事も、そして議会も、また第三者委員会も政策決定ができないとしたら、いったい誰がどういう方法で決めたらよいのか。これが二〇世紀の最後に、憲法がかかえた最も根源的な論点であった。

国民主権とは何か

憲法の大きな柱に「国民主権」がある。「そもそも国政は、国民の厳粛な信託によるものであって、その権威は国民に由来し、その権力は国民の代表者がこれを行使し、その福利は国民がこれを享受する。これは人類普遍の原理であり、この憲法は、かかる原理に基づくものである。われらは、これに反する一切の憲法、法令及び詔勅を排除する」（前文）というのであった。このうち最も重要な概念が、「そもそも国政は国民の厳粛な信託によるもの」という部分の「信託」である。これは、一七世紀の有名な思想家ジョン・ロック〔注1〕によるものであり、議会を中心とする間接民主主義の重要な基礎概念となってきた。日本に限らず、世界中どこでもこの信託理論がモデルとなって、近代政治の理念と制度（モデル）がつくられているのである。これを今日的な文脈でいえば、次のようになる。

原型的な「信託」は、いわゆる国民と議員（あるいは議会）との関係を「委任と受任」の関係としてみる。すなわち国民は選挙によって、誰に委任するかは自分で決める。しかし「委任」した後は、「受任者」である議員の決定に従う。

ただし、この「委任」と「受任」の関係は永続的なものではなく、四年とか六年などの定期的な期限があり、国民はその期限ごとに、議員が自らの意思を体現していないと考えるときには、選挙によって彼らを解任することができる。また、そのような期間を待たなくても、「解散」やその他の方法（自治体の場合は、住民の発意による首長や議員の解任請求権がある）によって、選挙を早めることもできる。

しかし、国民はこのような選挙という方法だけでなく、自ら直接政策を決定できる場合もある。日本では、憲法自らが「憲法の改正は、各議院の総議員の三分の二以上の賛成で、国会がこれを発議し、国民に提案してその承認を得なければならない。この承認には、特別の国民投票または国会の定める選挙の際行なわれる投票において、その過半数の賛成を必要とする」（九六条）としているのが、その代表的な例である。ここに国民主権のいわば究極的な姿が認められる。すなわち、国民は憲法上最高の機関といわれる国会の、しかも三分の二以上という多数で決めた決定に対して、これを拒否する権利、言い換えれば、何よりも国民の意思が優位するという権利が保障されていることに留意しなければならないのである。

信託理論に戻していえば、国民は「委任」と「受任」あるいはその一時的な解任という関係をこえて、その全面的な否認という権限をもっている、それが「信託理論」だということを確認したいのである。これをさらに延長したのが次のフレーズである。

すなわち前文ではこの信託理論をうけついで、国民主権の原理に反する「一切の憲法、法令及び詔勅を排除する」としていた。国民主権の原理はこれに反する「憲法」をも排除する。つまり、そこには究極の原理として革命権すら認められているのである。

憲法によれば、最後の政策決定権者は「国民」である。政治が現在のような混迷にあるとき、そして憲法の建前だけでは決定方法がみつからないとき、私たちは国民主権の原理に戻らなければならない。それでは、「憲法改正」以外に、このような国民投票（自治体レベルでいえば住民投票）はできないのだろうか。そこでこれを国と自治体にわけてみていくことにしよう。

軽視される直接民主主義

現行憲法は議会を中心とする間接民主主義を採用している。しかし、それだけではなく、国民投票や住民投票という直接民主主義も規定している。まずこれを国政レベルでみてみよう。国民投票には憲法改正ともう一つ、第九五条「一の地方公共団体のみに適用される特別法は、法律の定めるところにより、その地方公共団体の住民の投票においてその過半数の同意を得なければ、国会は、これを制定することができない」がある。憲法改正のための投票はもちろん一度も行われたことがない。第九五条による住民投票は、戦後の一時期に、一八都市、一五件が実施されただけで、その中に重要度の高い法案は見当たらない。一九九七年に駐留軍用地特別法が改正された。しかし、この法律はもっぱら沖縄県を対象としたものにもかかわらず、住民投票は行われなかった。

このように国の直接民主主義はいかにも貧困である。これに対して、自治体ははるかに多くの住民投票を含む直接参加の制度をもっている。以下、議会を中心とする制度を間接民主主義、住民投票を含む直接参加を中心とする制度を直接民主主義としてみることにしよう。

市民の側から言えば、首長と議員を直接選挙で選ぶというだけでなく、

・首長や議員を解任できる
・議会に対して条例を制定するよう請求することができる
・違法、不当な支出に対して監査請求をすることができる

等である。

なお、これは地方自治法に直接指定されている権利だけをみたものであるが、最近はその他にも、たくさんの参加制度が認められるようになった。

・情報公開や説明責任
・アセスメントと政策評価
・審議会と公聴会
・その他、アンケート、ヒアリング、タウンミーティングなど、さまざまな手法

による参加である。前者をハードな参加とすれば、後者はソフトな参加といってよい。

二〇〇〇年四月からの地方分権一括法の施行とともに、ハード、ソフトの双方の充実により「地方分権＝自治体の自立」はいっそう強化され、この意味では自治体ではいっそう「直接民主主義」が浸透したといってよいだろう。

しかし、それにもかかわらず首長と議会、とくに議会がこれらの参加制度と敵対すると、これらの

参加はすべて空洞化する。

まずソフトをみてみると、それらの参加は悪くするとすべて「聞きおく」という程度の扱いとされ、実質決定は議会のみで行われる。

ハードな部分も、それぞれの制度をみればわかるように、目的を実現するための法的なハードルは高い。確かに、住民には議会に対して条例の制定を求める「直接請求」権が認められているが、そのためには有権者の五〇分の一の署名が必要であり、直接請求に象徴されるように、それらハードルをクリアしたとしても、議会によって否決されると、市民はそれ以降一歩も進むことができないのである。

こうして、自治体の直接参加制度も建前と実態との間には大きな乖離があり、これが日本全体の閉塞感をもたらした。

そしてこのような状況の中で、これをブレークスルーしようとしているのが、新たに市民が開拓した「住民投票」である。

冒頭にみた長野の例でいえば、ダムを建設するか否か、知事も議会も決められない場合、市民が住民投票によって直接決める、という提案である。

国民主権、すなわち国民が最高決定権者であるという先ほどの論理から言えば、これはいかにも正当な提案であろう。そこで、住民投票についてみていくことにしよう。

住民投票

二〇〇〇年一月、徳島市で吉野川可動堰の賛否を問う住民投票が行われた。結果は、可動堰建設反対が九割を超え、反対派の大勝利に終わった。しかしここまでたどりつくには大変な紆余曲折があった。

一九九八年に当時の建設省が可動堰の建設にゴーサインを出したが、地域住民の意向を無視する国のやり方に徳島市民が反旗を翻した。一九九九年二月徳島市議会は、住民投票を求める市民の直接請求を二二対一六で否決した。だが、市民はあきらめることなく同年四月に行われた徳島市議選で、賛成派議員で過半数を制することに成功、ついに六月の市議会で可動堰計画の賛否を問う住民投票条例を成立させた。この条例では有権者の五〇%が投票しなければ有効とは認めないというような条件もつけられたが、市民はそれをクリアして、反対九〇%という明確な意思表示を行った。

こうして、法的にはともかく政治的には、知事も県議会も積極的に推進してきた可動堰建設に対してブレーキをかけることに成功したのである。これは今まで「不倒神話」として、一度計画されたら絶対に中止されることがないとされてきた公共事業に対して、市民の手でストップをかけたものとして画期的なものであった。

このように、住民投票は市民のエネルギーをダイレクトに政策へと反映させることが可能だ。住民投票の数自体は一九九〇年代から増加の一途をたどり、一九九八年以降はこの増加傾向が特に顕著となっている。この意味で住民投票は、先ほどの誰が政策を決定するのか、という論点を考えるにあたって、重要なヒントを与えるものである。

しかし、この状況をもう少し詳しくみてみると、事態はそう楽観できるものではないということがわかる。住民投票には二つの困難があった。住民投票を行うための住民投票条例は、議会で否決されるのが通例であり、実際に実施された例は一部に過ぎない（図2―1）。吉野川可動堰の事例の方

（図2−1）住民投票数の推移

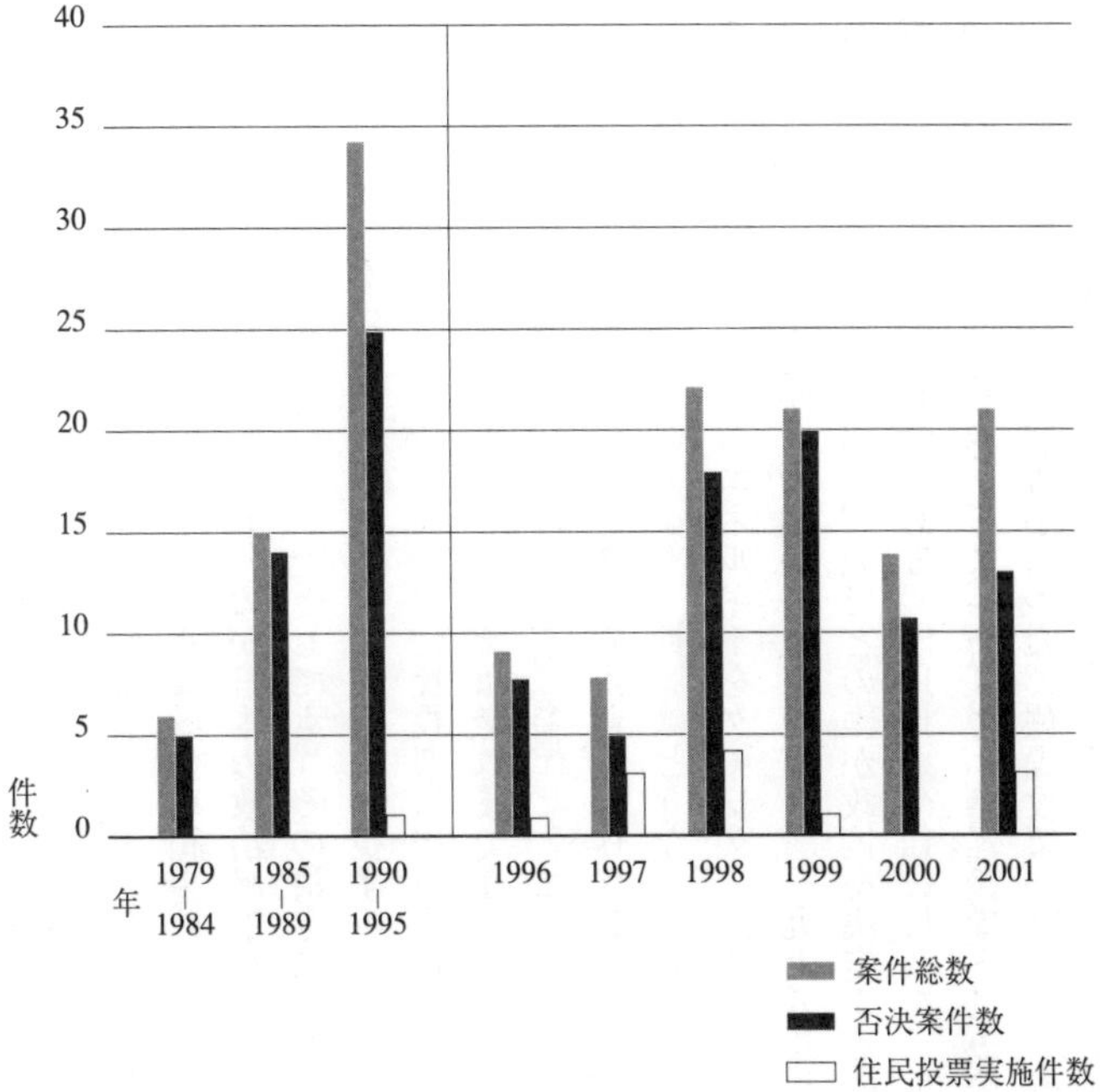

が例外なのだ。一九九〇年代以降、住民投票案件数一二三件に対して、実施された住民投票はわずか一二件であり、約一割という低い実施率に落ち着いてしまっている。制度的にみると、住民投票ができるか否かの最終的決定権はここでも議会が握っていて、議会は通常自分たちと反対の政策を主張している住民に投票をさせたくない。そのような議会を相手に住民投票条例案を通させることは、至難の技というよりもほとんど絶望的というのが日本の政治風景なのである。

もう一つ、仮に住民投票が実施されたとしても、その決定には首長や議会を従わせるだけの法的拘束力がない。首長や議会は住民投票の決定を完全に無視することができる。吉野川可動堰に対する民意の表明に対し、当時の中山建設大臣が「住民投票は民主主義の誤作動だ」と述べたことに象徴されるように、厳密にいえば、無視されてしまえばそれまでなのである。

国民の政治に対する無力感、あるいはその裏返しとしての特定の個人に対する異常人気は、この「自ら政治に参加できない」というシステムからもたらされている。国民主権、あるいは信託理論からみて、それは由々しき事態といえよう。世界はどうなっているか。日本の現実をみるうえで、それは大変参考になる。

世界のレファレンダム

世界は直接民主主義、その象徴としての国民投票や住民投票を日本よりもはるかに豊饒なものとしている。その代表的な例としてアメリカ、ドイツ、スイスをみてみよう。

この三つの国は、憲法思想も制度もまったく異なっている。アメリカとドイツはそもそもの政治原理として間接民主主義を採用しているが、スイスは直接民主主義を採用していた。アメリカとドイツが議会を中心としているのに対し、スイスでは市民の声を直接政治に反映させるようにしている。議会は二次的な存在だ。そのため、国民投票や住民投票（以下、まとめてレファレンダムとする）に関するスタンスも微妙な違いをみせる。スイスでは、国レベルでレファレンダムが制度化されているのに対し、アメリカとドイツでは、国レベルのレファレンダムは存在せず、自治体レベルで制度化されている。もっとも、アメリカとドイツの自治体は日本と比較して大きな権限を持っており、市民の生活に関わるほとんどのことはここで決められるので、この違いはそう大きなことではないのかもしれない。

またレファレンダムには、その結果がそのまま採用される「拘束型」と、ただ単に議会や首長の判断材料に供されるに過ぎない「諮問型」がある。日本では今のところ、参考意見としての「諮問型」しか採用されていないが、この三カ国は、すべて「拘束型」を採用している。直接民主主義を採るスイスは当然ともいえるが、アメリカとドイツで拘束型を採用している点は興味深い。まずアメリカからみていこう。

決定権をもつ市民——アメリカ

アメリカは、憲法の第一条で「議会」を規定していることにみられるように、世界でも珍しく議会に大きな比重を置いている国である。これだけをみると、住民投票は議会の地位を脅かすものとして尊重されないと思われるだろう。しかし、ほとんどの州が住民投票を定め、その結果がそのまま州や自治体の最終決定となる「拘束型」を採用している。州憲法や地方政府の憲章（条例）の規定によって、住民は州憲法や法律、条例の制定改廃を請求することができる。また、議会の議決を経なくても直接に住民投票に持ち込むことができる（直接立法＝イニシアティブ）。このほか、州憲法や自治体憲章の修正、公債の発行、超過課税及び境界の変更（合併）については必ず住民投票（レファレンダム）に付することがほとんどの州で制度化されている。

議会の国でなぜこういうことが許されるのか。少し歴史に踏み込んでみよう。一九〇〇年代の初めにはイニシアティブとレファレンダムの合憲性を争う裁判が続いた。まず一九〇三年に、オレゴン州で行われたイニシアティブに対して、「代議政治を破壊するものである」と違憲訴訟が提起された。これに対し州の最高裁は、「イニシアティブとレファレンダムが実施されたからといって代議政治が否定されたわけではなく、人民は自らのために立法権を前よりも余計留保したに過ぎない」として、合憲とした。つまり、アメリカにおけるイニシアティブとレファレンダムは、従来市民が議員に委託していた権利の一部を、市民自らが行使できるようにしただけで、代議制が根本的に否定されたわけではないので合憲とされたのである。この後も訴訟が相次いだが、一九一二年に連邦最高裁が従来の州裁判所の決定を支持し、イニシアティブとレファレンダムが合憲と認められ最終決着となった〔注2〕。

アメリカでは、直接立法制度と代議制は対立するものではなく、相互に補い合うものと理解されている。

アメリカのレファレンダムの実施状況

一九五〇年から一九九二年までの期間、カリフォルニア州の一二七が最高で、オレゴン州九七、ノースダコタ州九五と続き、他の州は一〇から六〇の範囲で表決された。また、一八九八年から一九九二年までの各州における法令に関する直接立法及び憲法修正に関する直接立法の平均提案数はそれぞれ四五と四三になっている。各州においてばらつきはみられるが、間接民主主義を中心としながらも直接民主主義を多用していることがわかる。

直接立法は、議会や首長を越えて市民が直接に法案の発議を行い、住民投票の結果多数を得れば、議会の議決を得ないでそのまま法律になるという点に特色があるが、裁判所によってチェックされることもある。一九九四年、カリフォルニア州では不法移民締出し法案が、オレゴン州では尊厳死法案が賛成多数で採択されたが、いずれも裁判所によって違憲無効とされた。これは、議会と首長の関与を排除した直接立法を裁判所がチェックするということであり、この発想は日本でも「憲法裁判所」を考える際の参考になる。

また別に、立法権及び行政権との関係で注目すべき点は、知事が議会の否決を避けて議案を通すことを目的として直接立法を活用しているという方法だ。カリフォルニアでは、一九七〇年代初頭に実施された直接立法の一五％は州当局から提出されたものであった。議会と知事が対立したとき、市民に直接訴えるという方法は、日本ではみられなかった。これも大いに参考になる手法である。

「草の根民主主義」の実践――ドイツ

ドイツもアメリカ同様、代議制を採っている。しかし国レベルでは、ドイツの憲法に当たる基本法改正と州の領域変更に伴う国民投票を除いて基本的に採用していない。これは、ワイマール憲法下で、特にナチス政権が国民投票を多用したことに対する反省だ〔注３〕。

基本法は、第二〇条二項において、「すべての国家権力は、国民から発する。国家権力は、国民により、選挙及び表決によって、また、立法、行政権及び裁判の特別機関によって行使される」と定めている。注目すべきことは、この中に「選挙」だけでなく「表決」が権力の源泉だとしていることであり、この「表決」こそ直接民主主義制度である。

これを受けて、自治体レベルではさまざまな表決制度（レファレンダム）が採られている。自治体は州と市町村に分けられるが、州におけるレファレンダムを国民投票、それに対して市町村におけるレファレンダムを市民投票と呼ぶ。ここでは、州におけるレファレンダムをあえて国民投票と呼ぶことを強調しておきたい。基本法第三〇条には、「国家の権能の行使及び国家の任務の遂行は、この基本法が特別の規定をなさず、または許さないかぎり、州の任務である」と規定している。つまり、非常に大きな権限を自治体が持っているのだ。州は日本の都道府県ではなく、国そのものだとイメージした方がわかりやすい。

ドイツのレファレンダムの実施状況

州レベルでの憲法は、基本法第二〇条と同様の規定のほか、立法の一手段としての表決制度の規定及び憲法改正における国民投票の規定を置いている。重要なことは、国民投票が、原則として国民の側からの請求（国民請求）に基づいて実施され、州の意思を決定するものとして強い法的拘束力をもっているという点だ。もっとも、そのような強い拘束力を認めるということもあってか、国民投票もしくはその前段階の国民請求における対象事項は、後述のスイスに比べて限定的である。その代表的な例が、予算（財政）であり、一六州すべてで対象外とされている。

この対象範囲の狭さのためか、州では規定はあるものの、じつはバイエルン州を除いて国民投票はほとんど実施されていない。例外ともいえるバイエルン州では、一九四六年から一九九四年までの間、国民請求が一一件出され、国民投票が七回行われたが、決して多いとはいえないであろう。その反面、市民に身近な市町村におけるレファレンダム（市民投票）は盛んに行われている。

市民投票もしくはその前段階の市民請求は、三都市州を除く一三州すべてにおいて、市民請求に基づいて実施される任意的レファレンダムが制度化されている。市民投票の発議を議会にも認めている州も多い。

ドイツで最も古い市民投票制度の歴史をもつバーデン＝ヴュルテンベルク州では、一九九五年末までの四〇年間に、市民請求に基づく市民投票が一〇九件（うち約半分は九〇年以降）、そしてそのうち五九件が成立している。ドイツでは、身近な問題に市民が主体的に政治参加でき、それは「草の根民主主義」といわれている。

民主主義の本家――スイス

スイスは、間接民主主義ではなく直接民主主義を採用している唯一の国といえる。そしてそれを裏づけるのが、州レベルにおける国民集会と市町村レベルにおける市民集会である。その一方レファレンダム（住民投票）もそれらの集会に代わるものとして行われる。すなわち、代議制民主主義諸国における国民投票や住民投票は、間接民主主義を補完するものであるが、スイスでは、人口が多いなどの理由で国民集会や市民集会の実施が難しいと考えられるときに、レファレンダムが実施されるのだ。その根本的な違いを念頭に入れておかなければならない。

ただ実際は、州の国民集会については、スイス連邦を構成する二六州のうち四州で採用されているにすぎない。それに対して市町村レベルの市民集会は、スイス全体で実に八五％の市町村で行われており、予算の決定や税率の決定、特別な支出の決定といった事項は必ず市民集会に付されることとなっている〔注4〕。

これをまとめると、スイス連邦を構成する二六州のうち国民集会制度を有しない二一州（正確には二二州であるが、ジュネーブ州一州だけ、議会を中心とした代議制間接民主主義をとっている）と市町村の一五％がレファレンダムを中核とした直接民主制を採用していることになる。

スイスのレファレンダムの実施状況

まず連邦レベルのレファレンダムであるが、一八四八年から一九九三年末までに四一四件の全国規模のレファレンダムが実施されている。毎年六件から一二件だ。かなりの数といえよう。最近では、EUや国連への加盟をめぐってレファレンダムが行われたことは記憶に新しい。

それに対して州レベルにおけるレファレンダムは、前述のように二一州で制度化されている。これら二一州では、レファレンダム（国民投票）が国民集会の代替的機能を果たすものとされ、有権者は、レファレンダムによって議会の決定を承認または拒否することができる権利を保持している。例えば、チューリッヒ州憲法では、「国民は、州議会の協働の下に立法権を行使する」となっており、あくまで市民が立法の主体となることをうたっている。

間接民主主義を基本としながら拘束的なレファレンダムを設けているドイツの州のレファレンダムと比較すると、スイスでは重要な事項は必ずレファレンダムに付されるべきと考えられている（義務的レファレンダム）。ドイツでは除外されている予算や税に関する事項が義務的レファレンダムの対象とされているのは、まさにレファレンダムが中心であるということをあらわしているといえよう。

最後にスイスでは、投票率に関する制度がないということを付け加えておきたい。いくら投票率が低くてもレファレンダムが成立するのだ。例えばローザンヌ市では、一九六一年以後のレファレンダムで投票率は平均で二六％となっており、そのうち最低は九・六％しかない。これは、レファレンダムに参加することが市民の責務とされているため、投票に参加しなかった市民も投票の結果に責任をもつ、つまり「投票に行かなかったのは自分の責任だ」との考え方によるためである。市民が主体であるということは、その責任も市民が負うことを明確にしているのだ。

住民投票に対する批判

これら外国の例は、日本でも大いに参考になる。内閣総理大臣や知事でも決められないとしたら、「第三者機関」などという中途半端なものではなく、それこそ諸外国と同じように、「住民投票」で決めたらどうだという声がでてくるのも当然であろう。しかし、日本では住民投票に対して批判的な声が強い。議会が市民の住民投票要望をくり返し否定し続けるのは、それを認めると議会の存在理由がなくなるからというのであった。

しかしそれ以外にも、市民といういわば大衆が決定するというのは、ワイマール憲法がヒトラーに食い破られたと同じようにファシズムの危険がある、あるいは原発、基地、ダム、産廃施設などその地域にとっては迷惑なものであっても、全国的な見地からみた場合、どこかに建設することが必要不可欠であって、これを地域的な判断だけで否定するのはエゴではないかという意見も根強い。さらには住民投票は、いわば物事をイエスかノーかという単純な二分法で決定するのであるが、産廃施設をその地域に設置する場合をみればわかるように、つねに「どういう条件で」というさまざまな前提があるのであり、これを無視して決定するのは合理的な結論を導くことができないというものもある。これらはいわば住民投票に対する直接的な批判であるが、これとは別に、議会は市民より上だ、つまり間接民主主義は直接民主主義を上回るという積極的な論もある。

この論は、議会とは「選ばれた人」、つまり議員によって構成されるものであり、この「選ばれる」という一点で、選ばれない市民より優秀だと考えるものである。ここには少なくとも議員になる人は、市民に対して政策を示し説得するという力量を示さなければならないのに対し、選ぶ側はそのような見識は全く必要がない、ということである。

もう一つは、物事を決定するためには、異なる意見を持っている人々が議論する必要がある。議会は議論空間としてふさわしいものであるのに対し、住民投票などのように広い地域で全住民が参加する場合には、この議論する空間がない、というのであった。

さらに法的にいえば、現行憲法では周知のように「国会は最高で唯一の立法機関である」と間接民主主義を規定している。

つまり原発、基地、ダムなどについて、国会が決定したことを住民投票で覆すことは、この憲法の規定に違反する、というのである。

それでもなお住民投票

これら住民投票に対する批判には、確かに一理ある。しかし、それでも私たちは「政策は誰が、どういう方法で決定すればよいのか」という原点に戻って答えを考えていかなくてはならない。

国民主権とは、文字どおり国民が自ら決定するということであり、この原則は、憲法前文にみたとおり「人類普遍の原理」であり、これに反する「憲法」ができたときには、それを「排除」して維持していかなければならない。

議会その他の政策決定システムは、原則としてこの国民主権をスムーズに運営していくために設計された二次的な制度であり、議会を無視するものとして住民投票を否定するのは、この観点から本末転倒な議論といわなければならないのである。

最大の論点は、それでは国民は正しい選択をすることができるか、ということであり、衆愚論にどう立ち向かうのか、ということである。

これに対しては、「国民主権」を採択したその時点で、私たちは住民投票の結果が正しいか、誤っているかはともかく、それが国民の意思だということを決定したとみることにしたい。国民は、住民投票を行えば原発、基地、産廃処分場、ダムなど次々に否決していくかもしれない。また、あるいはその反対も当然ありうることである。しかし、それが国民の意思だとすれば、それはそれで政策をそのように実行するということであり、それらをめぐる環境が変われば、そのとき改めて国民に問う以外にないのである。

最後に、憲法の「国会は最高で唯一の立法機関である」との関係についてみておきたい。

政策に対する国民意思のダイレクトな反映はもう避けることができない。国も自治体もさまざまな方法で国民の意思を聞かなければならず、最終的には、住民投票によって国民の直接決定に委ねるということも今後多く予想されるのである。

はっきり言って、現在の憲法のままでは住民投票の結果に直接的に法的拘束力を与えるということについてはは否定的だと解するほかないであろう。しかし、だからといってこの論点が放置されてよいというものではない。なぜ国が決めたことが正しく、市民の決めたことが誤りなのか、正確には誰も答えられないからである。したがって、混乱を避けるためにむしろ明快に法的な決着をつけておかなければならないのである。

これまでみてきたように、憲法は自ら、憲法改正の場合と同じように、一定の場合に国家意思を越える決定ルールとして、住民投票を憲法の中に位置づけるという方法をとっている。しかも、国会で、両院とも三分の二以上で議決された決定が、国民の二分の一で覆るというのであるから、国民主権というものが圧倒的に優位にあると考えているというのも明らかだ。したがって、この思想からいえば間接民主主義と直接民主主義の関係を単に「補完関係」ではなく「選択関係」と規定することも許されるとみることができるのである。それは先ほどの信託理論の拡大として理論的に容認されるのである。私たちが今回憲法を改正すべきであると考える理論的原点がこれである。

〔注1〕一六三二～一七〇四年。イギリスにおける議会制民主主義の定着に思想的基礎を与えた。生命・自由・財貨は各人が神によって与えられ、生まれながらに持つ権利と規定し、今日の基本的人権を形作った。主著に『寛容についての書簡』（一六八九年）、『政府二論』（一六九〇年）、『人間知性論』（一六九〇年）がある。

〔注2〕『アメリカにおける直接立法／住民投票制度』（地方自治総合研究所）

〔注3〕戦前のドイツでは、ワイマール憲法で国民による法律案の発議が認められており、その場合国民投票が実施されると定められていた。しかし、ナチスが政権を獲得すると政府の発議によっても国民投票を実施できることとなった。この規

定に基づいて、国際連盟脱退やオーストリア併合といった事案が国民投票にかけられ、いずれも圧倒的多数により可決されたのである。

〔注4〕スイスの市町村のうち五分の四は人口が二〇〇〇人以下であることを付け加えなければならないであろう。日本では、一市当たりの平均人口でも一三万五一五〇人であり、五万〜一〇万人の人口を抱える市が二二一市と最も多い。日本の一町村当たりの平均人口は、一万七三七人である。

第三章　人権論の創造

「基本的人権」を考え直す

新しい憲法は、国民主権を実体化する「自分で決める」という直接民主主義が原則となるべきだ。そしてこのような考え方からすると、憲法の二大構成要素といわれる「基本的人権」（国民一人一人の権利について定めたもの）と「統治機構」（三権の内容等について定めたもの）についても見直さなければならないのではないか、と思う。

直接民主主義の導入は人権論に対してどのようなインパクトを与えるか。本書では「環境権」と「外国人の権利」の二つの権利について考察を行う。ただしここでのねらいは、これら新しい権利が、読売改憲論にみられるような現行憲法にないので付け加えるという類のものではない。直接民主主義の視点によって、権利論の再構築を行うというその試みを具体化してみようというのである。そこでまず、これまでの基本的人権がどういうものであったか、簡単におさらいしておこう。

現行憲法の人権規定は、一九世紀以前に創造された「国家からの自由」を標榜した自由権と、二〇世紀に入り新しく創造された「国家への（に対する）自由」ともいわれる社会権からなっている。

以下、自由権、社会権、ついで参政権の順でみていく。

自由権

イギリスにおける市民革命やフランス革命を通じて、それまで抑圧されてきた個人の持つ権利が解放されたもので、「国家からの自由」と表わされる。個人が国家の干渉を受けない権利であり、巨大な国家からいかにひ弱な個人を守るかに力点が置かれている。現行憲法における自由権規定は左のとおりである。

第一八条「奴隷的拘束及び苦役からの自由」
第一九条「思想及び良心の自由」
第二〇条「信教の自由」
第二一条「集会・結社・表現の自由、通信の秘密」
第二二条「居住・移転及び職業選択の自由、外国移住及び国籍離脱の自由」
第二三条「学問の自由」
第二九条「財産権の保障」

この権利は国家から個人の自由を守ること、つまり各人の自由権を国家が侵害してはならないということが基本であり、市民が主体的に権利を行使するという観点は必ずしも強くない。

現行憲法第一九条の「思想及び良心の自由は、これを侵してはならない」との規定は、この権利の性質をダイレクトに表わしている。

社会権

二〇世紀にはいると、資本主義が高度化し、失業や貧困・労働条件の悪化などが目立ち始めた。これには、自由権だけでは対処できない。社会的・経済的弱者の保護が必要になる。そこで新たに確立されたのが社会権であり、第二五条から第二八条に規定された。第二八条の団結権を除けば、国家からの積極的な介入を求める権利であり、「国家への自由」と表わされるようになった。しかし社会権は本質として受動的といえる。権利を持っているものが何かを行うというのではなく、国家から何かをしてもらうことを期待するというのが、この権利の本質的性格といえよう。

第二五条「生存権、国の生存権保障義務」
第二六条「教育を受ける権利、教育を受けさせる義務、義務教育の無償」
第二七条「勤労の権利・義務、勤労条件の基準、児童酷使の禁止」
第二八条「勤労者の団結権・団体交渉権その他団体行動権」

社会権は将来あるべき姿を定めているに過ぎないという解釈を「プログラム規定説」というが、この解釈では、弱者の立場に置かれた市民の救済は困難である〔注1〕。近年では現行憲法の社会権規定を国が法律で具体化しなければならないとする「抽象的権利説」が学界通説となっているが、この解釈でもプログラム規定説同様、社会権規定を直接の根拠として権利の実現を図ることはできないとしている。つまり、この条文を頼りに市民が主体的に弱者としての状況から脱出を目指すことは困難なのである。

参政権

参政権は、先の自由権や社会権を実効あるものとするための権利である。すなわち、国民は自らの自由権及び社会権を守り、これをより充実、豊かにするために、政治に参加する権利がある。現行憲法の参政権の規定は、左のとおりである。

（1）特別の立法過程に参加する機能
第九五条「特別法の住民投票」
第九六条一項「憲法改正の国民投票」
（2）公務員の任免
第一五条一項「公務員選定罷免権」
第四三条「両議院の組織・代表」
第七九条三項「最高裁判所の裁判官、国民審査」
第九三条二項「地方公共団体の直接選挙」

しかしこれをみると、（1）を除いて、選挙を中心とした間接民主主義に帰結し、それ以上のものではない。

二一世紀人権論

右のような二〇世紀の人権論としての、「自由権」と「社会権」、あるいは「参政権」は、それぞれ権利の内容は違っているが、たった一つだけ共通している点があった。それはいずれも「国家からの自由」「国家への自由」という形容にみられるように、「国家」との緊張関係において人権論が構築されているということである。「国家とは何か」については、後に市民の政府論の中で詳しくみることにするが、それは「国会」「行政」「裁判所」ではない何ものかであり、しかも一切の改変の許されない抽象的実体であった。しかし国民主権とは、国民がすべての力の源泉であるということであり、これと相対立する何ものかが存在し、しかもこれが国民を支配する（支配という機能がなければここからの自由とかこれに対する参加とかいう論理は成り立たない）というのはどうみても両立しがたい、と考えるべきであろう。

憲法上、存在するのは「政府」（「国会」「行政」「裁判所」及び「自治体」）であり、国民主権とは先にみたように「政府」が国民の信託に反したときには、これをつくり直す、ということが根底にあった。

二一世紀人権論は、何よりもまずこの権利が中核である。そして、同時にそれが明確になることによって、二〇世紀型の人権も広がりと深さを持つようになるのではないか。

そこで以下、二一世紀人権論のスケッチを行っておけば次のようになる。

二一世紀、政府は従来のような「統治機構」ではなく、「市民の政府」となる。市民は自由に政府に参加し、改造する権利を持つ。従来の用語法でいえば、市民は統治の客体ではなく、統治の主体となるのである。

市民が統治の主体となるということはどういうことか。それは、従来のような「官僚が支配する政治」ではなく、「市民が自ら治める自治」が貫徹されるということである。直接民主主義とは、この「市民自治」を保障し、活性化するものと考えてよいだろう。

そこで、二〇世紀型人権は次のように修正され発展されるべきだろう。

1　人権は個人の権利にとどまらない。二〇世紀型人権は言論の自由や表現の自由などの自由権、社会保障などの社会権、そして参政権もすべて「個人の権利」として想定されてきた。しかし、市民自治には企業、組合、NGO、そして地域コミュニティなど、集団が主体となる必要があり、それらも個人と同様に、権利の性質によっては主体となることができる。

2　人権は日本人だけが対象となるものではない。市民は日本人には限られず、市民自治は外国と交流することによって、より広がりと深さを持つようになる。

3　自治とは自ら治めるということであり、そこには当然のことながら権利だけでなく、義務が含まれる。

4　市民自治は、二〇世紀に想定したさまざまな権利に、さらに伝統と文化、美と環境といったものを加えることによって、より豊饒になる。

5　市民自治は、単に守るべきものではなく、創られるものである。それは、個人や家族の権利としてだけではなく、地域、あるいは自治体の権利としてつくられるものであり、憲法には「保障」という言葉と合わせて「創造」という言葉が採用される。

6　権利の「保障」と「創造」は、間接民主主義、すなわち「議会」を中心とした政府によってだけでなく、直接民主主義すなわち住民投票によって強化される。
7　市民自治は「国際協調主義」と「平和主義」の中で輝きを増す。したがって、それは国際関係や戦争という分野でも、最大限発揮される。

これが新しい基本的人権の考え方である。現在、新しい人権として環境権やプライバシー、あるいは知る権利などさまざまな権利が提唱されているが、本書ではこのうち環境権と外国人の権利をとりあげ、このような考え方から新しい人権をみていくことにしよう。

〔注1〕一九六七年に最高裁は、憲法第二五条の生存権は、「国の責務を宣言したにとどまる」として、その条文の具体的な権利性を否定した。（朝日訴訟、最大判昭和四二年五月二四日判時四八一―九）

第四章　環境権

憲法は将来の不安に答えることができるか？

日本は現在、一〇年を超える不況で意気消沈しているものの、今でもＧＤＰでは世界第二位の超大国であり、世界で最も豊かな国の一つである。にもかかわらず、豊かさを実感できないのはなぜか。不況以外にも多くの原因があった。まず住環境がひどい。緑が少なく空気は汚染され、いつ原因不明の病気に冒されるかもしれない。将来の生活に希望がもてないといった不安が覆っている。

この不安は、自分を取り巻く周囲の環境に対してあまりに受け身であり、何一つ変えることができないということからも来ている。もし自分の行動によって、環境を変えることができるのであれば、それは希望の源となる。

現行憲法は、敗戦後の日本人に夢と希望を与え、進むべき道を示した憲法であった。とくに、「健康で文化的な最低限度の生活」（二五条）の保障はそうであった。「最低限度の生活」をおおむね手に入れた今、「環境権」という新たな夢と希望を与える権利の保障が求められる。

日本の環境破壊

日本で環境権が提唱される契機となったのは、高度成長期の深刻な公害と、それに対する救済を求めた四大公害裁判〔注1〕をはじめとする公害裁判であった。このような、人間の健康に直接重大な悪影響をもたらすような環境の悪化を防ぐことが環境権の第一の意義である。しかしここでは、「公害」や「手つかずの貴重な自然の保護」ではなく、誰にも関わりのある、身近な生活環境から環境権をみていこう。

私たちの身の回りで環境破壊を一番感じるのは川である。公害の時代と違って、さすがに最近では、極端な悪臭がしたり生き物の影すらないといった状態は少なくなった。しかし、川岸はコンクリートで固められ、普段の水量はごくわずかなのに雨が降るとおそろしい速さで流れる。汚れに強い鯉などを除けば生き物もあまり見られない。日本中で、本来の生きた川の豊かさを実感できる川は、ほとんどなくなった。ほとんどの人が、原始の川はどんなものだったかわからなくなっている。

次に海。魚介類が育つ豊饒の海も、沖縄や小笠原などごく一部を除いてもはや昔語りだ。豊かな生産力の源泉だった干潟は埋め立てられた。海岸はテトラポッドに埋め尽くされ、コンクリートの護岸で固められている。

山はどうか。確かに遠目に見れば、青々とした緑が茂る。しかし近づいてみれば、間伐されないひょろひょろとした杉林であり、花粉の時期には恐怖の対象になる。

私たちの住む環境がこのような状態では、いくら高性能で高品質の商品に取り囲まれていたとしても、豊かさを実感しようがない。そして、ここまでかつての美しかった日本が破壊されたという事実は、市民から離れた専門家や行政に任せておいたのでは、真実の環境をつくりだすことはできない、という反面教師でもある。

一方で、目に見えない恐怖も進行している。ゴミ焼却によって発生したダイオキシンは、先進国ではトップクラスの蓄積量である。花粉症やアトピーのような、公害病とは認定されない病気の患者数は花粉症で約一〇％、すべてあわせると全国民の三分の一にも達するといわれている。

ダイオキシンのような副産物だけでなく、生活を便利にするためにつくられる化学物質もまた環境破壊の原因となる。レイチェル・カーソンは『沈黙の春』（新潮社）で、農薬（ＤＤＴ）が食物連鎖を通じて頂点（すなわち人間）に近づくほど濃縮されていくメカニズムを明らかにして世界に衝撃を与えた。極めて複雑なバランスの上で成り立っている生態系と地球環境の中で、人間の生み出した何万という化学物質、さらに遺伝子組み換えによってつくりだされる新種の生物が、どのような影響を与えるのか、前もって完全に知ることは不可能である。

環境基本法は有効か

これらに対処すべく、日本でも環境基本法（一九九三年施行）が制定された。この法律は、それまでの後追い規制政策から事前規制への転換を示す重要な法律である。

持続的発展が可能な社会の構築（四条）、国際的協調による地球環境保全の推進（五条）を打ち出し、環境の保全に関する基本的施策（第二章）を実施するとしている。四条に関係して、制定された法律に「容器包装リサイクル法」（一九九五年）、「特定家庭用機器再商品化法」（一九九七年）などがある。しかし、環境基本法にはまだ問題点も多い。まず、これは環境権を個人の権利として認めたものではない。同法三条は「健全な環境は健康で文化的な生活（憲法二五条）には欠かせないから、環境保全は適切に行われなければならない」としているが、この文脈の主語は人間でも国でもなく、「環境保全」であることからもわかるように、どうしても人権にはしたくない、という立法者の意思が読みとれる。六条から九条にかけて国・地方公共団体・事業者・国民の「責務」を定めているが、「義務」という表現も巧みに避けている。

約三〇年も前に制定されたアメリカの国家環境政策法（NEPA）〔注2〕と比較してみよう。NEPAは環境保護を国家の政策として推進するために、「すべての法律・規則等が、この法律の精神と合致するように解釈・運用されなければならない」（一〇二条一項）として他の法律への影響力を認めている。環境基本法は、ただ「環境保全のための施策」を行うことを定めたにすぎない。環境保全は、まだ「配慮」の段階であって、「中心課題」とはなっていないのである。

なお、NEPAの最も大きな特徴は、事業を行うにあたっての事前評価・環境アセスメントを義務づけたことにある。日本でも一九九九年にようやく「環境影響評価法」によってアセスメントが正式に導入された。しかし、日本のアセスメントは「アワスメント」だと揶揄されるように、事業の中止を含めた見直しにまで踏み込むことがない。しかも、諫早湾干拓の際に環境の影響は軽微である、としたように恣意的な運用がなされている。このままでは単に手続きをより複雑で非効率にして官庁の仕事を増やしただけになってしまう。

もっとも、十分な環境対策をたてることはムリだとして東京都が小笠原空港建設計画を中止（二〇〇一年）したように、着実に時代は、各種事業について事業実施段階ではなく、それ以前の計画段階からアセスするという方向に動いている。

良好な環境のために

破壊された環境を復元し、良好な環境をつくりだすにはどのようにすればよいのか。ここでは、

（1）残された自然はすべて守る
（2）壊された環境は復元する
（3）環境は自ら創造する

という三つの観点から解決策を考えてみよう。

まず、ダム建設の是非で激しく揺れる長野や川辺川に見るように、現在最も急務の課題は（1）である。これから地方分権が進めば、フライブルク（ドイツ）やクリティーバ（ブラジル）に匹敵するような環境都市を目指す自治体も出てくるであろうが、残念ながら、日本の地方都市の多くはいまだに開発優先、ダムや道路計画をブチ上げて地域振興、という政策以外なかなか思いつかない。地方自治体には、まだ自然は残っているから開発しても大丈夫、という論理が根強い。

そこで、残された自然は、国全体の共有財産であるとの認識が必要になる。財産であるということは、その利潤だけでなく、維持費をも負担すること、すなわちその貴重な自然の保護に対し財政支援すべきことを意味する。

また、ひとつの熱心な自治体だけが自然保護を追求しても効果は上がらない。生物の生息域は各自治体の境界に沿っていないし、上流で森林を伐採すれば海で魚が捕れなくなる。生態系は相互に密接に関連している。国全体の方向性を明確に打ち出し、これに従わせ、かつ支援する必要がここにある。そのためには、憲法に、国全体として環境保護を政策の根幹に据えることを宣言することが最も効果的な手段である。

（2）は、これまでのダム・河川改修・道路建設・埋め立てなどによって壊された自然を、できるだけ元の状態に復元していくことだ。その場合も、国土交通省のもと、一部の河川で行われているような、環境対策技術の施されたコンクリート製品を埋め込んで、近自然工法、多自然工法などと称して、新たな公共事業をつくりだす、というのではない。具体的にいえば、河川の場合、川漁師が経済的に成立するレベルにまで生態系が回復し、全国から観光客がやってくる価値があるほど美しいという、「経済の条件」と「美の条件」を同時に満たすまで環境の価値を高めること、すなわち「再自然化」が必要なのである。アメリカではダムを撤去し、ヨーロッパではダムのゲートを開け、堤防の一部を切って川を意識的に氾濫させるようになった。

これは最低でも五〇年単位の事業である。生まれてから死ぬまでに、よりよい環境を引き継げればそれでよい。破壊された自然は大きなフロンティアであると思ってこれに取り組めば、希望は自ずとわいてくる。この希望を憲法に書こうとすると、自然の保護や配慮にとどまらず、積極的な創造を促す条文が必要になる。

（3）の身近な環境は、いわゆる手つかずの自然とは違う。人間が介入することによってより豊かになる環境である。近年の環境に対する知見の進歩は、日本は伝統的に、棚田《たなだ》・里山《さとやま》・魚付《うおつ》き林《りん》など人為的に手を加えることで環境をより豊かにしてきたことを明らかにした。たとえば里山は、雑木林を定期的に刈り取り、遷移を人工的に抑えることで、生物層をより豊かにしながら産物を利益として得ることが数百年にわたって可能となることを保障する、完璧な持続的成長のシステムである。人間は決して環境の破壊者というだけではない。

（1）が一面的には地方（土地所有権者）に抑制を強いるのに対し、（2）と（3）は自治体が中心になって行うにふさわしい事業である。これまで自治体は、国からの補助金を得て公共事業を行い、環境破壊を行ってきた。国と自治体の財政関係を含めて貴重な自然を保護し、市民自身が世代を越え、よりよいものに作り替えながら受け渡していくシステムを創り出すことが求められる。

建築にせよ、土木事業にせよ、これまではより早く、より安くつくることが至上命題であった。それが雇用を支え、景気対策にもなると信じられていた。その結果、地方が政府の公共事業に大幅に依存する体質が生まれてしまった。しかし、こうしたやり方は一時的に効いても、効果は続かない麻薬のようなものである。長期にわたって、支出を抑えながら、徐々につくり、改良していくやり方が必要である。さらに、環境に対して市民がイニシアティブを取るためには、とくに環境に大きな影響を与える技術体系について、自らのライフスタイルの選択を含めた直接参加による自己決定の制度が必要となる。

電力産業、とりわけ原子力を考えてみよう。日本は環境対策・地球温暖化対策としての原発推進を叫び、永久機関を否定する物理の基本法則に真っ向から挑戦するような高速増殖炉と核燃料サイクルをいまだに推進しようとする世界で唯一の国である。昼間の余剰電力を貯蔵するためにわざわざダムを造り、長大な距離を超高圧送電網でつなぐ壮大な無駄をまかなうべく高価な電力料金を徴収している。国民の理解を求めると称して、毎年、広報予算を増額する。議会・行政・専門家だけの政策では、こうした巨大技術の袋小路から抜け出せない。

こうした既存政策への執着を冷静に見つめ直す契機となっているのが、冒頭にみた直接民主制の導入すなわち住民投票である。勝敗のかかった議論の過程ではじめて、空虚な決まり文句を繰り返すCMとは違った実質的な議論が期待でき、また自らのライフスタイルを自ら選び取るという市民の自覚と責任が生まれる。

環境権の構造

「環境権」という権利をどうみたらよいか。これまで全国の裁判所で激しく争われてきた。判例は、一貫して環境権そのものは憲法によって認められた権利とはいえないとしている。環境権の内容が一定せず不明確であり、権利としてまだ成熟していない、というのである。ただし、環境の悪化が個人の健康や生存を脅かすほどになれば、個人の人格権の侵害になるとしている。

しかし、環境権という言葉自体はすでに日本語として定着していることは誰も否定できないだろう。環境権がいまだ成熟した権利といえないというのは常識に反している。ただし、環境権の内容が多様であって一定しないという批判はあたっている部分もあるので、環境権の構造をみていきたい。

健康を害されない権利

私たちが環境権というとき、次のような三重構造を持っていると考えられる。まず、一番コアにあるのは、(1)「環境の悪化によって健康を害されない権利」つまり、健康に生きられる最低限度の環境を要求する権利である。この権利を争ったのが公害裁判であった。裁判所も差し止めは不十分だが、損害賠償は認めている。

しかし、これらの判決は考えてみればごく当たり前のことである。他人の生命・健康や財産に損害を与えたら不法行為になることははるか近代以前から確立している。ただ、その侵害手段が直接手を下したのではなく、有害物質によって環境を悪化させることによって間接的に損害を与えたという点

（図 4－1）　環境権の構造

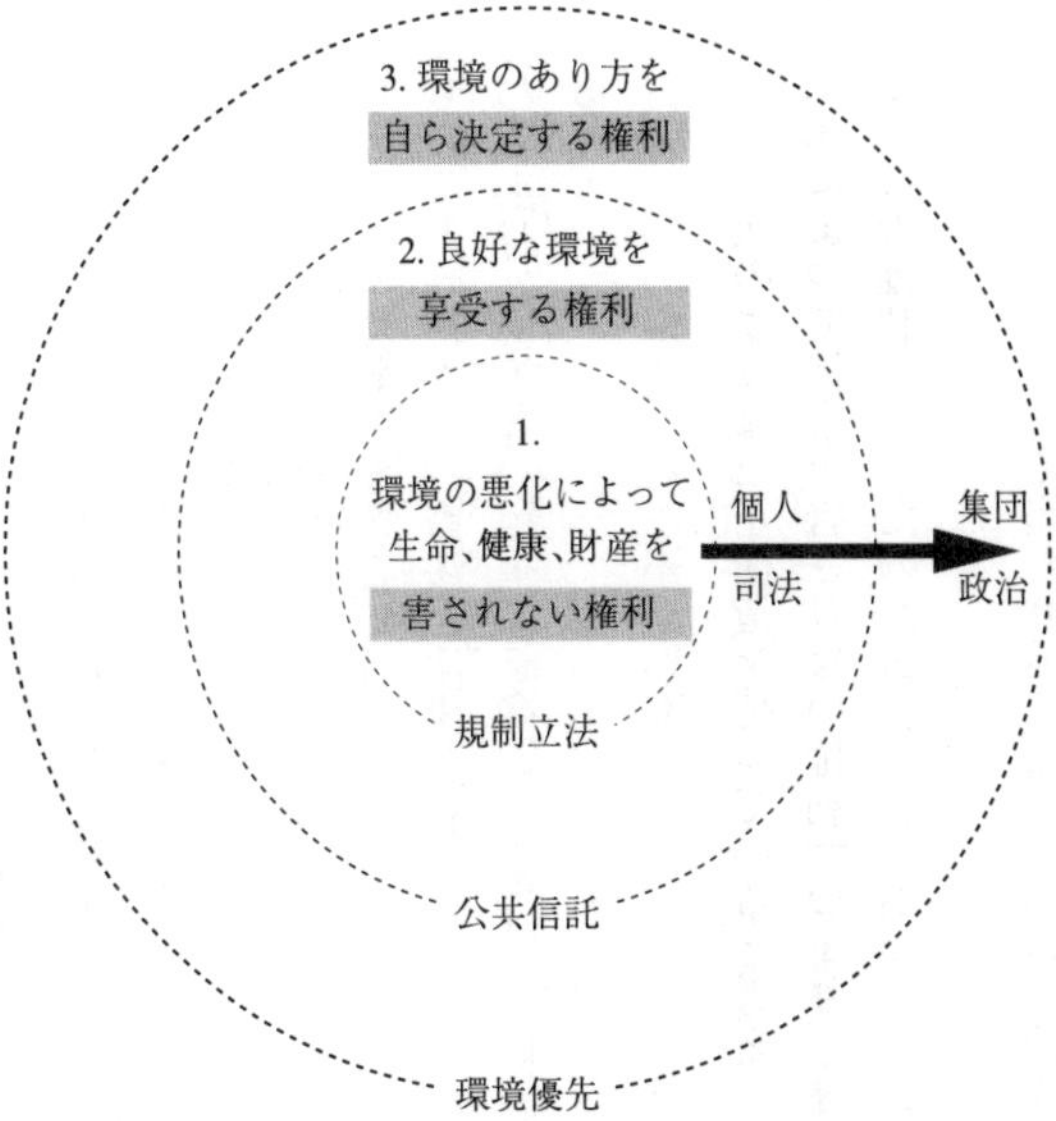
3. 環境のあり方を
自ら決定する権利
2. 良好な環境を
享受する権利
1.
環境の悪化によって
生命、健康、財産を
害されない権利
個人
司法
集団
政治
規制立法
公共信託
環境優先

が違う。

日本で環境を悪化させる行為が「権利の濫用」として不法行為になるとしたのは、古く「信玄公旗掛松事件」（大判大正八年三月三日民録二五―三五六）にはじまる。鉄道による煤煙で由緒ある松の木が枯れたことに対する損害賠償を求めたこの有名な事件は、大審院まで勝ち進み、当時としては画期的な判決を得た。それは、（1）正当な権利の行使であってもそれによって他人に損害を与えたときは権利濫用として不法行為となり損害賠償の責任があること、（2）それが私人ではなく国の行為であっても同じであること、さらに（3）不法行為となるかどうかは社会生活上一般に受忍すべきレベルを超えているかどうか、によって判断するというものである。

これがいかに画期的なものであったかは、憲法と法律と判例理論のなかに生きていることからわかる。憲法一七条「公務員の不法行為により、損害を受けたときは」、民法一条三項「権利ノ濫用ハ之ヲ許サス」のルーツである。

問題は、裁判所がこの古い判例の理論からなかなか進歩しなかったという点にある。損害賠償で環境汚染による救済を認めただけでは環境破壊は止められない。最近まで、被害が深刻化し拡大してはじめて、しかも困難な因果関係の立証をへてやっとの思いで死ぬ間際にわずかな賠償金が認められれば上等、といった状況が続いている。

環境を享受する権利

次に、その外側にあるのは（2）「良好な自然環境を享受する権利」である。これは最低限の環境を超えてよりよい環境を求めることができる権利であり、特に良質の水や空気や日照を保護する権利・義務が発生する。さらには海・山・川などの産物を自由に利用することができるという万人の権利である。

このうち日照権や景観・眺望の利益を争った裁判が示すように、良好な環境の利益は認められる場合がある。しかし海・山・川の利用などについては、救済は困難である。

これを端的に示すのが、判例にいう「反射的利益論」である。たとえ近所に豊かな自然があって、それが公共の物であって住民がその恩恵に浴していたとしても、それは「権利」ではなく「反射的な利益」を得ているに過ぎない。そして「公共物」をどうするかは行政の広汎な裁量に委ねられており、そこを民間に売却しても、あるいはそこに高層建築物を建てても、裁判所は原則として口を出さない、という立場が取られる。

古くは特別名勝三段峡事件〔注３〕にはじまり、現在の川辺川利水事件〔注４〕に至るまで、ダムや埋め立てといった公共事業をめぐる裁判は、これを争うものといえよう。裁判所では、環境を守れという権利は個人の権利ではないとされているので、やむなくダムや道路などの認可の取り消しを請求する行政訴訟の形を取る。しかし、「司法」の章でみるように、そこには行政権優位の構造があって、市民が勝訴することは極めて困難である。

しかし、海・山・川といった「公共の物」が壊されていくことに対して市民がそれをやめさせる権利がない、というのはなにかおかしいと多くの人が感じている。「公共の物」なら、よりいっそう大切にすべきではないのか？　私たちにはそうさせるための権利はないのだろうか。

そんなことはない。実はこれは近代法（土地所有権を確立し、土地所有権者にその土地の自由な使用、収益、処分を認める。海や川は「公物」、すなわち国の所有とされ、国は自由に処分することができる）によって否認されたが、それ以前は長年にわたって認められていた伝統的な権利であった。世界中どこでも、そしていつの時代でも、海や川や山の産物はだれもが自由に利用してきた。特に海は世界的に誰も所有できない万民のものという考え方が法の世界でも圧倒的な主流である。ローマ法は、海は万人のものであって、とくに海岸にアクセスする権利は誰によっても、国によってさえも、これを制限することはできないと定めていた。日本にもこれに類するものがある。日本初の体系的な基本法の集大成といわれる大宝律令（七〇一年）の雑令第十・第九条にある「自余の禁処（天皇の狩猟のための原野）に非ざらむは、山川藪沢（未開拓地）の利は、公私共にせよ」である〔注5〕。

こうした公共物に対する権利のうち、海岸を自由に利用する権利を「入浜権」と名づけて、裁判で埋め立ての差し止めを求めたのが長浜町入浜権訴訟〔注6〕である。なぜ市民共通の財産である海を、行政が勝手に埋め立てて利用できなくしてよいのか。これは極めて自然な、市民意識の現われと思える。しかし、近代法の成立はこうした伝統的な権利を否定し、慣習法上の権利として入会権や、漁業権の形でごく限定的に認めながら縮小していく方向を取った。本来すべての人の権利であるはずなのに、ごく限られたグループの権利として矮小化され、しかも金銭補償さえすれば強制的にこれを奪える（川辺川ダムでは、国によって漁民の漁業権が強制収用されようとしている）といった権利構成にしてしまった。海を埋め立て、川にダムを造るには他の市民を抜きにして漁業権者に補償すればよいという、漁業権はその矛盾を端的に表わしたものといえよう。

しかし、ここで目を世界に転ずると、この伝統的な権利が再び現代的な装いを持って復活していることがわかる。アメリカ環境法の最高権威といわれるJ・L・サックスが提唱し、環境と公共事業をめぐる訴訟の中で判例理論として確立し、一部の州憲法（ペンシルバニア州憲法の「受託者として」

が端的に示す）にも取り入れられた「公共信託理論」がそれである〔注7〕。

これは、公共の財産である自然（海や川や山）は、市民が政府に信託したものであって、政府は信託の趣旨に反するような処分をしてはならない義務を負い、市民は公共財産の処分について異議を唱える権利をもつというものである。人々は海・川・山などの自然に自由にアクセスし、利用してきた。公共信託理論は、こうした公共物に対する伝統的な権利に、「信託」の理論によって「新しい権利」をつくりだしたのだ。

公共信託理論は、全市民の権利が信託された環境という公共財産の処分（開発行為）に対しては特に慎重な配慮を要求し、そうした配慮がなされたかどうかをチェックする役割を、裁判所に要求する。具体的には、裁判所は市民の訴えを受けて政府が信託の趣旨に反した行為をしていないか審査し、工事を差し止めたり、環境への配慮が十分になされていない等の審議不尽があるとして議会に差し戻し、議会と行政に再考を促すのである。

一九六〇年代以降、アメリカではこうした裁判によって多くの埋め立て・ダム・道路などの建設が止められた。そして、一九七〇年にはすでに日本の環境基本法にあたる「ＮＥＰＡ」によって、国全体の政策は環境に配慮しなければならないと決定した。ＮＥＰＡには、自然を破壊したものに対して行政が損害賠償を請求する規定もあり、環境は市民から政府が信託された財産である、という公共信託理論の精神が生きている。こうして、立法と司法の双方がコンビとなり、それを人材も資金力にも優れた多くの市民団体が支えることによってはじめて、アメリカは環境破壊にストップをかけたのだ。

これは「信託」の概念の重要性を示すと同時に、ロックの政府信託論に直接の根拠を持つアメリカ連邦憲法のもとにあってさえ、政府だけでは環境保護のためには十分ではなかったという限界をも示している。公共信託論は、信託をうけた政府が行うべき行為につき、環境という公共財産に特に高い価値を認めさせ、特別な配慮を要求するという一定の方向性を定めた、と理解することができるだろう。

環境を決定する権利

環境権の最も外側にある広い権利は、(3)市民が自ら環境のあり方を決定する権利である。これを実現する方法としては、憲法が主眼とする間接民主制、つまり議会によって法律や条例をつくるという方法と、直接民主制、すなわち住民が建設を認めるか否か、投票によって決定するという方法がある。日本では、裁判所が環境保護には機能しなかったこと等があって、むしろ住民投票に期待が集まっている。

世界的にみて、この権利が最も強く現われたのはドイツとスウェーデンの原発推進の是非をめぐる国民投票であろう。原発問題は賛成・反対派の議論が全くかみ合わない。この論争に安全か否かという問題だけでなく、手に負えない核廃棄物とテロの恐怖におびえながらも金さえ出せば電気をふんだんに使える便利な生活がよいか、一定の不便をしのびながらも安全を取るのか、というライフスタイルの選択の問題がからんでいる。

通常、資金力と権力に優れる事業者の利益が優先されやすい議会のもとでは、事業を廃止するという選択はなかなか期待できない。また、つねに利便性の最大化を追求してきた社会では、一定の不便を全市民が受忍するためには、市民が自ら直接決定に参加したという事実によって欲望を自制させることも必要なのである。

以上のように環境権を概観した上で、この三段階構造の特徴を解説しよう。まず、（１）の「環境の悪化によって」、「身体・財産を害されない権利」が認められるには、事前の規制立法が必要だった。次に、（２）の「良好な自然を享受する権利」が認められるには、環境の価値の重視と、信託の概念によって政府の行為を監視することが必要である。（３）の「市民が自ら環境のあり方を決定する権利」は、いわば万能の権利であるが、積極的に良好な環境を創造していくという価値観に基づく全体の方向づけがなければならない。

外側にある権利は内側の権利を含むことができる。（２）の権利を認めれば（１）は当然に導かれるし、（３）の権利は憲法を含めた立法によって実現させる必要がある。

なお、この三段階構造では、内側に行くほど個人に限定された権利となり、外側に行くほど集団的に行使されるべき団体的権利となる。これは各人がその権利を持っていないという意味ではない。集団的に行使しないかぎり、実際の効果が期待できないということである。

日本の法制度が長らく手本にしてきたドイツやアメリカは、二、三〇年も前にとっくに（３）を実現させる段階に達している。現実は日本でもすでに（３）の段階に達している。

私たちは、「良好な環境」といったより積極的な価値に導かれた自己決定権としての「環境のあり方を自ら決定する権利」を率直に認めなければならない。それは、世界的な常識にもなっている。

世界の憲法にみる環境権

環境権は、基本的人権の中で「知る権利」「プライバシー権」とならぶ「新しい権利」としてこれまでも憲法改正の一つのテーマであった。しかし、これまではあえて憲法改正を持ち出すまでもなく、一三条「個人の尊重、生命・自由・幸福追求の権利の尊重」や二五条「生存権、国の生存権保障義務」の解釈によって解決できるとされてきた。しかし、憲法に規定があるか否かは、環境権に限らず新しい立法や既存の法の解釈と運用に大きな影響を与えるというのが改正側の意見であった。

私たちは、環境権について、直接民主主義を背景とした現代的権利として構成されるべきだと考える。この権利の性質は、一三条の解釈の範囲を明らかに超えている。したがって、それは憲法上の権利として新たに創設されるべきであろう。国際的にも環境について憲法に明記することは世界各国の憲法の趨勢であり、日本もこれを共有すべきである。

そこでまず、世界の憲法で環境がどのように扱われているか、網羅的にみてみよう。現在、環境について憲法に規定を持つ国は少なくとも八〇カ国を超える〔注8〕。

これらの環境に関する規定をみてまず気づくのは、日本ではまだ目新しい「持続的成長」「エコロジー」などの用語が当たり前のように使われ、単に環境について規定するだけでなくそれを実現するための仕組み（情報公開、意見の表明、訴訟提起・訴訟参加、損害賠償、刑罰など）がセットになっていることである。それは各々の国の憲法改正に至る歴史的事情（憲法事実）を反映し、そうした規定がなかったために環境破壊を止められなかったという反省に基づいている。

環境の規定の仕方には大きく分けて、基本的人権とするもの、国の政策方針とするもの、立法に関連して言及されているものがある。なかでもブラジル憲法はそのすべてを含む極めて充実した内容を持っているものとして注目されるが、それは立法・司法・行政の不備と現状の問題を新憲法制定によって一挙に解決しようとしたからである。成立過程に広汎な市民参加が行われたことも注目すべきであろう。これは、三万人以上の有権者の署名を条件に、憲法制定国民議会の草案編纂委員会に対する起草提案を認めるもので、教会・労働組合・市民団体等から一二二件の「人民修正案」が出され、その署名総数は一二二六万五八五四件にも達したという。こうした市民参加を反映して憲法制定国民議会により提出された修正案条項は五万三九〇〇件にも上った〔注9〕。

こうした市民参加を反映し、環境権と都市政策に関する条文は詳細をきわめる。行政の行為に対する救済手続きについても、独自の公共民事訴訟の制度が定められている。逆に言えば、今までがいかに問題が大きかったかということであるが、憲法は過去の反省に立って、国の長期的な方針を内外に向けて宣言するものである。ブラジルではいまだ実態と憲法は遠くかけ離れているようだが、これらの規定によって、環境保護を国の政策の大きな柱とする方向に大きく舵を取ったことは確かである。

基本的人権としての環境権は国連人間環境宣言（一九七二年）に始まるとされるが、環境保護を国の政策とする規定はより古い。例えば、制定当時世界で最も進んだ憲法と言われたドイツのワイマール憲法（一九一九年）には、風景・自然保護の規定（第一五〇条）があり、環境の面でもその先進性を伺わせる〔注10〕。

これとよく似たイタリア憲法第九条「共和国は、国の風景を保護する」は、制定後四〇年近くたってから一つの法律「ガラッソ法」によって事実上の環境権として機能することになった。九条で保護されるはずだった国の風景が乱開発と行政の怠慢によって危機に瀕しているとして文化財環境財省から緊急措置として出された省令が法律化されたもので、州政府に景観計画の策定を義務づけ景観の保護ができるようになるまでは一定の例外を除きあらゆる建設行為の許認可を差し止めるという大胆な内容であった。〔注11〕これを契機にイタリアは歴史的景観の再生へと大きく方向転換し、経済的復興をも成し遂げたのである。

国の政策として環境保護をうたう場合には、憲法上はもっぱら議会や行政にそれを実効化する役割が負わされることになる。この場合、環境権の構造で述べた「自ら環境のあり方を決定する」直接民主主義の制度が用意されている。この端的な例がスイスである。

スイスは頻繁に憲法改正を行っているが、国民投票に基づく一九八七年の改正は特に大規模で、環境について新たに章を設け「持続的成長」「環境の保護」「湿地帯の保護」等を内容とする詳細な規定を追加し、観光資源としての景観の保護を重視すること、農業やエネルギー政策に環境保護と経済の両立という視点を取り入れていること、遺伝子技術など最先端技術への対応を明確に定めている〔注12〕。

逆に、憲法に規定はないが、立法と裁判で環境を保護するのがアメリカである。日本もこれにならうべきだとする意見も強い。しかし、憲法に列挙されていない権利を軽視または無視したものと解釈することを禁じた修正第九条と、そうした権利は人民または州に留保されるとする修正第一〇条は日本国憲法にはない規定であり、新しい権利を柔軟に取り込むことが憲法の明文上予定されているともいえる。実際、すでに環境権の規定を持つ州は一二〔注13〕ある。さらに、すでに見たように「公共信託理論」が判例で確立し、州憲法と法律にも取り入れられているから、市民は裁判を通じて環境を破壊する行為にストップをかけることができる。このような背景があってはじめて、アメリカでは環境権が憲法に書いてなくても環境が保護されるのである。

憲法改正か、法律か

私たちは日本でも環境権を基本的人権として創設し、環境の保護・創造を国の内外に向けた基本政策として位置づけるべきだと考える。この権利は、直接民主主義の導入をふまえて従来の権利にない、左のような特色を持つ。

（1）個人の権利に限定されず、集団的権利としての性格を持つこと。義務の要素の強い自己抑制的な権利であること。

環境問題の影響力は、空間的な広がり（少なくとも地域全体の問題であり、さらには人類全体の問題につながる）と時間的な広がり（将来世代への影響）をもつゆえ、個人の利害の範囲内に留まるものではない。また、環境の保護は人間の欲望追求（戦争はその最大のものである）に対しての抑止力となる。

（2）国内に限定されず、国際問題であることを認識する。

越境被害をもたらす酸性雨、地球温暖化、オゾンホールなどの地球環境問題は一国では対処することができない。また、貴重な自然や文化遺産は人類の共通財産であるという意識が広まり、国や地域住民が自由に処分できるものではなくなってきた。このことは国家という枠の拘束力が弱まったことを示す。

（3）自然環境に限定されず、文化・伝統などを複合した総合的な環境に価値が認められること。

汚染物質の濃度といった自然的要素を満足するというだけでは、良好な環境とはいえない。生命身体に直接害を与える公害は一応収束したものの、日本の国土と都市は乱開発によって慢性的な荒廃状況となった。人間の手が入ることによって自然をより豊かにし、持続的な利用を可能とした自然を維持しつつ（里山がその良い例である）、美・文化・伝統などの価値を備えた都市を創造していくことが求められる。

(4) 環境問題についての意思決定には間接民主主義より直接民主主義が適している。

現在の環境問題の多くはその原因・影響が明らかではないが、何らかのアクションをとらないと将来に重大な影響を与える可能性の高い問題に対する政治的決断を要求する。決断するリーダーの支えは議会ではなく市民の支持である。また、ダムや原発の根本的な是非を問うような場合には、住民投票によって決定する。

(5) 憲法は法律がない場合の救済手段とならねばならない。

憲法によらず、基本法と個別具体的な立法による対処には限界がある。立法不備及び法律ないしその解釈が違憲の場合の救済手段としては、憲法を直接根拠として司法による救済が求められるべきである。

〔注1〕一九七〇年ごろ提訴された熊本水俣病、新潟第二水俣病、四日市ぜんそく、富山イタイイタイ病に関する訴訟をまとめた総称。企業の加害責任を認めていずれも勝訴した。

〔注2〕Sec. 102 [42 USC・4332]. The Congress authorizes and directs that, to the fullest extent possible: (1) the policies, regulations, and public laws of the United States shall be interpreted and administered in accordance with the policies set forth in this Act.

〔注3〕一九六四年、特別名勝三段峡（広島県）におけるダム建設のための現状変更許可が、名勝を鑑賞する権利を侵害するとして、住民が広島県に対し処分の取り消しを求めた行政訴訟。

〔注4〕一九九六年、川辺川（熊本県）流域農家が、農林水産省による利水ダム建設を中心とする土地改良事業の取り消しを求

めた訴訟。二〇〇〇年に熊本地裁が棄却、現在控訴中。
〔注5〕井上光貞ほか校注『日本思想大系新装版　律令』（一九九四年、岩波書店）
〔注6〕一九七四年、愛媛県の長浜町海水浴場への漁港築造が、誰もが海岸の風物を自由に利用する権利「入浜権」を侵害するとして、住民が長浜町に対し築造行為の差し止めを請求した行政訴訟。
〔注7〕J・L・サックス著『環境の保護　市民のための法的戦略』山川洋一郎・高橋一修訳（一九七四年、岩波書店）
〔注8〕環境に関する規定を持つ国は、インド、カンボジア、朝鮮民主主義人民共和国、スリランカ、タイ、大韓民国、中華人民共和国、ネパール、パキスタン、フィリピン、ベトナム、モンゴル、ラオス、イラン、オマーン、トルコ、モーリタニア、アンゴラ、エチオピア、ガーナ、カーボ・ベルテ、ギニア、コンゴ、サントメ・プリンシペ、セイシェル、中央アフリカ、トーゴ、ナミビア、ブルキナ・ファソ、ベニン、マダガスカル、マラウィ、マリ、南アフリカ、モザンビーク、レソト、アルゼンチン、キューバ、コスタリカ、コロンビア、パラグアイ、ペルー、ブラジル、アルバニア、アンドラ、イタリア、エストニア、オーストリア、オランダ、ギリシア、クロアチア、スイス、スウェーデン、スペイン、スロバキア、スロベニア、チェコ、チェチェン、ドイツ、ノルウェー、ハンガリー、フィンランド、ブルガリア、ベルギー、ポーランド、ポルトガル、マケドニア、マルタ、ユーゴスラビア、リトアニア、アゼルバイジャン、アルメニア、ウズベキスタン、キルギス、グルジア、タジキスタン、トルクメニスタン、ベラルーシ、モルドバ、ロシア等がある。なお条文についてはバイエルン・ユリウス・マクシミリアン大学ホームページ http://www.uni-wuerburg.de/law/home.html 及び "Constitutions of the Countries of the World" (Gisbert H.Flanz, Oceania Publications) を参照。
〔注9〕矢谷通朗編訳『ブラジル連邦共和国憲法1988年』（一九九一年、アジア経済研究所）
〔注10〕ワイマール共和国憲法第一五〇条一項「芸術、歴史、及び自然に関する記念物ならびに名勝風景は、国の保護と配慮を受ける」高田敏・初宿正典編訳『ドイツ憲法集』（一九九四年、信山社）

〔注11〕宗田好史「イタリア・ガラッソ法と景観計画」（「公害研究」）vol.18 No.1
〔注12〕樋口陽一・吉田善明編『解説　世界憲法集　第4版』（一九九四年、三省堂）
〔注13〕フロリダ、ハワイ、イリノイ、マサチューセッツ、ミシガン、モンタナ、ニューメキシコ、ニューヨーク、ノースカロライナ、ペンシルバニア、ロードアイランド、バージニアの各州。なお条文についてはLII ホームページ、http://www.law.cornell.edu/ を参照。

第五章　外国人の権利

現行憲法には、外国人〔注1〕の人権規定がない。日本では、外国人に対する差別事件が頻発しているにもかかわらず、国、自治体の救済手段は限られ、また、日本国内での在日外国人は、自らの問題を解決するため、公的権力をつくる権利（参政権から市民参加といわれるより広い参加形態まで）も制限されている。

市民の憲法において、私たちは市民が政府をつくる権利を提唱する。しかし、その「私たち」とは、日本国籍をもつ日本国民だけだとは考えない。これは、以下の問いに答えることにもなる。

「われわれの手でルールをつくろう、という主張自体にはおかしいところはないように見える。しかし、その『われわれ』という単位を固定的で自明なものとみなした時に、問題が発生する。世界にこれだけの不均等が存在し、富める人々はますます栄え、貧しい人々は、ますます苦しんでいる時に、特定の群れ（国民）だけに自由や福祉の権利を与える、国民単位の法的枠組みは、他の人々を排除する機能を帯びざるをえない」（杉田敦著『権力』岩波書店）。

また、私たちは日本人であること（または、ないこと）を為政者の都合によりどうにでもなる「牢獄」（小熊英二著『「日本人」の境界――沖縄・アイヌ・台湾・朝鮮　植民地支配から復帰運動まで』新曜社）となるようなことにはしない。

現行憲法の「法律で要件が定められる国民」の概念を超えて、より広く現在及び将来にわたって共に生きる人々を市民としたい。

まず日本の矛盾に満ちた現実をみておこう。

差別される外国人

一時滞在の外国人に対しても、身体・生命・財産や、思想・言論の自由などの基本的人権は、守られねばならない。さらに、一定期間以上の定住もしくは永住を予定する外国人に対しては、住宅、教育、保健・衛生、社会保障などの面で、社会的な自立と地域社会での共存がはかれるよう配慮される必要がある。

現在、海外で活躍している多くの日本人が、活動の自由や生活の安全について、その地で望むのと同じことを、外国人が日本で生活する場合に望むのは、当然のことである。そして、政府はその実現に尽力する義務があるのも当然のことであろう。しかしながら、日本政府は、外国人と日本人を区別して扱ってきた。また、日本社会も、外国人とともに生きていく気構えやシステムが不備である。自治体や、人権団体の努力により少しずつ改善されつつあるが、とても十分とは言えない。

職業選択の不自由

地方公務員・教員採用には国籍条項がある。すなわち大半の自治体では、一般事務職公務員に外国籍者の採用を認めていない。その根拠は、一九五三年、法制局長が「公権力の行使、または、国家意思の形成に参画する公務員となるためには当然の法理として日本国籍を必要とする」としたからであるとされる。

しかし、自治体の主体は「国民」ではなく「市民」であり、外国人も納税等の社会的義務を果たしている。自治体を構成する市民としての資格があれば、地方公務員の職に就くことができるはずだ、との主張が強くなった。

川崎市では、一九九六年九月一二日の職員採用試験より消防職、税の滞納処分・建築許可職種以外で、昇級は課長までとの条件・制限付きであるが、国籍条項を撤廃した（川崎方式）。

一九九六年一一月二二日、白川自治大臣（当時）は「任用する職種を制限すれば、一般事務職に外国人の採用は可能である。採用方式は各自治体の自主的判断に任せる」との談話を発表した。その後、「川崎方式」に追随する自治体が増えつつある。

外国人の参政権

一九九五年二月二八日、最高裁判所は、「住民の日常生活に密接な関連を有する公共的事務は、地方公共団体が処理するという地方自治の重要性から、地方公共団体と特段に緊密な関係を持つに至った永住者等の外国人に選挙権を付与する措置を講ずることは、憲法上禁止されているものではない」としながらも、「右のような措置を講ずるか否かは、専ら国の立法政策にかかわる事柄」と憲法判断した（最三小判平成七年二月二八日判時一五二三―四九）。

永住外国人地方参政権付与法案が、一九九八年に公明党・民主党と、共産党が提出して以来、数度にわたり国会に提出されているが、二〇〇二年四月に至るまで成立していない。最近では、公明、保守の両党は共同で、民主、共産は別個に、二〇〇一年七月の特別国会に提出した。

そもそも、永住外国人地方参政権付与法案は、一九九九年一〇月の「自自公」連立政権が誕生した際に、その政権合意の中に明記されたもので、永住外国人、特に日本に在留する在日韓国・朝鮮人に対して自治体への参政権を付与することを目的としている。自民党では野中広務衆議院議員などの有力者が推進している一方、自民党内や野党の民主党でも異論があり、論壇、マスコミ等でも意見が分かれ、成立が見送られてきた。

外国人の地方参政権賛成派の議論は、第一に、戦前、強制労働などで日本に連行した人たちに対する償いの意味合い、第二に、権限が地方に委譲され、地方の自立性が高まる中で、地域に長く定住する外国人と日本人が共生し、権利を共有するのは当然だという。その他、年々増えてくる外からの労働力を定着させるために、選挙権付与が好ましいという判断や、国際社会、とりわけ東アジア圏で良好な秩序を築くには、外に開かれた施策をとるべきだとの主張もある。

反対派の意見は、日本の主権の侵害である、外国籍をもつかぎり永住外国人といえども日本への忠誠に欠ける、特に「有事」の際、日本の安全が脅かされるおそれがある、というようなものだ。「日本国籍を有たぬ以上は所詮外国人なのであり、彼らの国家的忠誠義務はそれぞれの『祖国』に向けられてゐるのであって、日本に対してではない」（小堀桂一郎「永住外国人への地方参政権付与に意義あり」、『「国家」を見失った日本人——外国人参政権問題の本質』田久保 忠衛他著、二〇〇〇年、小学館文庫）などが典型である。

「選挙権は日本国籍を持つ日本国民に限られると憲法上も解釈される」とするもの、「永住外国人に日本国籍取得の道は閉ざされていない」から現状でよいとするもの、永住外国人には参政権付与ではなく、日本国籍の取得を簡単にすべきだという意見もある。

もっとも、参政権については、在日外国人団体の中でも主張が分かれている。

在日本大韓民国民団では、「在日韓国朝鮮人は、地域社会の一員として納税等の社会的義務を果たし、社会・教育・経済・文化等のあらゆる分野で地域社会に貢献し、また、地域社会の重要な構成員として共生・共存しているにもかかわらず、地域市民としてその生活に直接に深い影響を及ぼす地方レベルでの政治に参加する道が設けられておらず、地域社会の発展に積極的に寄与できない、あるいは生活上の要求が政治に反映されない状況にある」という理由で、積極的に地方参政権を求めている。

これに対し、在日本朝鮮人総連合会は、「参政権」（選挙権・被選挙権）は、地方参政権であれ、国政参政権であれ、これは人権問題ではないとの立場から、地方参政権を求めていない。むしろ、民族性を保持することへの障害となるとの見方をしている。

そもそも、参政権とは、自らのかかわりのある共同体や社会のありようを決める権利として考えれば、国や自治体、民族の枠から発想するのではなく、生活の場の必要から考えていくべきであろう。同じ場に生活する人々が、国籍や民族という枠だけで自らの生活を形づくる権利に差がつけられるならば、それ自体が共同体に対する暴力、市民が政府をつくる権利の侵害と考えられないだろうか。

外国人登録証明書の問題も、そのような面から見直してみたらどうだろうか。

外国人登録法の一部改正により、一九九三年一月永住者及び特別永住者にかぎり指紋押捺制度は廃止され、二〇〇〇年四月一日から指紋押捺制度は全廃された。指紋押捺制度は、指紋押捺という行為が屈辱的であり人権侵害であるという点が議論となったが、共に生きる市民の中のある集団が、その出自のみで特別の扱いを受けるならば、それはどのような形であれ差別であろう。

そのような観点から、依然としてスーパーマーケットに買い物に行くときにもつねに携帯が要求される外国人登録証明書の携帯義務は問題であろう〔注2〕。「在留外国人の居住・身分関係を即時的に明確ならしめるため」というのがその理由であるが、一時滞在者ではない永住外国人には不必要としか考えられない。

戦前の植民地支配の延長

そもそも日本における外国人差別の問題は、戦前の植民地支配の問題が尾を引いている。現在、日本にいる在日韓国・朝鮮人の大多数は、戦前からの渡航者及びその子孫であるが、その人々に対する扱いは、やはり強制連行に象徴される日本の植民地政策の延長上にある〔注3〕。

援護法（恩給法、戦傷病者・戦没者遺族等援護法など一三の法律）にはすべて国籍条項があり、在日韓国・朝鮮人を排除している。

徴兵・徴用あるいは志願により軍人・軍属として従軍し、BC級戦犯として処せられた者、戦死した者、あるいは障害者となった者に対して援護法による遺族年金、障害者年金等一切支給されていない。

在日韓国・朝鮮人の元傷痍軍人が援護法の適用を求めて訴訟を提起しているが、日本政府は「日韓請求権・経済協力協定」で決着済みとの見解に終始している。

一九九九年一〇月、旧日本軍属として徴用され負傷した在日韓国人が、日本国籍がないことを理由に援護法に基づく障害年金の支給請求を却下した国の処分取り消しなどを求めた訴訟の控訴審判決で、大阪高裁の裁判長は、「法の下の平等を定めた憲法一四条と国際人権規約に違反する疑いがある」との判断を示した。

判決としては「国籍・戸籍条項は失効していない」として、請求棄却の一審・大津地裁判決を支持したが、「国会には条項改廃などの是正が要請されている」とし、放置し続けた場合には違法性が生じる可能性も示唆した。同様な訴訟で、違憲性に言及した高裁判決は初めてである（大阪高判平成一一年一〇月一五日判時一七一八―三〇）。

第二次世界大戦で植民地から兵や軍属を動員した諸国（米・英・オランダなど）はすべて、戦後、相手がたとえ外国人でも、年金を支給しており、「国籍条項」を盾に取って外国人を排除している国は日本だけといわれている〔注４〕。

また、二〇〇一年一一月、韓国・朝鮮人の元ＢＣ級戦犯らが政府に補償などを求めた訴訟で最高裁は、補償請求を否定した東京高裁判決を支持し、元軍属側の上告を棄却した。日本国のための特別の犠牲であるにもかかわらず、日本国籍を有しないことを理由に補償をしないことは、憲法一三条、一四条、二五条、二九条三項に違反するという訴えに対し、「損害は、第二次世界大戦及びその敗戦によって生じた戦争犠牲ないし戦争損害に属するものであって、このような犠牲ないし損害に対する補償は、憲法の前記各条項の予想しないところというべきであり、その補償の要否及びその在り方については、国家財政、社会経済、損害の内容、程度等に関する資料を基礎とする立法府の裁量的判断にゆだねられたものと解するのが相当である」としている（最一小判平成一三年一一月二二日〔注５〕）。

しかし、その立法府の裁量的判断が、無年金の高齢者・障害者を生み出しているという現実がある。

一九五九年の施行当初、国民年金法は、加入に国籍の壁を設けて在日外国人の加入を除外しており、一九八二年、労働法制や社会保障で「自国民と同一待遇」を基本原則とする「難民条約」の批准により国籍条項は撤廃されたものの、三五歳以上の者は加入ができなかった。

その後一九八六年四月一日に経過措置として「カラ期間」が設定され、三五歳以上の者も加入が可能になったものの、その時点で六〇歳以上の高齢者と一九八二年一月一日時点で二〇歳以上の障害者は加入の道は閉ざされている。

国のこのような政策により多数の無年金高齢者・障害者が放置されているのを防ぐため一部自治体では、その救済措置として年金にかわる福祉給付を行っている。例えば、京都府では、府内一一市が、二〇〇一年度中に対象者全員に自治体独自で給付金を支給するとしている（「毎日新聞」朝刊京都版二〇〇一年五月一八日）。しかしながら、日本国民の受給額と同額が補償されているわけではなく、過去の「国籍」への拘泥は、現在の差別を生み出している。

将来の世代にわたる差別

戦前の植民地政策が現在まで尾を引いていることは、外国人学校が学校教育法の一条校不認可、すなわち、「学校」と認められておらず、さまざまな制度的差別があることにも現われている。

日本全国で外国人学校（インターナショナルスクール、アメリカンスクール、朝鮮学校、韓国学校、中華学校など）が約一三〇校あり、約二万七〇〇〇人が在籍しているが、朝鮮学校が九三校、一万五八〇〇人余を占める（一九九八年現在）。一条校不認可は、やはり朝鮮学校を念頭においていると考えていいだろう〔注6〕。

自らの言語や文化を学ぶ民族教育を受ける権利は、「子どもの権利条約」、「人種差別撤廃条約」、「国際人権規約 自由権規約」などでも保障されている。

一九九九年、在日朝鮮人の教育差別問題について、国連人権委員会の「差別防止及び少数者保護小委員会」は「朝鮮語で教育を受けた子供は、国立大の受験資格がない」と指摘、同委員会として初めて問題の存在を認める報告書を出し、採択した。

日本弁護士連合会（日弁連）は一九九八年二月、この件に関して日本政府に対し、「重大な人権侵害」だと是正勧告を出した。勧告は、これらの学校が、学校教育法上の一条校に比べ大学などの受験資格や公的な助成の額で著しい不利益を被っている現状は、外国人に対し間接的に日本の教育を押し付け、民族文化の保持を妨げており、憲法や各条約に照らして重大な人権侵害に当たるとしている。

このような流れの中で、一九九九年七月、旧文部省が義務教育修了者でなくても二〇〇〇年度から大検（大学入学資格検定）の受検資格を認めるとしたことにより、外国人学校出身者も一八歳に達していれば二〇〇一年度から国立大の受験・入学が可能になった。

かつて、朝鮮学校卒業生が国立大学を受験するには、定時制か通信制の高校を卒業するか籍を置いて、大検に合格しなければならなかったのが、大検のみでよくなったわけである。しかし、依然として大きなハンディであるといえよう。

すでに多くの公立大や私立大は、独自の判断で外国人学校出身者の受験を認めているが、国立大学はいまだに認めておらず、この面でまだ差別が残っている〔注7〕。

現在、日本の教育自体が大きな曲がり角を迎えており、その画一性、同調圧力の高さが生徒、学生の創造性を抑えてしまっているとの指摘がなされるが、その一因として外国人学校を排除するような狭量さがあげられるのではないだろうか。

日本の息苦しい教育を逃れてわざわざアメリカンスクールへ子供を通わせる親もでてきているが、アメリカンスクールも一条校不認可である。一九九九年には、在日米国大使館から旧文部省にアメリカンスクール生の進学資格改善の要求もあった。

在日朝鮮人学校の高級学校課程修了者及び朝鮮大学校課程修了者は、米国ならば、カリフォルニア大学、コーネル大学、シカゴ大学、英国では、ロンドン大学、リーズ大学、エセックス大学、フランスでは、パリ大学など海外の大学でもそのほとんどが入学資格を認められている。優秀な在日韓国人・朝鮮人学生、研究者は海外へと流れても仕方がないだろう。

かつての植民地への差別的政策を引きずっていることが、将来の世代への差別を残し、日本自体の国際化への障害と人材の流出の原因にもなっていないだろうか。

その一方で、日本政府は、日本人学校を海外に建設することに熱心なようである〔注8〕。これはずいぶんと矛盾した態度であるといわれても仕方がないだろう。

外国人の犯罪者（犯罪予備軍）扱い

近年、外国人犯罪についての報道が増えている。

外国人犯罪とは、「来日外国人」（日本にいる外国人から定着居住者〔永住者等〕、在日米軍関係者及び在留資格不明の者を除いた者）の犯罪である。

「昨年一年間に全国で摘発された来日外国人による犯罪は三万九七一件にのぼることが二二日の警察庁のまとめで分かった。過去最高を記録した一九九九年より一割減少したが、一〇年前に比べると四・九倍の増加。ピッキング盗など窃盗犯が増えたため、刑法犯は前年より増加し、検挙者数も一〇年間で二・七倍となった」（「毎日新聞」二〇〇一年三月二二日）というように報道される。

　絶対数の発表は、虚偽でなくても、日本人の犯罪数、犯罪率との比較をしなければ、偏見を煽りかねない。

　典型例は、「日本には今、合法的な登録外国人が約百五十万人いる。日本の人口の約一・一％が在日外国人。（中略）東京都では、殺人・強盗・放火・強姦・傷害という凶悪犯罪に（在日外国人の）占める割合は約一一％。外国人は日本人の一〇倍、こういった凶悪犯罪を引き起こす可能性が高いのだ」（『週刊文春』二〇〇一年一〇月二五日号、「緊急提言佐々淳行あえていう『アラブ系外国人の入国審査を強化せよ』」）のように、比較の対象を恣意的に選ぶものである。

「全国の人口における登録外国人の比率」と「東京都の凶悪犯罪における在日外国人によるものの比率」を比べ、「一〇倍」という数字が引き出せるものなのか。ちなみに、東京都の二〇〇〇年末の外国人登録者の人口に対する比率は、二・四六％である〔注9〕。

　社会が流動化し、貧富の差のある多様な集団が混在するようになれば、一定の犯罪は発生せざるを得ない。発生した犯罪に対しては厳しく取り締まることが当然で、それは将来の犯罪の抑制にもなるはずである。

　しかし、国籍に限らず人種やある年齢層や職業の集団を犯罪者予備軍扱いすることで、犯罪の予防となるのであろうか。治安担当者としては、社会不安を煽ることにより予算や人員などの資源の割り当てを得られるという利点があるが、それは職業倫理として、使ってはならない方法であろう。

　社会政策としては、犯罪の厳正な取り締まりとともに、多様な集団が共存し、出自にかかわらず社会的な尊敬を得られるような社会的な基盤を整えることでしか犯罪は予防できない。

一方で、実質的な人権保障として、外国人の被疑者や被告人に対して、通訳や弁護士の選任について、外国人であることから起こるハンディキャップを補い、実体的に憲法、刑事訴訟法に基づく人権を保障する公正な手続きや裁判を受けられるよう、制度や体制を整えることが重要である。海外で日本人が被疑者や被告となった場合に、適正な人権保障手続きを求めるように、日本においても外国人が同様の手続きを求めるのは当然のことである。

絶えない外国人に対する差別事件

一九九八年六月、アクセサリーを探しに入った浜松市内の宝石店で、ブラジル出身を名乗った同市在住の女性ジャーナリストが、店から追い出されそうになった。そればかりか店主は、抗議する彼女を犯罪人扱いして警察を呼ぶなど屈辱的な仕打ちを加えた。

女性ジャーナリストは、その非を認めるどころか謝ろうともしない店側のこうした行為を「人種差別撤廃条約」違反だとして、慰謝料などを求める損害賠償請求訴訟を起こし、静岡地裁浜松支部は一九九九年一〇月、彼女の主張をほぼ全面的に認める判決を下した（静岡地浜松支判平成一一年一〇月一二日判時一七一八—九二）。

国際条約の直接適用による人権救済として、話題を呼んだ画期的な判決であったが、問題は、同様な事件が数多く報告されているにもかかわらず、社会的な関心の低いことである。

法務省は、人種差別による入店拒否を違法だと認めているが、法的な罰則規定がないために、差別的な行為が野放し状態となっている。一九九九年九月、ドイツ人、アメリカ人、中国人、日本人らの家族連れグループが小樽市に観光に来て、浴場に入ろうとしたらジャパニーズオンリーの看板がかかっており、見かけが外国人風の人は拒否された小樽市の公衆浴場拒否事件などがその例としてあげられる。

この背景には、先に述べたように外国人＝犯罪者（犯罪予備軍）というステレオタイプを植え付けるような報道や言動がマスコミや政治家により繰り返されていることがある。

二〇〇〇年四月、陸上自衛隊練馬駐屯地の創隊式典であいさつした石原東京都知事の「三国人」発言などがあげられるが、「三国人」の言葉以上に、「外国人」＝「犯罪」のイメージの刷り込みをする方が問題であろう。マスコミも「客の男性会社員（六五）が、外国人風の男性から『小銭が落ちました』と声を掛けられ、振り向いたすきに、カウンター上に置いていた現金四〇〇万円入りのポーチを盗まれた」（「毎日新聞」二〇〇〇年六月一日）などと地の文で「外国人風」を使っている。

二〇〇一年五月、富山県小杉町で、パキスタン人経営の中古車販売会社前に同町内の礼拝所から盗まれたとみられるコーランなどが破り捨てられた。その後、イスラム教徒が外務省や富山県庁などに抗議デモをかけ、外務大臣に真相究明や再発防止を求める要請文を提出する事件に発展した。同年一〇月に犯人が逮捕され、特に宗教的、外国人の排斥などの意図がないとされたが、今後、日本で日本国籍の有無にかかわらず、外国人が増えるにつれ不可避的に起こる文化的な衝突のさきがけとして記憶されるだろう。

一般企業における就職差別、結婚の問題、賃貸住宅入居拒否、商店の入店拒否など社会的な差別は、深く日本社会にあり、今後、外国人が日本国内に増えるにつれ思わぬ形で事件化していくと考えられる。

増加する外国人労働者

八〇年代以降の外国人労働者に対する日本政府の対応をみると以下のようになる。

第一期（八〇年代半ば〜）　バブル経済下で、ブラジルなどの日系人やアジア諸国からの外国人労働者が急増した。一方「不法滞在・不法就労問題」も急浮上した。

八八年、労働省は、専門職分野へは「可能なかぎり受け入れる」が、いわゆる単純労働職については「十分慎重に対処すること」とし、門戸を閉ざした。八九年、入管法改定で、（1）専門職分野の在留資格を細分化、（2）日系人も「定住者」の資格で就労を合法化、（3）雇用者側対象の不法就労助長罪を新設した。

第二期（九〇年代）　バブル崩壊で、景気は長期低迷するが、建設業や製造業、サービス業界などでは労働力不足が恒常化した。九三年「技能実習制度」が新設される。

第三期（九〇年代末〜）　グローバル化の進行や少子高齢化などを背景に、外国人労働者をめぐる論議が再燃。二〇〇一年三月、法務省は今後五年間を想定した出入国管理基本計画（第二次）を発表、（1）専門職労働者の積極的受け入れ推進、（2）技能実習制度の拡充などの方針を打ち出した。

第三期の動きは、記憶に新しいだろう。

インド人や中国人の技術者がアメリカで起業、ＩＴ革命を先導し、ジャパン・パッシング（日本とおり過ぎ、日本無視）と言われるような日本の地位低下が起こった時期である。日本の経済界は、優秀な人材の世界的争奪戦に負けつつある恐怖感に襲われた。

国公立、私立を問わず大学は、優秀な研究者、学生を招こうとしたが、硬直的な大学の人事システムやそこに強い既得権を持つ教官、官庁の抵抗のため、なかなか進まないようである。

一方で、人口の減少も恐怖である。二〇〇二年発表の国立社会保障・人口問題研究所の試算によると二〇〇六年を頂点として日本の人口は減少に転じ、人口減少は、二〇一五年には年間三〇万人を超え、二〇二〇年には五〇万人、二〇二八年には七〇万人、二〇三四年に八〇万人を超える。鳥取県（約六一万人）、高知県（約八一万人）の人口が毎年まるまる消えていくのである。

原因はいろいろ考えられるが、日本の場合、高齢化や少子化の速度が、先進諸国の中で突出しているということが大きい。社会の活力や生産性を維持できるかという議論や、これまで右肩上がりの経済と人口を基礎にしてきた老齢年金や医療介護などの社会保障制度への影響も懸念されている。

少子化の動きをとめることは、欧米諸国の経験からも困難である。

そこで、外国からの移民や外国人労働者の受け入れで補うという政策も議論され始めた。しかしながら、まだ「外国人」に対する抵抗感は強い。日系人ならば、などという「血統」に中途半端に依存した労働市場の開放政策しかとれないのが現状である。

一九九九年末で、日本で就労している外国人は、約六七万人、うち二割、約一二万人が、「望まれる」専門・技術職、残り八割は単純労働で合法就労者二〇万人、不法滞在者が二五万人となっている〔注10〕。

不法滞在者のほとんどは、観光ビザなどで来日し、超過滞在（不法滞在）しながら就労している人々である。優秀な人材は来てくれず、不法滞在は増えている。不法滞在者は、人権保障面で不安定な状況におかれており、雇用者からの搾取、抑圧を受けやすい。それゆえ、犯罪に走るおそれもでてくる。

外国人の入国についても、憲法上定めはないが、国際慣習法上、いかなる外国人が入国を認められるかは国家の主権に属し、国家は外国人の入国・滞在を許可すべき義務を負わないとされてきた。

しかし、通商条約をはじめとする二国間の条約や協定により、国家は外国人の入国について、条約上の義務を負うようになってきている。世界貿易機関（WTO）設立の付属協定であるサービス貿易に関する一般協定（GATS）によって「サービス貿易に不可欠な人の移動」に関する自由化約束は、最恵国待遇（MFN）及び内国民待遇（NT）の原則により、締結国すべてに対し義務を負うこととされている。

外国人労働者・移民の問題は、コントロールの可能、不可能も含めて世界的な課題である。先進諸国が直面している国際的な移動に関する深刻な問題は以下のように指摘されている。

第一は、世界各地で不法入国や不法残留、不法就労などが深刻化している。

第二に、先進国において取り組まれてきた外国人労働者やその家族を社会の底辺に追いやることなく社会的に統合するための政策が、人種差別や排外主義、あるいは人種的な対立を背景に大きな壁にあたっている。

第三に、先進国は、日本を含め、不熟練労働者の受け入れの門戸をいっそう狭くする一方で、情報技術労働者などを含めた高度な人材の受け入れについては、事実上、その獲得競争を激化させている。

そして、国際的な人の移動の問題は、もはや一国の政策によって対処できる次元ではなく、アジア、北米、欧州といった地域ないしグローバルな規模で影響を及ぼすようになり、簡単にコントロールできなくなっている、とされる〔注11〕。

日本はこれから、政策的には、外国人労働者・移民が不可避であるとの観点に立ち、さらに積極的な受け入れが、今現在日本に居る日本人と受け入れられる人々の両方の幸福となるよう日本社会を変革していく体系的な取り組みが求められる。

それを展望して、日本国政府は最低限、日本人を受け入れる諸外国と制度的な互換性を保ち、労働者個人においては、基本的な人権保障は当然として、同様な身分・地位にある日本人と同じ社会的保障が得られるように制度を整えねばならないだろう。

憲法と外国人の権利

日本では外国人の権利についてどのように考えてきたか、憲法と判例についてみてみよう。

（１）マッカーサー草案

憲法は、第三章に「国民の権利及び義務」を定めているが、外国人の権利については、何も定めていない。

マッカーサー草案（外務省仮訳〔一九四六年二月二六日臨時閣議で配布〕）では、第一六条「外国人ハ平等ニ法律ノ保護ヲ受クル権利ヲ有ス」とされ、明確に外国人の権利を定めていた。しかしこれは、ＧＨＱと日本政府の交渉の中ですべて削除され、第一三条「一切ノ自然人（All natural persons）ハ法律上平等ナリ政治的、経済的又ハ社会的関係ニ於テ人種、信条、性別、社会的身分、階級又ハ国籍起源ノ如何ニ依リ如何ナル差別的待遇モ許容又ハ黙認セラルルコト無カルヘシ」となり、さらに、第一四条「すべて国民は、法の下に平等であつて、人種、信条、社会的身分または門地により、政治的、経済的または社会的関係において、差別されない」として、少なくとも文言上は消えていったのである。

戦後、外国人の人権の問題は、在日韓国・朝鮮人をめぐり改善されてきたが、ある意味では、憲法からマッカーサー草案への回帰の道でもあったといえる。

（2）通説と判例

その結果、憲法の規定する基本的人権の保障が外国人に及ぶかどうかについては、「否定説」と「肯定説」が生まれるようになった。

「否定説」は、現在ほとんどみられないが、憲法が本来もっている本質、すなわち、憲法は「国民」に対する国権の発動の基準を示すものだということなどを理由として、「国民」でない外国人は「憲法が国民に保障する自由及び権利」（憲法一二条参照）を享有しえないという。

「肯定説」は、人権の国家によらない権利性や憲法のよって立つ国際協調主義を指摘して、外国人の人権享有主体性を肯定する。最高裁判決も「憲法第三章の諸規定による基本的人権の保障は、権利の性質上日本国民のみをその対象としていると考えられるものを除き、わが国に在留する外国人に対しても等しく及ぶものと解すべき」（最大判昭和五三年一〇月四日判時九〇三―三）としており、これが通説となっている。

しかし、肯定説をとっても、憲法の定める基本的人権のすべてが外国人に保障されるというわけではない。

憲法に「何人も」と規定されているか、また「国民は」と規定されているかを判断基準にしようとする「文言説」もあるが、基本的人権の保障は、それぞれの権利の性質に応じて個別的に判断されるべきものであるという「権利性質説」が通説である。

平等権、精神的自由及び人身の自由、経済的自由及び国務請求権は外国人に認められ、参政権、社会権（社会保障の適用を含む）及び入国・滞在の自由は保障されないと考えられている。

（３）市民の憲法では

私たちが提案する市民の憲法は、「外国人の人権」を、原則として「国民の人権」と区別しない、ということを出発点とする。

政策的な面で区別する場合には、その必要性を証明する責任は政府にある。

国際人権は、国連が中心となって作成した条約を各国が批准することによって推進されているが、日本は、採択されている二三条約のうち一〇条約しか批准していない〔注12〕。また、批准している「難民の地位に対する条約」などについてもその運用の異常さが指摘されている〔注13〕。この面では、日本は「人権後進国」といえる。憲法上、外国人の権利を認めることは、これら条約の批准を促進させる。

国内的に人権の保障をするだけでなく、国際的な人権保障をつくりあげていくことも二一世紀の課題である。

二〇〇一年のアメリカ同時多発テロに対してアメリカの行ったアフガニスタン空爆において、アメリカ人とアフガニスタン人の命の重さに違いはあるのかが鋭く問われた。また、米国籍を持たない「テロリスト」に対するブッシュ政権の軍事法廷の設置に対し、米国内でもＥＵ諸国でも異論が相次いだ。「人権保障に例外を認めてはならない」という強い決意も示された〔注14〕。

一九九八年七月、ローマにおいて国際刑事裁判所（ＩＣＣ）設立条約が採択された。ＩＣＣとは、国際社会に影響を及ぼす大量虐殺、戦争犯罪や人道に対する罪を犯した個人を裁く常設裁判所であり、これまで国家や政府が行ったことだから、戦争だからという理由で裁けなかった人権侵害、政治家個人を裁くことができるようになるものである。

ＥＵはこのハーグに予定されている裁判所の設置プロジェクトを熱心に推進している。現在までアメリカを含めて一三九の国が署名し、四三の国が批准を済ませたこの条約に、日本政府は署名もしていない。

国際的な人権保障のあり方は、現在少しずつではあるが充実しつつある。このような動きの中に日本政府も積極的にかかわり、国際的な人権保障システムの構築に貢献しなければならない。

〔注1〕外国人の定義であるが、ここでは日本国籍を持たず、なおかつ、日本の領土上、日本政府の権限の及ぶ範囲に期間の長短を問わず存在する自然人とする。ただし、外国人差別を論じる部分では、いわゆる日本人としての人種的または文化的背景を持たない、外国籍から日本国籍に移行した自然人も想定している。

〔注2〕外国人登録法に違反すると、一年以下の禁固もしくは二〇万円以下の罰金となる（ただし、外国人登録法の一部改正により、二〇〇〇年度からは、特別永住者については一〇万円以下の過料に処せられる）。

違反の内容は、

・外国人登録証明書をなくしたりした後、一四日以内に再交付の申請をしなかった場合

・住所を変更した後、一四日以内に市町村に届け出なかった場合

・五年ごとの外国人登録証明書の切り替えをしなかった場合
・警察などの要求に対して外国人登録証明書の提示をしなかった場合
・外国人登録証明書の常時携帯を怠った場合（禁固刑はなし）
などである。

外国人登録法の違反が外国人（圧倒的多数は在日朝鮮人・韓国人、中国人）の「犯罪」率を押し上げており、外国人＝犯罪予備軍イメージを広げる一因となっている。

〔注３〕野村進著『コリアン世界の旅』（一九九九年、講談社）
〔注４〕『月刊社会民主』一九九七年八月号「特集　取り残された戦後朝鮮人ＢＣ級戦犯問題を語る内海愛子恵泉女学園大学教授」
〔注５〕平成一二年（オ）第一四三四号ＢＣ級戦犯公式陳謝等請求事件
〔注６〕一九六五（昭和四〇）年一二月二八日文部省次官通達「(１) 朝鮮人学校については、学校教育法第一条に規定する学校の目的にかんがみ、これを同法第一条の学校として認可すべきではないこと。(２) 朝鮮人としての民族性または国民性を涵養することを目的とする朝鮮人学校は、わが国の社会にとって、各種学校の地位を与える積極的意義を有するものとは認められないので、これを各種学校として認可すべきではないこと。また、同様の理由により、この種の朝鮮人学校の設置を目的とする準学校法人の設立についても、それを認可すべきではないこと。
なお、このことは、当該施設の教育がわが国の社会に有害なものでないかぎり、それが事実上行われていることを禁止する趣旨ではない」としている。
〔注７〕民族学校の処遇改善を求める全国連絡協議会「民族学校卒業生の受験資格に関するアンケート調査報告書」（二〇〇一年一月三一日）

〔注8〕ブラジルを訪問した橋本龍太郎首相（当時）は、現地の日系人団体が、日本文化普及のための施設建設への支援を求めたのに対し、日本政府として協力する考えを表明した。日系人団側の要請には、日本語や日本文化を正課とする幼稚園から高校までの一貫教育の学校を建設する、というものも含まれる。（「朝日新聞」一九九六年八月二六日）

〔注9〕法務省入国管理局「平成一二年末現在における外国人登録者統計」

〔注10〕朝日新聞　アジアネットワーク　年間レポート　二〇〇一リポート「北東アジアの安定と発展」と「アジアの人流新時代」をテーマにした二年目の総合的研究。

〔注11〕井口泰著『外国人労働者新時代』（二〇〇一年、筑摩書房）

〔注12〕日本が批准していない条約としては、個人通報制度（人権侵害を受けた個人が、国内での救済措置を尽くしても状況が改善されない場合に、条約機関に申し立てをすることができ、条約機関がこれを検討し見解を示す制度）を定めた、自由権規約の第一選択議定書や、死刑の廃止ならびにそれに向けた措置を取ることを定めた第二選択議定書（死刑廃止条約）がある。また、個人通報制度を定める拷問等禁止条約の第二二条についても、日本政府は受諾宣言をしていない。

〔注13〕難民認定申請中に東京入国管理局に不法入国・残留の疑いで摘発されたアフガニスタン人九人に対し、法務省は一一月二六日、法務大臣名で難民とは認定しないとする決定を出した際の同日付「毎日新聞」での田中宏龍谷大経済学部教授のコメント――「難民の認定数などをみても、日本の難民認定の基準が国際的におかしいことははっきりしている。認定の可否を法務省の内部だけで決めているのは異常で、国連難民高等弁務官事務所をメンバーに入れることや独立した第三者機関の設置を急がねばならない」。

〔注14〕「米にテロ容疑者引き渡すな　欧州会議四三カ国が決議」欧州・旧ソ連諸国など四三カ国でつくる欧州会議（フランス・ストラスブール）は二四日の総会で、米国の「対テロ戦争」関連の容疑者に対する人権侵害問題について審議し、「基本的人権が保障されないかぎり、加盟国から米国への容疑者引き渡しを拒否するよう求める」との決議を採択した。

（中略）総会で各国は「人権保障に例外を認めてはならない」と主張し、昨年一一月にブッシュ米大統領が署名した特別軍事法廷の設置令に特に批判が集中した。欧州会議は英国、フランスなど欧州のほかロシア、ウクライナなどが加盟。米国、日本などはオブザーバーとして参加している。（二〇〇二年一月二五日共同通信）

第六章　地方自治

市民の政府論

直接民主主義の導入は、これまでの人権論に本質的な転換をもたらす。人権は「国家からの自由」から「政府を創る権利」に発展していくことは前にみた。そこでこの章では、「政府を創る権利」についてより詳しくみていくことにしよう。

まず次の一節をみられたい。

「一定の組織された地域（領土）を基礎として、その地域に定住する人間が、強制力をもつ統治権のもとに法的に組織されるようになった社会を国家と呼ぶ。したがって、領土と人と権力は、古くから国家の三要素と言われてきた。この国家という統治団体の存在を基礎づける基本法、それが通常憲法と呼ばれてきた法である。

国家概念の考え方は、立場の違いによっても社会学的にみるか、法学的にみるか、政治学的にみるかによっても著しく異なる。三要素から成り立つと言われる場合は、社会学的国家論である。これを法学的にみた国家論として著名なものが、国家法人説である。もっとも、国家三要素説には有力な批判もある。なお、憲法学では、例えば人権を『国家からの自由』という場合のように、国家権力ないし権力の組織体を国家と呼ぶことも多い」

これは、現在最も通説的なテキストとして知られている芦部信喜著『憲法　新版補訂版』（岩波書店）の冒頭におかれた一節である。

これによれば、ともかく憲法とは国家の基本法であるというのであるが、しかしそれでは国家とは何かというと、領土と人と権力から構成されるというだけで、実は社会学的にみても、法学的にみても、政治学的にみても、必ずしも明確ではなく、ましてや相互に共通の理解があるとも思われないのである。

しかし、従来の憲法学はそれをそのまま所与の前提とし、次のような順序で理論化してきた。

（1）日本には「日本国家」が実存する。それは、（i）憲法以前に存在しているものであり、（ii）具体的なものではなく、（iii）不可侵で永遠なるものである、というように観念されてきている。

（2）政府は、これを運営する主体である。政府とは、狭義には内閣総理大臣を頂点とする内閣を指し、広義には国会及び裁判所を含む、とされている。

（3）これら政府は「統治機構」ともいわれ、国民の上に立って、国民を支配する、と考えられている。自治体（地方公共団体）も、いわば政府から権限を付与されて地域住民を支配する「統治機構」である。

しかし、内閣、国会、裁判所、そして自治体は本当に国民を支配する機構なのであろうか。もっといえば、国民は主権者として「選挙」を終えた途端になぜ支配される側にまわってしまうのであろうか。

ひるがえって、そもそも「国家」とは何なのか。
これが私たちの疑問の出発点である。そこで本章では、まず市民に最も近い、自治体からこの論点について考えていくことにしよう。

地方自治の本旨

現行憲法は、明治憲法には存在していなかった「地方自治」を新設し、特に第九二条で地方自治制度を「地方自治の本旨に基づいて、法律でこれを定める」とした。確かに、市区町村という基礎自治体と都道府県という広域自治体があり、それぞれの長と議会の議員が選挙で選ばれ、予算と条例をつくることができるという意味で、自治体の「自治」の外観は整っている。

しかし、実態として「自治」は国によって大きく制約されている。自治体は、国の金がなければ道路やダムはおろか小さな公共事業もできない。子どもの教育も、医療や福祉もできない。職員の人件費さえも賄うことはできない。また、住民税の税率を決めるのも、借金の許可をするのも国である。

この結果、自治体は、後に詳しくみるように国の財政赤字に歩調を合わせるように地方税収の五倍以上もの借金を重ね、その重荷から逃れるためにますます国に依存する構造ができあがってしまった。また、自治体を代表する知事や副知事の多くが官僚出身である。警察や省庁出身の幹部職員は、知事の方針に反してでも、出身省庁の方針を守りぬく。さらに、第二章「直接民主主義の設計」にみたように市民が立ち上がって、ダムや原発の設置など自治体の重要案件を住民投票にかけようとしても、議会が住民投票条例を否決し、投票ができない。これは、憲法の「地方自治の本旨」が実現されていないことを示している。なぜこうなるのであろうか。

支配の体系

正確にいえば、憲法では自治体は「自治体」ではなく、「地方公共団体」である。「地方公共団体」とは、「都道府県や市町村のように、国の領土の一部である一定の地域を基礎とし、その地域内における住民を構成員として、その地域内における行政を行うために、国の憲法・法律が定めた自治権を行使することを目的とする団体」〔注1〕である。これをみるといかにも、定義そのものからして、国に従属的だということがわかる。最近の「地方分権」の流行もあって、この従属的なイメージが払拭され「自治体」という概念が使用されるようになった。実際にも二〇〇〇年四月からの「地方分権一括法」〔注2〕の制定によって法的にも「自治」をもつ「組織」として定着しつつある。

しかしそれにもかかわらず、私たちは現実の生活の上で「自治」を実感することができない。地方分権を制度的に保障したというのは建前で、現実には「自治」を阻害するさまざまな要因が存在しているからである。

金による支配

（1）財政赤字とその原因

二〇〇二年現在、自治体の多くは破産寸前か破産予備軍になっている。自治体全体の借入金残高は、近年急増し、二〇〇〇年度末には一八四兆円、地方税収の五倍を超えた。一九九一年度からわずか一〇年間で二・六倍、一一四兆円の増となっている。しかも、毎年一三兆円を超える財源不足が生じているのだ。

一九九九年度は、東京都、神奈川県、愛知県、兵庫県といった大都市が赤字決算だった〔注3〕。多くの府県では積立金を取り崩してかろうじて赤字を免れたが、それもまもなく底をつく。一二の政令指定都市のうち八市〔注4〕が、三〇万人以上の都市五三のうち（二三特別区を除く）二一市〔注5〕が実質収支赤字である。農村や地方の都市といった税収の低いところだけでなく日本を代表する都市の多くが、軒並み危険状態にはいった。

自治体には国と異なって、財政状態を示す指標がある（例えば人体のコンディションが血圧、心拍、血糖値などさまざまな数字で示されるように）。これを超えると赤信号、やがて倒産（財政再建団体になる）する。経常収支比率（人件費、生活保護費や公債費など毎年必要な経費の割合）と公債費負担比率（一般財源に対する公債費の割合）などがそれである。経常収支比率は、都道府県で八〇%、市町村で七五%を上回らないことが望ましいとされているが、自治体全体で、すでに八七・五%と大きく上回っている。一五%以下が望ましいとされる公債費負担比率は一七・二%になった。

そして、大阪府、東京都、神奈川県、愛知県は義務的経費だけで収入を上回っている。これでは借金を返すどころではなく、まさにその日暮らしといってよいだろう。

経常収支比率が高い自治体（一九九九年度決算、二〇〇一年度『地方財政白書』より作成）

順位	都道府県名	経常収支比率
一	大阪府	一〇五・〇
二	東京都	一〇四・一
三	神奈川県	一〇一・五

四　愛知県　　　　　　一〇〇・二

財政悪化の直接の原因は、どの自治体も過大な公共事業をしたことにある。バブル崩壊後の景気対策で、国に追随し、ホール、庁舎、〇〇センターなど巨大なハコモノ施設が多数建設された。さらに第三セクターの破綻がある。「図6―1」のように、自治体は臨海副都心、関西国際空港などの巨大プロジェクトに実質的に債務保証をし、税金を投入しつづけている。しかし、これまで四三件の第三セクターが倒産し、その負債総額は八五〇〇億円に上る（二〇〇一年九月現在、帝国データバンク調査）。苫小牧東部開発（株）（負債一四二三億円、北海道、一九九九年二月）〔注6〕、むつ小川原開発（株）（負債一八五二億円、青森、二〇〇〇年九月）〔注7〕、フェニックスリゾート（株）（負債二七六二億円、宮崎、二〇〇一年二月）など一〇〇〇億円を超える巨大倒産もある。自治体はそのツケを払わなければならない。

もちろん、すべての自治体が破綻というわけではないが、健全といわれた自治体も絶対安全というわけではない。経済が低成長時代に入り、国税収入・地方税収入の伸びがほとんどなくなってきた。一方で急速な高齢社会の進展などに対応するための福祉関係経費を中心に経常経費が増加を続けているからである。現在八五の自治体は地方税などで自前で財源が調達でき、地方交付税なしでやっているが、これがいつまで続くか。

（2）自治体の財政メカニズム

全自治体の税収は約三五・九兆円であるが、歳出総額は八九・三兆円である。つまり、はじめから約五三兆円が足りないというプログラムになっているのだ。後にみるとおり、国の財政も八〇兆円の支出に対して、五〇兆円の収入しかないといういかにも「異常」なものとなっている。しかし自治体

（図 6–1） 借入金の多い第三セクター

第3セクターの借入金ランキング			
資料：帝国データバンク			
順位	会社名	所在地	借入金
不動産関連			
1	東京臨海副都心建設	東京都	5,055 億円
2	アジア太平洋トレードセンター	大阪府	1,258
3	東京テレポートセンター	東京都	1,194
4	大阪ワールドトレードセンタービルディング	大阪府	900
5	東京ファッションタウン	東京都	876
6	石狩開発	北海道	628
7	湊町開発センター	大阪府	572
8	横浜国際平和会議場	神奈川県	378
9	りんくうゲートタワービル	大阪府	347
10	クリスタ長堀	大阪府	316
鉄道事業			
1	多摩都市モノレール	東京都	1,210 億円
2	大阪高速鉄道	大阪府	621
3	横浜高速鉄道	神奈川県	444
4	東京臨海高速鉄道	東京都	440
5	ゆりかもめ	東京都	402
6	関西高速鉄道	大阪府	310
7	北総開発鉄道	千葉県	263
8	神戸新交通	兵庫県	226
9	横浜新都市交通	神奈川県	183
10	神戸高速鉄道	兵庫県	161

の場合は、不足分がいわば国の裁量で埋められるという点に特徴がある。その道具が、地方交付税、地方債、そして補助金である。総務省（旧自治省）は、地方交付税（二〇兆三五〇〇億円）の配分決定権と地方債発行（一一兆九一〇〇億円）の認可権をもつ。各省庁は、補助金（一三兆七〇〇億円）の決定権をもち、それで自治体の足りない分を補う。すなわち自治体の収入の半分以上が、はじめから国に依存するという構造になっているのである。

かつて、日本の自治体は三割自治と呼ばれたが、この構造は地方分権一括法を経た今もほとんど変わりなく、財政、特に収入に関してはほとんど自治がない。自治体は、市民に課税したり、市場から資金を調達することができない。唯一できるのは、国に補助金をすがることである。補助金は国に対する依存を強める。しかも、その使用方法は国によって細かく定められている。

もうひとつ巧妙な仕組みもある。たとえば最近はどの自治体でも、不況や失業の増加などにより税収が不足するようになった。しかし、その不足分は国が交付税を増やしてカバーしてくれる。したがって、自治体は自己努力をしない。反対に自己努力をして税収が増えると、逆にこの地方交付税が減らされてしまうのである。これでは自治体は「市民」ではなく、「国」を向いて財政運営をするのが当然だということになる。

自治体の税財源はそもそもどうなっているのか、もう少し具体的にみてみよう。

（i）地方税

地方税は自治体の自己財源である。住民税、事業税、固定資産税などがそれだ。しかし、国と自治体との税源配分、自治体相互間の調整の必要性などを理由に、税目、税率等が地方税法に詳細に規定されている。特に、個人住民税の税率は、建前上は自治体ごとに異なる税率を採用することになっているが、実際は全国どこでも同じである。この全体の税収が先ほどの三五・九兆円である。

(ii) 地方交付税と地方債

先ほどのように、自治体はもちろんこれだけでは運営できない。これを補充するのが地方交付税と借金である。地方交付税は、所得税・法人税・酒税・たばこ税・消費税の一定割合が国から配分される。このお金は自治体が自由に使用することができる(二〇〇一年度、二〇兆三五〇〇億円)。

地方債は、一定目的のために自治体が借り入れする借金であるが、総務大臣の許可がなければ借金できない(二〇〇一年度、一一兆九一〇〇億円)。

地方交付税は使途の限定されない一般財源であるが、最近これを利用した巧妙なからくりが目に付くようになった。それは自治体が公共事業を行うため借金をすると、その借金を後年度の交付税でカバーするというものである。これによって自治体の負担は軽減され、いわば一億円の負担で一〇億円のホールが建つようになった。国は、景気対策のために、自治体に対しどんどん公共事業を行うよう要請し、自治体は当初、自己負担があるので渋っていたが、この自己負担分は国でカバーしてくれるというのでのめりこんでいく。もらえるものはもらわなければ損だという構図ができあがった。これが無駄な公共事業がはびこった大きな原因である。

(iii) 国庫補助金

各省庁は巨額な補助金をもっている。省庁は補助金をえさに自治体に対して優位な立場に立つ。自治体は補助金をもらうために、省庁の前にはいつくばる。知恵や創意を生かした自主的な財政運営を行わなくなる。また、補助金の細部にわたる補助条件や煩雑な交付手続きに多大な労力が必要であり、行政の簡素・効率化や、財政資金の効率的な使用が妨げられている。最も重要なことは、事業が失敗しても、国は自治体のやり方が悪い、自治体は国の指導が悪いというように、そして最終的には法律に従って仕事をしただけだというように、双方が責任の転嫁を行い、結局は誰も責任を取らないということであろう。

交付税や補助金のシステムをみていると、ひとつの重要な原則に気がつく。こういうルールに従っているかぎり、国は自治体の面倒を見るということである。自治体からいえば、国に逆らうような自己努力をしないことがベストなシステムなのである。

こうして国による「金による支配」のメカニズムが定着した。

人による支配

(1) 出向人事

二〇〇一年四月現在、中央省庁出身の知事は二四人いた。都道府県・政令市への意思決定権者である課長級以上への出向者数は五六三人に上る。

都道府県の副知事、総務部長、財政課長といえば「自治省出向者の指定席」と言われるほど、旧自治省出向者の占める割合が多い。四七都道府県の中で、旧自治省からの出向者が副知事で一三人と全体の二八%、総務部長で二〇人と四三%、財政課長で二六人と五五%と圧倒的な割合を占める。

つまり地方分権とか地方の時代とかいわれるが、何のことはない、自治体とは省庁の出向先（知事だけは選挙で選ばれる）なのである。

（2）地方自治のプロ？

旧自治省は、一九九九年四月現在で、なんと職員五八九人のうち二三〇人を自治体に出向させた。地方分権一括法施行後もこの傾向は変わらず、総務省は「地方自治体からの人材派遣要請がなお強い」とっている〔注8〕。

自治体は中央省庁出身の知事や出向職員に何を期待するだろうか。旧自治省出身者は、地方自治のプロという触れ込みで紹介される。プロとは何か。それは、国とのパイプ役となって、国の支援を引き出す技術に長けているということである。なぜなら、前述したように国の支援がなければ自治体の財政は立ち行かないからである。自治のプロとは、地域の特性をいかした町づくりや市民との協働を進める人のことではなく、国の自治体への支援制度を熟知し、それを実行させることのできる者をいう。これは、自治省が総務省に名を変えても全く変わらない。またそれは自治省にかぎらず、すべての省庁の出向に当てはまる。

逆に、中央省庁は、出身知事や出向職員に何を期待するであろうか。それは、中央省庁の政策を自治体に実施させることである。

一九九〇年代の国の関心は、景気対策、中でも公共事業であった。最初は、国が直接行う直轄事業や自治体に補助金を渡して行う補助事業が多かったが、国の財政が悪化すると自治体が単独で行う事業の役割が増えていく。自治体財政は、国の景気対策に自治体も巻き込まれることで加速度的に悪化するが、その代表がこの単独事業である。都道府県の中でこの公共事業を所管するのは、土木担当部長であるが、なんと四七都道府県のうち三二人が中央省庁からの出向であった。

なお、中央省庁の職員が自治体に出向する場合は、人件費は自治体が負担する。逆に、自治体職員が中央省庁へ出向すると、派遣研修とされ、その人件費は自治体が負担する。つまり人事交流とはつねに自治体が持ち出しをすることだということも覚えておきたい。

（3）警察は誰のものか

市民に最も身近で、かつ歴史の古い行政サービスは警察である。自治体は、自治体警察の名の下に九〇%以上の経費を自治体が負担する〔注9〕。警視庁の予算の大半は東京都の負担である。したがって何よりも東京都が、人事や職務権限を持ち、警官も、もちろん広域捜査ということで全国民のために働くということもあるが、原則は都民のために働くのだと思うであろう。しかし事実はまったく異なっている。警察はある種の「聖域」となっていて、東京都は、金は出させられるが、人事や予算についてほとんど口を出すことができない。警察予算が都道府県議会で審議されることはないのである。自治体の首長や議員は、警察を敵には回したくないと考えたのか、警察予算を聖域化してきた。

警視正以上の幹部職員はすべて国家公務員であるということからもわかるように、警察を取り仕切っているのは警察庁、つまり国なのである。警察も情報公開の対象に含めるという宮城県浅野知事に公然と反対した宮城県警本部長の態度をみると、警察は誰のものか、よくわかるだろう。

法による支配

（1）産廃処理施設の設置許可

産廃処理施設は、典型的な迷惑施設であり、反対運動が起きやすい。そこで、都道府県知事が、あらかじめ産廃処理施設の設置について、付近住民との利害調整のため、事前の話し合い、同意、地元市町村との公害防止協定の締結等を求める内容の条例・要綱等を定めることがある。

こうした事前手続きを経ていない場合には、自治体は届出書などを受け取らないということがある。しかし、このような自治体の行政は違法とされる（宇都宮地判平成三年二月二八日判時一三八五―四二）。

許可申請者が行政指導に従わないことを理由にした不許可処分が違法として取り消された判決もある（札幌高判平成九年一〇月七日判時一六五九―四五）。

自治体が条例や要綱で産廃処理施設に対して厳しい基準を課すのは国の法律に反するので違法だというのである。

しかし、自治体が地元住民の意向を受けて迷惑施設の設置をコントロールしようとするのは、地元に責任をもつ地方政府として、当然のことだ。産廃処理施設だけでなく、地域や生活に決定的な影響を与えるものが多くなった。基地、原発、ダムなどは国家的見地から計画されるが、同時に地域住民にとっては死活の問題だ。これに対する異議申し立ての方法としては、「直接民主主義の設計」でみたように、住民投票が盛んになってきた。自分たちの地域にはどういう施設が必要か。これを考えることはまさに自治である。ところが「地方自治」を定めた憲法によって、自治体がそのようなことを考えるのは違法とされる。（ⅰ）法令が規律の対象としていない事項を法令と同一の目的で規制したり、（ⅱ）法令が規律の対象としている事項をより厳しく規制したりすることは許されない、というのが通説なのである。

（2）マンションの建築確認

武蔵野市は、開発指導要綱により一定規模以上のマンションの建築を行おうとするものに対し、周辺住民の同意を得ることや教育施設負担金の納付等を求めていた。開発指導要綱は法の不備を補充して地域社会の混乱を防止するための緊急避難的な措置として、多くの自治体が策定するようになった。ところがこのマンション業者は、指導要綱を無視したため、武蔵野市は給水を拒否するという制裁を発動して対抗した。しかし、裁判所は最終的に武蔵野市長に対し、水道を止めるのは水道法に違反するとして罰金有罪判決を言い渡した。要綱は、あくまでも相手方の任意の譲歩を求めるだけであって、強制的であってはいけないというのである（最一小判平成五年二月一八日判時一五〇六－一〇六）。

都市と建築の分野では、地方分権法が施行された今でも国の力が圧倒的で、自治体の自治はほとんど認められていない。

（3）住民投票条例

国と自治体の争いではなく、自治体内部で重要問題に関する意見が割れた場合はどうなるであろうか。このとき、住民の意思を確認するのが住民投票制度である。

詳しくは「直接民主主義の設計」でみたが、まず住民投票を行うためには、条例を制定しなければならない。しかしほとんどの議会は住民投票に好意的でない（詳しくは、第二章「直接民主主義の設計」に添付した「図2―1」参照）。これまでに住民投票条例を制定したのは全国で一七自治体、実際に住民投票を行ったのは一〇自治体に過ぎない。市民は、自らの代表であるはずの首長や議会が壁になって、自らの意思を表明する機会さえ与えられていないのである。

市民の政府

私たちは、自らの地域のことは自ら考える。考えるだけでなく、それを実行できるようにしたい。一〇〇〇万人の人口をもつ東京と、何千人しかいない町や村は、そもそも本質的に異なる自治体である。雪の北海道と亜熱帯の沖縄は、ほとんど別の国である。カラカラの太平洋側と雪に埋もれる日本海側も、これまた全く別な文化・産業をもつ。ならば、それぞれがそれぞれに自分たちの身近な自治体のあり方を設計してよいのではないか。そうするほうが、上から画一的に規制するよりもはるかに自然で合理的でもあろう。

私たちの直接民主主義論によれば、市民はその最も本質的な権利として、自治体＝政府を創る権利をもっている。これを「市民の政府」と名づけよう。

市民の政府はまず、市民に最も近い自治体で、次いでこれを全国的に集約した国レベルで構想される。しかしそれにしても、そこでいう「政府」とはどのようなものであり、これまでの自治体と国とどこが違うのか。私たちはこれを世界の実際から学ぶことにしよう。

コミュニティが市民の政府の中核

（1）バザール型民主主義

市民の政府は、直接民主主義を土台とする。市民は、地域の問題を解決し共有価値を実現するために議論する。これは市民会議と呼ばれるが、これが市民の政府の原点である。市民会議は有権者だけでなく、子どもや外国人も含め誰もが参加できる一種のバザールである。バザールとは、いろいろな商品が取引され、不都合があれば参加者がみんなで議論して、ルールを決めていく市場である。騒がしく賑やかで、使いやすく、売り手も買い手も楽しく参加できる。支配者が決めた品物が並ぶのではなく価格も統制されない。

市民会議では、政策をめぐって議論が行われ、洗練されていく。このプロセスが民主主義である。民主主義は単なる多数決の手続きではなく、さまざまな意見が交換され、衝突する中から最も適切なものが発見され、選択され、生成していくプロセスなのだ〔注10〕。ここでつくられた政策は、議会に提案され、予算や条例として結実していく。

実際にバザール型民主主義で運営されている自治体としてイギリスのパリッシュを上げることができよう。パリッシュはイギリスの最小単位の自治体である。大都市以外の地域で自然にできあがった村落を基盤とした自治体で、人口は二〇〇～一〇〇〇人というところが多い。それでも完全な自治体として、道路を管理し、小学校を運営し、警察を持つこともできる。もちろん税金の徴収権も認められている。

パリッシュの意思決定は議会で行われるが、議会の運営がまさにバザールになっているというのが特徴だ。すなわち、パリッシュの議会に、市民が自由に出席して、発言することができる。これを「オープン」という。議会は議論する場であり、議員だけでなく、市民も参加できる。市民に対して議論する権限だけでなく、採決権を与えているパリッシュも多い。議会を「オープン」していないパリッシュもあるが、この場合は、市民総会で議員と市民が討論し、この市民総会が実質的にパリッシュの意思決定機関となる〔注11〕。

政策はパリッシュでつくられ、自治体の行政機構を通じて実施される。しかし行政だけでなく、これに市民（ＮＰＯ）が参加し、共に実現していく、ということも覚えておきたい。日本の自治体は、計画をたて、事業を入札させるまでは取り仕切るが、市民と共に実現していくという観点はあまりない。いわんや、その事業がどういう効果をもたらすか、ということ等について点検するというようなことは、最近「政策評価」が導入されるまでほとんど行われなかった。パリッシュでは、実施の過程でも随時、市民はバザールで監視し新たな提案をしていく。その過程で良い案が発見されると、政策を変更したり、中止することもある。政策の実施後は、その成果が評価され、次の政策形成へとフィードバックされる。政策は官僚の秘儀ではなく、公開されたバザールでの市民の議論から生まれる生産物になるのだ。それにしても、このようなパリッシュはどうして生まれたのであろうか。

（2）コミュニティ分権

一九六〇年代以降、欧米先進諸国では、高度成長に支えられ行政サービスが拡大し、いわゆる福祉国家が進展する。しかし、福祉国家へ至るプロセスは日本と欧米諸国ではまるで正反対のプロセスをたどった。日本は、国が行政サービスの企画立案をし自治体が実施するという構図を強化した。一方、欧米各国では市民運動が高揚し、自治体への市民参加と分権化が進む〔注12〕。市町村の強化が第一であるが、それだけではない。市町村でさえ、市民との距離が開きすぎているとして、市町村と各家庭との間に住区ないしコミュニティレベルでの自治単位が設定された。パリッシュもそのような一例とみてよいだろう。このような例はイギリスだけではない。

国は主として、国家的な財政や外交を担当し、生活に身近な問題は各自治体に委ねられる。つまり、国の仕事と自治体、そしてさらにコミュニティの仕事は明確に分離される。自治体は独自財源を持ち、コミュニティに相当の財源と権限を移譲する。コミュニティは、地域を小さくし顔の見える範囲で教育、福祉、文化や町づくりなどを議論しながら、その地域に最適な政策を模索し、実験し、根づかせるのである。スウェーデンのコミュニティは、その多くが人口一万から二万人であるが、市民に身近な政策の決定権を持ち、自治体財源の五〇％以上が分配されている。こうして政治風景は一変した。コミュニティは「分権改革」の産物なのである。

例えば義務教育をみてみよう。子どもの教育は保護者の最大の関心事である。日本の場合、都道府県の教育委員会が運用し、先生の給与は都道府県が支給する。また、教育内容や時間、教科書は文部科学省が決定する。このため、市民は教育にほとんど関与することができない。デンマークでは、市町村が一クラスの定員を何人にするか、施設や授業時間をどうするか、先生の給与をどれだけ払うかを決め、それぞれの学校に設置される運営委員会に具体的な教育内容が委任される。運営委員会には父母代表、先生代表、それに生徒の代表が参加する。実際に教育を受ける当事者である生徒もその教育内容の決定に参加できる〔注13〕。教育内容は、日本は官僚によって、デンマークでは市民によって決定される。コミュニティが権限と財源を持つということは、市民に決定権が移るということなのである。

自治の世界標準

日本では、自治体は国と異なって、全国一律に首長と議員をそれぞれ選挙で選ぶという大統領制が採用されている。しかし、世界各国をみると、自治体の首長や議会の選び方について、実に多様な方式がとられている。イギリスや北欧の自治体は、カウンシル制を定め、議会の代表者が長になるというのが一般的である。執行機関としてカウンシル（理事会）を設け、そのメンバーを議員から選出する。すなわち、一種の議院内閣制である。カウンシルのメンバーは議会の各会派から選出されるのが一般的であるが、多数会派だけでメンバーを構成することもある。

アメリカでは、行政の執行責任者を選挙ではなく公募するシティ・マネージャー制度をとる自治体も多い。行政大学院などで専門的な教育を受け、行政の実務経験者として実績を残した者が公募で採用されるというのが典型的なタイプである。ドイツでは、州ごとに市町村の仕組みが異なる。首長が市民の選挙で選ばれる型、議会が首長を選ぶ型、名誉職としての市長と行政長が分かれる型等が並存している。

このように、地方政府の形態は多様であるが、一方で、自治の根本を定めるルールは驚くほど共通化してきているということもみておかなければならない。自治体は、それぞれ最高規範として市民憲章(ホームルール・チャーター)や自治基本法を定め、自治体の組織、権限に関する基本的事項を決定する。市民憲章や自治基本法が自治体自身の裁量で制定され、市民が制定過程に参加する。一般的には、起草委員会に市民代表を入れ、公聴会を開いたり、パブリックコメントを受け付けたりしながら、最後に住民投票で決定するという方法が採られている。

市民憲章等の策定に共通しているのは、(1)憲章の策定に直接民主主義を採用し、最終的には住民投票で決めること、(2)財政均衡ルールを定めること、(3)先に述べたように中間自治体としてのコミュニティを設け、市民参加で政策を決定、実施するということである。これらは、現代における自治の世界標準になりつつある。

日本の自治体は一〇〇〇万人を超えるものから数百人のものまであるが、その制度は画一的で、この自治の世界標準をほとんど満たしていない。日本は、自治体のあり方に関する基本的事項が国の法律ですべて決まっているので、ほとんど何もできない。

市民憲章・自治基本法

自治の基準は、市民憲章や自治基本法として成文化される。その中核をなすのが、いうまでもなく自治である。自治にも、個人の自治、集団や共同社会の自治等いろいろなものがあるが、これらすべてに共通するものは自律（autonomy）と自己統治（self-government）の結合である。

個人が他人に縛られずに自らの規範を定め、自らの意思で自らの行為を律するとき、そこに個人の自律がある。この意味で、個人の自律はいわゆる「国家からの自由」と同じである。

集団や共同社会では、意思を統合し調整する中で、いつしか誰かが誰かを支配するという「統治」の契機が生まれる。しかし、市民の政府ではこれを固定化しない。それを、支配する者と支配される者とがいつでも入れ替わるという形で相対化する。支配される者に、支配する者をいつでも打倒することができるという権利が与えられる。民主主義原理の本質がそこにあると考えるのである。

市民憲章や自治基本法は、この自己統治を規範化したものであり、各国の憲法はこれを自治体の憲法として幅広く保障している。

〔注1〕『法律学小辞典第三版』（一九九九年、有斐閣）

〔注2〕一九九九年七月に成立。この法律により四七五法律の改正が一括して行われた。機関委任事務制度の廃止に伴う条文改正が中心である。

〔注3〕二〇〇一年度『地方財政白書』による。以下の記述も同じ。
〔注4〕仙台、千葉、川崎、名古屋、京都、大阪、広島、福岡。
〔注5〕宇都宮、富山、岡山、高松、高知、旭川、船橋、松戸、柏、八王子、町田、横須賀、藤沢、相模原、岡崎、豊中、枚方、東大阪、西宮、奈良、松山、那覇。
〔注6〕国は自治体、民間金融機関を含めて一二〇〇億の債権放棄をさせて破綻処理をしたあと新会社苫東に事業譲渡した。
〔注7〕国は、民間金融機関に九〇九億の債権を放棄させ、新むつ小川原開発を設立（五九％国の政策投資銀行出資）して事業を維持させた。
〔注8〕「中国新聞」一九九九年五月二九日。
〔注9〕中村一三「警察予算はどうなっているか」（五十嵐敬喜＋立法学ゼミ著『破綻と再生』、一九九九年、日本評論社）
〔注10〕バザール型民主主義は、市民が政策に深く関与するがゆえに、市民の政治的自発性を喚起し、自治能力を蓄積していく。アメリカの政治学者ロバート・D・パットナムは、イタリア現代史の研究において、社会や政治への市民的関与の伝統のある北イタリアでは、社会的・政治的関係が垂直的に構造化されてきたイタリア南部と比べてはるかに高い水準の経済パフォーマンス、制度パフォーマンスを示すことを実証した。（ロバート・D・パットナム著『哲学する民主主義』河田潤一訳、二〇〇一年、NTT出版）民主的な政府は、活力ある市民社会と面と向かうとき、弱まるのではなく強まるのである。市民は、より良い政府を目指して市民自身が努力したときに初めて、良い政府を手に入れることができる。
〔注11〕竹下譲著『パリッシュにみる自治の機能』（二〇〇〇年、イマジン出版）
〔注12〕一九九七年に誕生したブレア政権の政策は「第三の道」といわれる。これは、イギリスの現代化計画を実現する価値観のことで、一言で言えばコミュニティ意識を復活させることである。第三の道では、「すべては国家の責任だ」でもなければ「国家は全く口出しすべきではない」でもない。保健、福祉、教育などの市民に身近な分野は、コミュニティを

主体とし、市場経済原理に委ねるべきではないとする。人々が実際に住んでいるコミュニティこそ民主政治の原点だという思いが伝わってくる。ブレアはイギリスをかつてのような覇権国家にすることはできないが、人が生まれ生活をし、安心して老いることのできる世界で最も住みよい国にするという。コミュニティはもはや世界の政策になっている。

〔注13〕竹下譲監修・著『世界の地方自治制度』（一九九九年、イマジン出版）

第七章　立　法

中央政府

市民の政府は、市民に最も身近な自治体がふさわしい。中央政府は、安全保障や通貨など規模のメリットの働く政策課題について、市民の信託を受けて対応する。同時に、国連などの国際機構と関係を持ち、構成員として役割を果たす。自治体と中央政府は対等な政府であり、市民の政府の中では中央政府のイメージは「お上」から「役割分担」へと変わる。

そして、直接民主主義の精神とその制度化は、この中央政府の役割や組織にも反映しなければならない。

周知のように、現行憲法では中央政府の組織として、間接民主主義を前提とし、

（1）国会を頂点として、国会・行政・司法の三権分立を制度化している。ここでは「法治主義」が支配原理となっていて、国会は法律をつくり、行政はこれを運用し、司法はそれが正しく運用されているか否かをチェックする。

（2）国会は衆議院と参議院の二院制がとられ、衆議院は政治力学が、参議院では「理性」が働いて

立法をコントロールする、という建前になっている。

（3）国会は内閣総理大臣を指名し、内閣は連帯して国会に責任を負うという議院内閣制が採用されている。他方、自治体レベルでは首長と議会ともそれぞれ国民が直接選挙するという大統領制がとられ、いわゆる「権力」の所在についても異なるシステムを採用している。

（4）三権以外にも、国レベルには会計検査院が、自治体レベルでは外部監査などが設定され、それぞれ内部的にも財政審査が行われるほか、国、自治体レベルの双方とも、情報公開、説明責任、アセスメント、政策評価などさまざまな「権力濫用防止装置」を持つようになった。

（5）これら全体が「国家」の中に秩序づけられる。

このシステムをみると、日本は世界先進国の中でも有数の近代的国家ということができよう。そこでは「権力」は適切にコントロールされているようにみえる。また、国民主権にもそれなりにきちんと位置づけられている、とみることができよう。

しかしそれにもかかわらず、権力は濫用されている。国民は適切にこれを監視していない、国民の意思は反映されていない。このようなシステムは外形的に民主主義を保障しているだけで、実態は異なっている。その運用を正しく行う、というだけでは足りず、新たに設計しなおさなければならないと私たちは感じている。

それはなぜか。とりあえず、国会の現状からみていくことにしよう。

国会とは

国会は、間接民主主義の頂点であり「最高」の装置であった。しかし、市民から見た国会のイメージは「政治不信」という言葉に凝縮される。国会は、立法、行政、司法の三権のうち、立法を担う「立法府」である。すなわち法律をつくることが本来の役割である。しかしその実態はどうか。官僚が書いた法案がほとんど審議もされないまま次々に可決されている。一方、国会議員が議員立法をつくっても、国会は自らそれを無視している。ここに市民の不信感の源がある。国会が果たすべき市民への責任とは何か。この問いに憲法が答えずして、立法の再生はあり得ないであろう。

裁かれた国会

二〇〇一年五月一一日、熊本地裁で国会議員は法律をつくらなかった責任を厳しく問われる判決を受けた（熊本地判平成一三年五月一一日判時一七四八―三〇）。ハンセン病患者が、長年にわたり隔離されてきたことにより、人権を侵害されたとして、国に補償を求めていた裁判の判決で、熊本地裁は、隔離規定を廃止するための法改正をしなかった国会議員の過失を認めたのである。

ハンセン病患者に対する隔離政策は、一九〇七年の「癩予防ニ関スル件」という法律の制定に始まり、一九三一年の「癩予防法」を経て、現行憲法下の一九五三年に制定された「らい予防法」に受け継がれてきた。戦前、戦後を通じて、ほとんどの患者が強制的に療養所に入れられ、一九五五年には一万一〇五七名が隔離された。「らい予防法」が廃止された二〇〇一年五月現在でも、全国一五カ所の療養所で四四五〇名が生活をしている。

しかし、「らい予防法」ができた一九五〇年代にはハンセン病の特効薬が開発され、患者は激減していた。国際世論も隔離政策を廃止する声が大きくなっていた。判決によれば、一九六〇年代すでに隔離政策の必要性はほとんどなく、隔離は患者への偏見や差別を助長した。

何が不作為だったのか

そもそも国会は「らい予防法」制定時に、患者側の要望により、隔離規定の見直しを行うという付帯決議を行っていた。また、国会は一九六四年から七二年にかけて「らい予防法」の改正や損失補償を求める請願を四件も採択していた。それにもかかわらず、一九九六年に「らい予防法」を廃止するまで、法改正に動かなかった。

国会はなぜ適切な立法を行えなかったのか。国会議員は、差別の撤廃を求める市民の訴えに、なぜ応えなかったのか。この問題は国会議員が怠慢であったというだけでなくもっと根は深い。そこには国会議員全員と国会そのものに関わる構造過失とでもいうべき病気がある。

法案は官僚がつくる

国会では毎年約一〇〇本を超える法律がつくられている。法案は衆参両院で可決されて、初めて法律として成立する。国会が「唯一の立法府」であるからだ。では、そもそも法案をつくっているのはだれかと言えば、実は国会議員ではなく、そのほとんどが官僚なのである。

内閣と国会議員は法案を国会に出すことができる。内閣が出す法案を「内閣提出法案」といい、通称「閣法」と呼ばれる。一方、国会議員が出す法案は「議員提出法案」といい、こちらは俗に「議員立法」と呼ばれる。この閣法と議員立法の提出数と成立率を比較してみよう（図7―1）。

提出数に限れば、最近は議員立法も伸びてきているが、成立率の高さは、閣法がダントツだということがわかる。閣法は官僚が起草し、事前に各省庁、及び与党（政務調査会や総務会など）などと折衡を経て国会へ提出される。閣法が国会に提出されると、法案の成否は国会議員の手に委ねられるのであるが、はじめから国会の多数派である与党は同意しているので、論理的にはすべての法案が成立する。閣法の成立率の高さはその意味で当然である。

驚くのは、国会における野党の存在である。一般的にいえば、野党とは政府の提案した法案の誤り、不完全さを国民に訴えながら、政権交代の準備をするというのがイメージである。しかし実際には、例えば一九九八年に行われた第一四二回国会で成立した閣法九七件（提出は一一七件）をみると、すべての政党の賛成で成立したのが三八件。共産党のみの反対で可決したものを含めるとその数は七七件にのぼる〔注1〕。日本の野党は、政府の出した法案にほとんど賛成しているのである。官僚は利口だから、あらかじめ野党も賛成できるような法案をつくっているということもあるが、それ以上に野党の政策形成能力に問題がありそうだ。そこで法律はどのようにしてつくられるのか、具体的にみていくことにしよう。

閣法はどのようにしてつくられるか

閣法は、担当省庁で重要度に応じ、審議会を経て、省内の審査・調整を受けて、内閣法制局に送られる〔注2〕。

内閣法制局は、憲法九条の解釈で有名なように、政府の憲法解釈を一手に引き受けている他、全省庁の法案を審査し、これまで官僚が築き上げた巨大でかつ複雑な法体系のシステムを維持している。知名度こそ高くはないが、予算を握る財務省に勝るとも劣らぬ強大な権限をもつ官庁だ。各省庁から送られてきた法案について、政策の内容から文言の使い方まで、厳しく審査を行う。内閣法制局にお

(図7－1)　最近の国会における閣法と議員立法の提出数と成立率

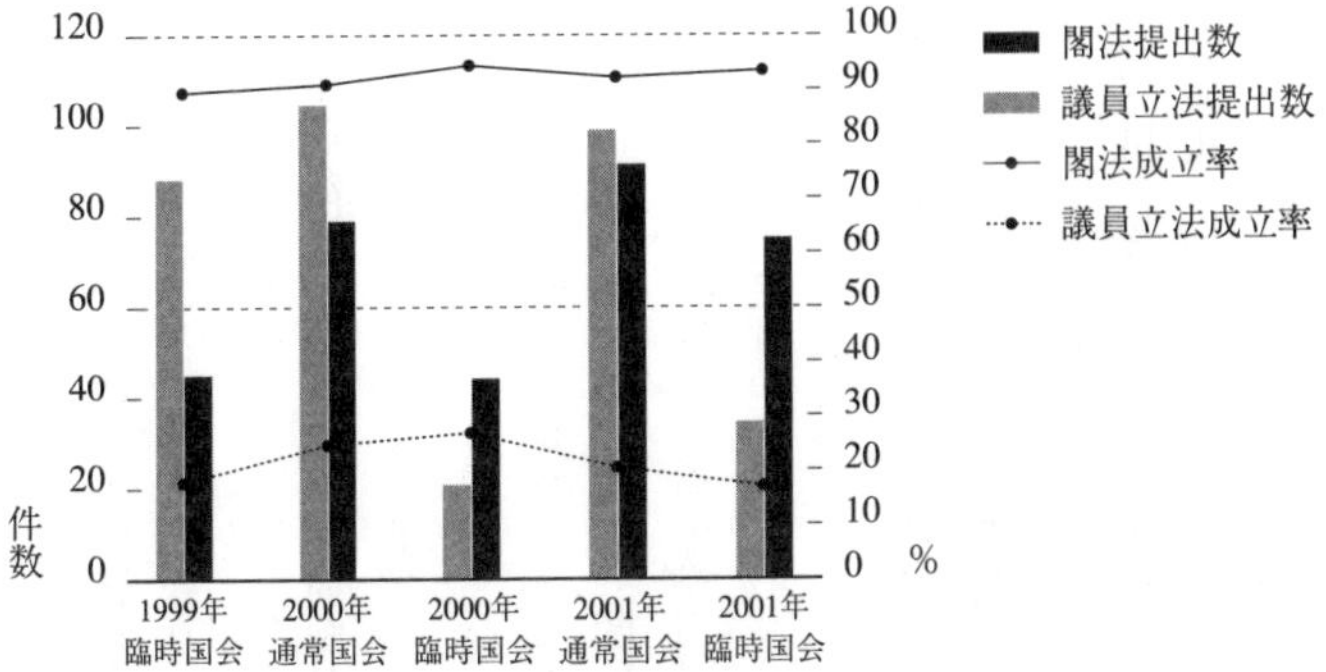

(図7－2)　閣法における立法過程

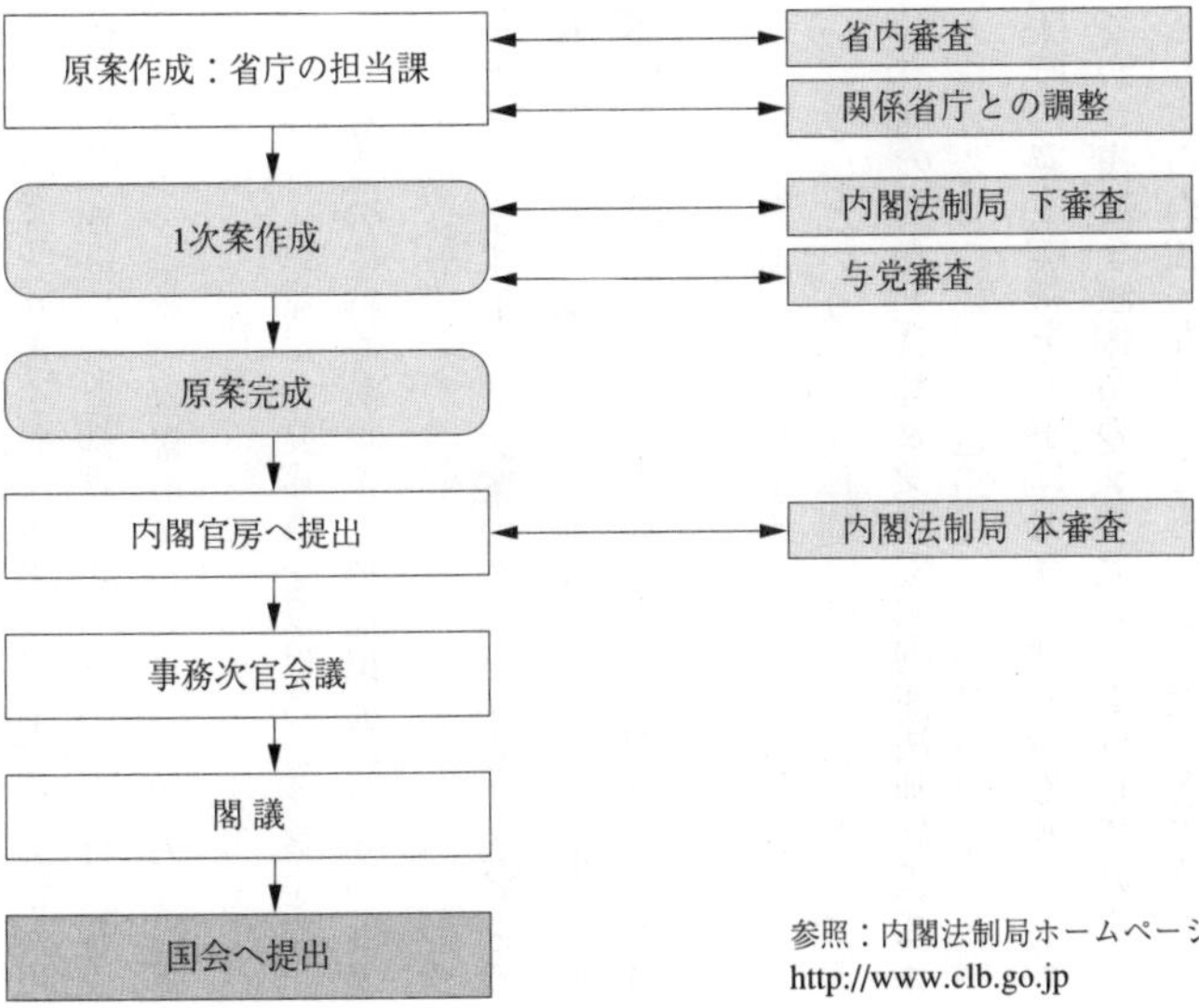

参照：内閣法制局ホームページ
http://www.clb.go.jp

ける審査の主なポイントは、法としての妥当性や既存の法体系との整合性である。これまでの法制度とのバランス、あるいは既存の法体系との矛盾や齟齬がないかといった観点から、たった一行の審査に三〇分以上かかることもあるという。法案が、既存の法令や前例と齟齬していると、担当省庁に差し戻される。

この後（実質的には法案作成と同時並行的に進められる）、法案は与党審査を受ける。法案を提出するのは内閣だから、本来なら必要のない手続きだが、与党の支持をあらかじめ提出前にとりつけておく必要がある。

自民党には、各省庁に対応する形で部会が置かれており、まず部会で法案の審査をする。法案を審査するには、専門的な知識の他に、関係する利害団体との調整が必要で、これがいわゆる族議員の輩出基盤となる〔注3〕。このシステムは、内閣と与党の「二元体制」といわれ、これが日本の法案作成のプロセスを考える場合のキーワードとなってきた。しかし小泉内閣になって、小泉内閣の政策が自民党の既得権益と正面衝突するようになって、この「二元体制」にも亀裂が入るようになる。そもそも法案は、内閣だけでつくるべきで与党審査などいらないという「一元体制」の声が強くなってきた。なお、この政策形成過程に関連していうと、小泉内閣では総理大臣の考える政策と与党の政策が一致しない場合、例えば、「道路公団の民営化」にみられるように、「道路民営化委員会」などという「第三者機関」をつくって政策形成をする。すなわち、その対立を専門的な第三者が判断するという方法で解決しようとしている。これは「一元化」と「二元化」の対立を乗りこえる新しい手法といえるだろう。

法案は、提出前の最終段階として、各省の事務次官が一堂に集まる「事務次官会議」に諮られる。

この会議は閣議の前日に開かれ、その決定は全会一致が原則であり、一つの省でも反対すればその案件は否決となり、閣議に回されない。事務次官会議は、内閣法制局の審査についで、新しい法案が官僚システムからはみださないための関門となる。なお、この関門を内閣側からみると、内閣は事務次官会議を通過した法案以外は審議できず、また事務次官会議を通過した法案は全会一致で通さなければならないということになっている。つまり大臣とは官僚の作った法案に署名するだけのマシーンに過ぎないのである。「行政」の章でみるが、政は、見事に官によって空洞化され、操られているのである。

国会に提出された段階では、すでに法案は細かい字句まで形が整えられ、関係省庁や与党との利害調整は全部終了している。政府・与党にしてみれば、もはや国会での議論は必要なく、野党の質疑というセレモニーだけが取り残されている。官僚にとって国会で野党の追及をかわし、いかに早く可決、成立に持ちこむかが最大の関心事となる。

空洞化する国会審議

国会議員は、提出された議案に関連して、政府に質問をすることができる。中でも予算委員会では、国の収入支出のすべてが対象となるので、あらゆるテーマがとりあげられる。政治スキャンダルなど、予算とは一見関係なさそうなテーマが委員会で議論されるのはそのためである。また、本会議では政党の代表者が政府演説について質問をする。これを代表質問という。予算委員会と本会議はＮＨＫなどでテレビ中継される、国政の重要なテーマを幅広く扱う国会審議の花形である。

国会での論戦というと、大臣がメモを棒読みして答弁するシーンが思い浮かぶ。

閣僚が答弁する内容は、事前に官僚がつくる。官僚は答弁をつくるために、質問を行う国会議員に、事前に質問の内容を聞きに行く。これが「質問取り」と呼ばれる作業である。委員は質問に立つことが決まると、関係省庁から「レク」を依頼される。事前に質問の内容を教えてくれというわけだ。「○○について質問するから」というと、その省庁の担当者が質問をとりにくる。そこで、質問の内容を聞き翌日の大臣答弁用の答案をつくる。あるいは、その場で「それは○○という主旨で、答えは△△という感じでよろしいですか」と答えまで作るときがある。与党の場合はさらに深刻で質問まで用意してくれるという。

こうしたプロセスの中で官僚によって答弁が作成され、閣僚は官僚が用意した資料を読み上げる。メモにない内容の答弁が求められると、大臣が言葉を詰まらせて立ち往生してしまう。

国会での審議は不毛で中身がないと批判されるのは、官僚のつくる答弁が政府への追及をいかに逃れるかというスタンスになるからである。

答弁を作成する作業の様子を、元厚生省の役人だった宮本政於氏は、「まずやるのは、ファイルに収められている過去の答弁書を全部引き出して、照合する作業です。なにごとも前例踏襲ですから、先例に準じる答弁書をつくらなければならない」〔注4〕という。

省庁の自己防衛システムが、答弁の責任を、閣僚ではなく答弁を作成する官僚個人に負わせるシステムにもなっているという側面もある。

改革は動き出したが

さすがに、これではいかにも国会の面目がないと思ったためか、最近官僚主導の答弁について、明治憲法以来の大改革が行われた。「政府委員制度」が廃止されたのだ。これは官僚が大臣に代わって答弁できる制度で、大臣は官僚のつくった答弁書を読み上げるというだけでなく、そもそも自分では答弁せず、長年官僚に答弁させてきた。政府委員制度は、日本に議会ができた明治以来一〇〇年余の歴史を持つ。明治憲法では「国務大臣及政府委員ハ何時タリトモ各議院ニ出席シ及発言スルコトヲ得」（第五四条）としていた。憲法が生まれ変わった戦後も国会法で継続され、「国会軽視、官僚優位の制度的な保証」として存在し続けていた。一九九〇年代初めに、与党の小沢一郎議員らが廃止を主張し、野党もこれに同調した。そして、一九九九年にようやく国会法が改正され、政府委員制度は廃止されたのである。

制度導入で何が変わったのであろうか。その主導者であった小沢の評は手厳しい。

「役人頼りの意識が抜けない自民党は『できるだけ役人に国会答弁させよう』と後戻りさせている。事実、最近の国会審議では役人答弁がまた目立ち始めている。これは結局、役人による政治決定を許してしまうことになる。（中略）小泉首相も田中真紀子外相も『大改革を断行する』とか『役人がケシカラン』と言っているが、二人とも国会答弁の大半は役人のメモを読んでいる。これでは言っていることと、やっていることが全然違う」（小沢一郎ホームページ「一郎のネットでGO！」より）

国会に葬られる議員立法

国会議員も法案を提出することができる。自民党と社会党という、いわゆる五五年体制が崩れ、民主党が野党第一党となってから、議員立法が増えた。民主党は、それまで反対のための反対政党といった社会党のイメージを払拭し、政策を競うというスタイルをとっている。「特殊法人の整理及び合理化に関する法律案」、「政治資金規正法の一部を改正する法律案」、「行政改革基本法案」、「公共事業透明化のための関係法律整備に関する法律案」……。議員立法として国会に提出した政治改革、行政改革の案である。法案のタイトルを見ると、野党が政府より政策を先取りしているという様子もうかがえる。

しかし、これらの法案は、ほとんどが審議未了で廃案となっている。つまり、一度も審議されることなく（「つるし」という）国会が終わってしまい、可決も否決もされないまま、いわば立ち消えとなってしまうのである。

眠らされた法案

法律で定められた手続きを満たしていながら、国会に受理されなかった法律案も存在する。例えば、一九九三年に、当時社会党の上田哲議員が衆議院に提出した「国民投票法案」である〔注5〕。「国民投票法案」は一〇章六六条にわたる法律案で、正しくは「国政の重要問題に関する国民投票法案」という。これは本書のライトモチーフとなっている直接民主主義＝住民投票を国政の場でも考えてみようというものだ。問題は、その内容よりも法案提出の手続きにある。

国会議員が法律案を国会に提出するためには、一定数の賛成者を集めなければならない。国会法五六条では、衆議院では二〇名以上、参議院では一〇名以上の賛成が必要である。予算を伴う場合は、衆議院で五〇名以上、参議院で二〇名以上とハードルが高くなる。「国民投票法案」は一九七億円の予算を伴うので、衆議院議員五〇名以上の賛成が必要であった。

上田議員は当時社会党に所属していた。社会党の議席は一四〇。社会党から提出すれば必要な賛成者は簡単にそろう。しかし、社会党は上田議員の要求を受け入れなかった。党経由の提出をあきらめた上田議員は、自ら個々の社会党議員に呼びかけて、賛成者を募った。その結果、五〇名を大きく超える九三名の議員の署名を集めることができた。上田氏は「国民投票法案」を衆議院議案課に提出した。

しかし、法案は受理されなかった。衆議院議案課は「社会党国対委員長の印がない」というのである。議員立法のためには、数だけでなく党の機関の承認が必要だというのが慣行になっている。勝手に法案を出されたのでは、政党としての一体性がなくなるというのである。

国対委員長は、国会審議のスケジュールなどを他党と調整する仕事を行う。当時社会党の国対委員長は、村山富市元首相。村山元首相は、個人ではこの法案に賛成の署名をしたが、党内の軋轢で国対委員長としての印を押さなかった。

結局、法案は受理されず、その後行われた総選挙で上田は落選。提出のチャンスは潰された。上田は社会党を離党した。

議員立法の新たな動き

毎日新聞社によると、一九八三年から一九九五年夏までの間につくられた議員立法は一〇四一件〔注6〕。同じ時期に内閣が提出した法案は一一七一件だから、その数はほぼ匹敵する。しかし、このうち三九一件は未提出。近年では、一九九九年の第一四五回国会の参議院では、六七件の法案が作成され、うち提出されたのは二二件、成立したのは五件だった。

しかし近年、閣法優位といわれてきた日本の立法の中で新たな動きが起こりつつある。従来は閣法として国会に提出されてきた重要な法律の改正が、与党や委員会提出の議員立法によってなされるという例が出てきたのである。その中には、いわゆる「六法」のひとつである商法をはじめ重要な法律とされるものさえ含まれている〔注7〕。

従来型の立法を離れ、こうした新しいケースが現われるようになった背景にはやはりここ数年来の官僚システムの劣化ということがあげられる。先にあげた議員立法のほとんどが（1）官の政策を上回る政策である、（2）官の有している政策と整合的でない、（3）官の世界、すなわち縦割り行政の桎梏を超えているものである。こうした観点から見ると、議員立法にはこれら官僚システムの弊害を乗り越える可能性を秘めているということが言えよう。

ところが、先にみたように政党が議員立法を阻む壁として立ちはだかっている。最近この党議拘束を外すという議員立法が検討されるようになった。言い換えれば、議員立法と党議拘束の論点を通して「政党」というものを問い直すというのであろう。すなわち、党議拘束を強めれば党の一体性は得られるが、議員個人の自由はなくなる。逆の場合はその反対である。この関係をどう考えたらよいか。この論点は、憲法と自衛隊といったような国家の基本政策が争点となる場合に、大きく浮上するだろう。

議運と国対

国会でどの法案を先に審議するかなどのスケジュールは、衆参各院に置かれている議院運営委員会で決められる。議員運営委員会は、衆参それぞれ二五名の議員で構成され、議席の比率にあわせて会派ごとの人数が決まる。ここで育った国会議員は他党との人脈が広く、交渉に長けた「国対族」、あるいは「議運族」と呼ばれてきた〔注8〕。与党の議員立法はいつでも国会に提出できるが、政策によっては党を超えて賛成と反対が流動化する可能性がある。これがこの問題を複雑にしている。野党の議員立法は、与党の国対族がなかなか国会審議の日程にのぼらせない。

先例が優先する

国会の運営を円滑に行うためには、法律や規則だけでなく、過去に積み重ねられた事例によって処理される。そのよりどころが先例である。衆議院、参議院でそれぞれ先例を持ち「衆議院先例集」「参議院先例集」といった形で、文書としてまとめられている。衆議院先例集には、五〇〇以上の項目が並び、「討論は、原案に反対賛成の両者が交互に行う」などの審議のルールや、「議員の登院及び退院のための専用のバスを運行する」といった日常の雑務まで、あらゆる事例が集められている。

ところが、先ほどみた議員立法を提出する際に国対委員長の印が必要であるという先例は、実は成文化すらされていない。「過去にそうであった」という理由だけで、成文化されていない事例が、法律の規定より優先されたのである。

立法のサポート役

内閣の法案は官僚がつくる。議員のつくる法案は、与野党を問わず議員がつくる。この議員の立法には、上にみたような提出要件や審議方法にさまざまな障害がたちふさがっている。しかしそれ以上に問題なのが、そもそも議員は国民の付託に答えられるような政策＝法案をつくることができるか、ということである。国会の立法能力は、法案作成を支える立法補佐機構の質と量の問題が関係している。立法補佐機構として、国立国会図書館、議院法制局、公設秘書がある。

国立国会図書館は、全体で蔵書数およそ六〇〇万冊、職員数八五〇人の組織である。この中に「調査及び立法考査局」があり、議員の調査活動などをサポートする。主な業務は、資料の提供や、国内外に及ぶ調査などである。調査及び立法考査局には、一二の調査室の下に一四の課があり、それぞれに専門調査員が置かれている。職員数は一六五人で、一年間で処理する案件はおよそ二万件という。

議院法制局は、衆参両院にそれぞれ置かれている。職員数は衆議院が法制局長のほか七四人、参議院が法制局長のほか七三人である。国会法制定当初は、事務局の下に法制部として置かれていたが、一九四八年から法制局として独立した。主な職務は、議員立法の作成と審査である。内閣法制局が各省庁の作成した閣法の審査を行っているのに対して、議院法制局は、国会議員の求めに応じて、法案の作成、あるいは構想段階から参画する。

このほか、国会には衆参両院に事務局があり、二〇〇〇年の時点で、衆議院事務局は職員一七五六人、参議院事務局は職員一三〇三人であった。両院とも各委員会に調査室を置き、各調査室には室長として専門員が一人、その下に調査員が一〇人程度いる。各院の合計人数は、衆議院が二九六人、参議院が二三三人である。委員会には、事務局内に置かれている委員部という組織もあり、こちらは議事手続きの補佐を行う。

調査室は、「議員が国会で質疑を行うとき、法案修正の協議・議員提出法案の作成等を行うときには事前にさまざまな角度から検討を行うことが必要となる。このような議員の政策立案活動に必要な情報を提供するとともに、政策についての選択肢を提示するのが調査部門の役割である。ここで重要なのは調査部門職員は机上の職務に専従する研究者ではなく、議員をサポートする実務スタッフであるということである。そのため、時代を読む先見性やグローバルで豊かな発想が求められるのはもちろん、会議運営部門と同様、議員のさまざまな要望に対応する柔軟性や説明力、議員との信頼関係の構築といった総合的な能力が求められている」〔注9〕。

実力不足と官僚依存

しかし、これらの立法補佐機構に対する評価はそれほど高くない。民主党の玄葉光一郎議員は、「率直に言って、……全般的に調査室のレベルは高くないです。中には素晴らしい方もいらっしゃると思いますが、このレベルはやはり何とかしなきゃいけない、と率直に申し上げて思う」〔注10〕と述べている。また、元公明党衆議院議員の倉田栄喜氏も、「政策情報収集機関というのが、霞ヶ関だけしかない。……調査室は委員会の委員長のもとに置かれた機関になっていて、与党主導みたいな形になっている。議員立法を提出するのが形の上でも非常に困難な情勢になっていますし、その前提として、情報を集められるだけのシステムが出来ていないという問題もあります」と、調査機能の不十分さを指摘する。

問題はそれだけではない。毎日新聞社の調べによると、一九九六年の時点で、委員会調査室の室長ポストは、衆院の一二室長、参院の六室長が各省庁からの天下りで、調査員を含めると一割強が省庁出身者であるという。議院法制局にも各省庁から出向している。問題は、これらは国会が行政側に要請して迎え入れているということだ。国会は、有能な人材を省庁に頼らざるを得ないというのが現状で、国会職員の中にまで官僚が根をおろしているのである。

政策担当秘書の仕事

国会議員には、国費で三人の秘書が与えられる。第一秘書、第二秘書、そして政策担当秘書である。政策担当秘書は、「主として議員の政策立案及び立法活動を補佐する」ことを目的として一九九三年に設置された。主に国会議員の事務や選挙などを手伝う従来の第一、第二秘書とは位置づけが異なり、給料も三人の中では一番高い。政策担当秘書になるには資格が必要で、国家公務員Ⅰ種と同等の試験が課され、専門的な知識、思考力が必要となる。

しかし、試験とは別に経過措置として議員秘書を一〇年経験した者なども資格取得が認められるため、実際は長年秘書を務めてきた者が、一番高給の政策担当秘書の座に就くケースが多い。一九九三〜二〇〇一年の九年間で、政策担当秘書の試験に合格した人数は二九七名。しかし、二〇〇二年三月現在で実際に採用されているのは四六名だ。一方、選考採用の資格取得者数は、衆院で一二五六名、参院で五一七名。このうち採用者は二〇〇二年三月現在で衆院四〇七名、参院二〇三名。政策担当秘書の約九割が秘書経験者である。これでは従来の秘書が一人増えただけということであろう。

また実際の職務も、毎日新聞社のアンケートによれば、会議・行事の代理出席（九七・一％）、調査・情報収集・文書作成（九一・四％）、資料整理（八八・六％）、質問・演説原稿の作成（八五・七％）、来客・電話対応（七七・一％）、陳情の受け付け・処理（七四・三％）などが多く、本来の職務である法律案の起草など政策立案、政府との折衝はともに三七・一％、中には選挙対策（二五・七％）、政治資金調達・管理（五・七％）といった仕事をしている場合もあるという〔注11〕。

与党でありながら議員立法を活用している保岡興治議員は、東京の事務所にいるスタッフ六名中二名を政策の担当にして、新聞や専門部会、国会図書館、官庁、民間の専門家などから情報を集めさせている。しかし「二人はよくやっているが、いかんせん、人が足りない。米国のようにスタッフが二〇人もいれば、何百倍も仕事ができるんだが」〔注12〕という。なおこの他に議員の立法を補佐するものとして、政党ごとに政策調査室などをもっているが、圧倒的に人員が少なく、閣法に対抗するのは容易ではない。後に行政の章でみるように、官僚のすべてを動員できる閣法と、これしか動員できない議員立法では、政策の質量に圧倒的な差異がある。国会が活性化しないのは、ここにも原因がある。

国会の論点

このほか、国会についてはまだまだ検討すべき問題が多い。衆議院と参議院という二院制はうまく機能しているかどうか。衆議院と参議院は、似たような選挙制度となっているが、これでよいか。近代政治のなかで、「政党」は欠かせない存在となっている。憲法のなかでこれをきちんと位置づけるべきではないか、といったことがさしあたりの論点である。しかし、本章では「国会と憲法改正」の観点から、次の二つにしぼって考えてみよう。

一つは、これまでみてきたような、「法案の提出権」についてである。これは世界各国の憲法を参考にしながら、直接民主主義の観点から、閣法や議員立法といった、いわば国会内部での法案提出だけでなく、日本の自治体における条例の直接請求権と同じように、国民自らが法案を提出するということが考えられないかということ、もう一つは、重要政策については、国会ではなく、国民自らが国民投票によって決定するということが考えられないか、ということである。後者の問題は、第二章の直接民主主義＝住民投票と直接関係し、今日的な限界を乗り越えようというものである。

法案提出の門戸を開く

憲法四一条では、「国会は……国の唯一の立法機関である」と定めている。国の立法権は国会が独占するという「国会中心立法の原則」と、国の立法は他の国家機関の関与を許さず、国会の手続きのみによってなされるという「国会単独立法の原則」が、唯一の立法機関の意味だ。

二〇〇〇年六月三〇日現在、日本で効力を持つ法律は一七四一件、政令などが一八一七件、府庁省令が二八九九件とされている。そして、このうちの法律のほとんど、政令等のすべてが官僚によってつくられていることは前にみた。そしてこれは憲法四一条の規定に反するのではないか。国会は真に立法機関とならなければならない。そこで改革の第一歩はここからはじめられる。

二〇〇一年九月三〇日までの官報掲載法令のうち、二〇〇一年一一月一日時点で施行されている法令（総務省行政管理局作成）

憲法・法律　一七七八法令
政令・勅令　一八五五法令
府令・省令　三三二八一法令

そこでまず、世界では法案の提出権はどうなっているか。これからみていくことにしよう。

なお、法案提出権（同様な比較検討は予算についても行うことができるし、必要であるが、ここでは法律案に限定する）は、周知のように純粋な大統領制と議院内閣制の下では基本的な差異があること、そして現実にはその中間の実に多様な方法が採用されている。これを類型化すると、次のようになる。

（1）法案提出権者は、大統領制の下では原則として国会、議院内閣制では原則として内閣である。もっとも、大統領制の下でも大統領に法案提出権が認められている国（ブラジル、ポーランド、ロシア、ちなみに日本の自治体はこの制度である）、あるいは議院内閣制でも国会議員に法案提出権が認められている国（イタリア、オーストリア、スウェーデン、デンマーク、ドイツ）がある。

なお、以下この区分をはっきりさせるために、大統領制あるいは内閣から提出される法案を政府法、国会議員が提出する法を議員法と呼ぶことにしよう。純粋大統領制をとるアメリカ等を除いて、世界の大方の国はその双方に法案提出権を認めている。

（2）しかし、双方からの提案権が認められているにもかかわらず、世界各国ともまさに「行政国家」といわれているように、官僚のつくる法、すなわち政府法が圧倒的である。そういう意味では、日本もそのような傾向の中にあるといってよい。しかし、それでも議員法の憲法上の位置づけについては、各国と日本とでは各段の差があった。

イタリア、オーストリア（議員の三分の一）、スウェーデン、スペイン、韓国、及び中国では議員法が憲法上明記されている。これに対し、日本では「国会法」には規定されていても、憲法上は認められていない。これが第一の差である。

これと連動して重要なことは、この法案提出権を実効あらしめるために、審議方法としてイタリア（すべての法案）、スウェーデン（あらゆる議案）、スペイン（議員法の提出権は妨げられてはならない）、韓国（廃棄されることがない）といった形で、双方の法に対して審議が義務づけられているということである。つまり、日本のように政府法だけを優先し、議員法は「つるし」と称して国会審議に入らない、といったようなことは、憲法上禁止されているのである。

そしてさらに注目すべきなのは、法案提出権について、政府法と議員法だけでなく、市民にも法案提出権が認められているということである。

イタリア（少なくとも五万人の選挙権者）、オーストリア（一〇万人の投票権者）、スペイン（最低五〇万人以上）の国民の同意があれば、市民自ら法案提出できるというのがそれである。

以上をみると、各国憲法は、議員法に高い位置づけを与え、かつ、「審議」を義務づけることによってその権利性が具体的に保障されている。さらに、市民からの法案発議権は議会の活性化にとって大いにプラスになると考えられる制度である。

例えば、それは本章の冒頭にみた国会の責任放棄の典型的な例としての「ハンセン病」の「立法不作為」等について、面目を発揮する。政府も議員も法律をつくらないとしたら、まさに市民がつくる以外にないからである。

こうしてまず、憲法にこの議員法の位置づけを明確にし、さらに市民発議の立法権を加えることは、本書のような「直接民主主義の活性化」にとって必要不可欠なものとなる。

問題はさらにそこにとどまらない。

重要事項は国民投票で

議員法と審議方法の改正によって、国会の立法機能は格段に向上するであろう。国民の法案請求は、沈滞した国会に命を吹きこむ。しかし、それでもこの案には法案の審議と決定が国会に閉じ込められているという限定がある。

これだけでは、国会に対して日本の地方議会と同じ程度の権能を与える程度にとどまるからだ。冒頭に、私たちは今なぜ直接民主主義かをみた。それは議会の無力を痛感しているからにほかならない。

地方議会が、自らの唯一の武器である条例の制定に取り組まない、それどころか、市民が直接請求した条例を否定する側に回る、といったような「反動」に陥ったのはいつ頃からであろうか。また、なぜであろうか。この原因を突き止め、対策を立てておかないと、せっかくの国会も二の舞いということになろう。いくつか列記してみよう。

（1）この改正によっても、議員法に対して政府法が優位するという構造は変えられない。政治を取り巻く状況はますます複雑化し、専門化し、しかもスピードが要請される。政策とそれを具体化する法律等は、もちろんこの要請に応えなければならない。これだけでも大変な作業だ。とりわけ、「憲法と法律、法律と政令、法律と条例」といった法律の縦の関係について、厳格な整合性が求められる体制のもとでは、法律案の作成そのものに高度な技術が要請される。とりあえず、これに対応できるのは「官僚」である。

（2）例えばアメリカでは、上院議員一人に弁護士や税理士などの五〜七人の専門家を含む何十人ものスタッフがついている。そしてそれをバックアップする強力なＮＧＯがある。さらには議会や個人スタッフだけでなく、共和党や民主党といった党の政策を支える高度なシンクタンクを持っている。これに比べると日本の国会議員が利用できる立法補佐機能は圧倒的に貧しく、官僚の立法力に到底太刀打ちできない。

（3）さらに、国会議員には絶えず「解散」という洗礼が待ち受けていて、議員は法案作成よりも、選挙に大半のエネルギーが奪われている。有権者もまた、今のところ政策よりも個人的な人気など別の要因によって投票しているという実態がある。したがって、議員には立法の意欲がわいてこない。これをカバーするのは本来「政党」であるが、日本の政党が政策を競って政権交代をしていくというのは、これまで皆無であった。確かに、一九九三年の細川政権のとき以来、一時的に自民党でない政党が政権を担当したことはあるが、それは政策の競争や優劣によって起きたのではなく、さまざまな偶発的な事件を含む自民党の衰退という政治状況によるものであった。それもあって細川政権はあっという間に崩壊し、一時、社会党の委員長が総理大臣になるということが起きた。しかし、当の総理大臣は当時党の最重要政策であった「自衛隊違憲論」をすぐさま捨て去ったということにみられるように、政策はほとんど変わらず、いつのまにか自民党が返り咲き、自民党は永久政権のようになった。自民党の政策こそ官僚が作成するのであり、政府法は自民党の名を借りた官僚法なのであった。

したがってこの構造を変えるには、この規定以外に、さらに別の手当てが必要となる。

第二章「直接民主主義の設計」及び第六章「地方自治」で、私たちは直接民主主義の重要性及び必要性と、それを背景とした新しい自治体、すなわち「市民の政府」をみた。ここでは、それをさらに中央政府のレベルに拡大して考えたいのである。

すでにみてきたように、現行憲法でも、「憲法改正」及び「一の地域にのみ適用される法律」に対しては「国民投票」、すなわち直接民主主義が採用されている。しかしこの理解は、あくまで「国会が唯一の立法機関である」という間接民主主義が主であって、この国民投票はこれを「補完」するものだとされてきたのである。

しかし、時代は大きく動いている。一九四〇年代、現行憲法が制定されたときと最も変わったのは国民の成長であり、二一世紀憲法は、これと正面から向き合わなければならない。すなわち、この直接民主主義と間接民主主義の関係も、「補完」から「選択」の関係に変える必要があるのである。

国民は、とりあえず政府法に対して議員法で対応する。国会が動かない場合には、自ら法案を起案して、国会に送りこむ。さらに重要政策については、国会にまかせずに自ら決定する、というようにするのである。これは官僚に対してブレーキをかけるというだけでなく、国民の政治参加を促し、自己決定というプロセスを通じて、憲法の究極にある「国民主権」を訓練し、完成させていくのである。

こうして、新しい「立法府」が生まれる。

なお、この新しい立法府と他の機関、すなわち行政や司法との関係については、行政と大統領制、司法と憲法裁判所という新しい提案を含めつつ、後に再構成することにしよう。

〔注1〕数字は衆議院事務局編『平成一〇年衆議院の動き第六号』（一九九八年、集栄会）より作成。

〔注2〕田丸大著『法案作成と省庁官僚制』（二〇〇〇年、信山社）

〔注3〕族議員。自民党は党の中に官庁組織に対応する部会をもっている。国防、環境、大蔵、建設、商工、郵政、厚生・労働、文教・科学技術、運輸、外交、農林などである。政策形成過程からみると、政府が原案をつくる過程で、官僚は政府部内で省庁の調整を行いながら、他方でこの自民党の部会との調整を行う。二元体制といわれるものである。自民党議員は、この政策調整過程で、官僚あるいは業界とのつながりをつくり、次第に専門的な知識を持つものとして、そして関係方面に有力なコネクションを持つものとして成長していく。これを族議員という。二〇〇二年春の外務省と鈴木宗男議員をめぐる北方領土でのいわゆる「ムネオハウス」の建設などをめぐる一連のスキャンダルはこの族議員がその地位

を利用して不正を働いていたという事件であり、そこには鈴木議員と外務省の密接な癒着、鈴木議員と地元ゼネコンのもたれあいの関係など、族議員の弊害というものが典型的に現われている。

〔注4〕中田ひろし著『国会の掟』（一九九五年、プレジデント社）

〔注5〕上田哲著『上田哲が、一人で最高裁を追いつめた本邦初の裁判「国民投票法・合憲」「小選挙区法違憲」逃げた首相と議長と裁判官たち』（二〇〇一年、データハウス）

〔注6〕毎日新聞社特別取材班『ルポルタージュ国会は死んだか?』（一九九六年、毎日新聞社）

〔注7〕こうしたものの例としては、商法の「ストックオプションの解禁に関する」一部改正案のほか、「民間資金等の活用による公共施設等の整備等の促進に関する法律案」、「児童買春、児童ポルノに係る行為等の処罰及び児童の保護等に関する法律案」（第一四五回通常国会）、「良質な賃貸住宅等の供給の促進に関する特別措置法案」（第一四六回臨時国会）、「市町村の合併の特例に関する法律の一部を改正する法律案」、「少年法等の一部を改正する法律案」（第一五〇回臨時国会）、「特殊法人等改革基本法案」、「配偶者からの暴力の防止及び被害者の保護に関する法律案」、「特定製品に係るフロン類の回収及び破壊の実施の確保等に関する法律案」（第一五一回通常国会）などがあげられる。

〔注8〕竹下登元首相や村山富一元首相などが、ここで他党とも強いパイプを持ち、力を蓄えた。彼らが国会運営を取り仕切ることから、「国対政治」という呼び名も存在する。

〔注9〕参議院ホームページ、http://www.sangiin.go.jp/

〔注10〕一九九九年六月一五日に行われた「政策ディスカッション『国会機能強化を考える』」（主催・構想日本）の議事録より（構想日本ホームページ、http://www.kosonippon.org に掲載）。

〔注11〕毎日新聞社特別取材班『ルポルタージュ国会は死んだか?』（一九九六年、毎日新聞社）

〔注12〕朝日新聞特別取材班『政治家よ』（二〇〇〇年、朝日新聞社）

第八章　行　政

本書冒頭に、日本ではなぜ改革が進まないか、という論点を設定し、その最大の原因として「官僚主義」をあげた。官僚主義は、行政だけでなく国会と裁判所を支配している。またそれだけでなく、自治体や企業（市場）も支配し、その威力はかつての社会主義国を超えるともいわれている。これが二一世紀日本最大の論点であり、これを改革することなしには日本は救済されない。しかも改革するためには、単に改革のアドバルーンをあげるだけでなく本丸である憲法改正を必要とするというのが、私たちの考えなのである。

そこでまず、官僚主義の中心である「行政」をみていくことにしよう。行政はいうまでもなく、「立法」「司法」と並ぶ三権のうちの一つである。しかし、行政とは何か、と問うと必ずしも学問的に明確ではない。さまざまな限定をつけつつ、結局、それは立法でも司法でもないすべてであると解されてきたのである。「すべて」とは何か。まず行政を多面的にみていく。

官僚の権限

わが国における公務員数はおよそ国家公務員が一一一万人、地方公務員が三二〇万人である。合計すると公務員全体で四三一万人いる。これが行政の直接的な担い手である。就業者数六四七三万人の六・七%、およそ一五人に一人、特殊法人関連の就業者約五〇万人、認可法人一万七〇〇〇人を含めた場合は全体の七・五%、約一三人に一人が広義の公務員といえる。国家公務員だけをみて「小さな国家」だという人もいるが、この特殊法人、さらには企業への天下りなどを含めていえば、日本は十分に「大きな政府」であり「役人国家」である。

このうち官僚と呼ばれるのが国家公務員の中の企業でいう役員にあたる指定職及び行政職だ。中でも「キャリア」と呼ばれるのが「図8—1」の網の部分である。彼らは絶対的な権力を持つ。

官僚の力、権力とは何か。通常「権力」という場合、私たちは金、情報、組織、権限、人脈などと考える。ときには、いわゆるアンダーグラウンドの力や闇、さらにはカリスマ、暴力などといったものも連想する。しかし現代は法治国家である。法治国家では権力とは、何よりも法律と予算の策定や執行の中でつくられる。官僚は、これらを意のままにすることによって権力を手にするのである。

官僚は法律をつくる

第一五一回通常国会は二〇〇一年六月二九日、当初の日程どおりに終了し、一一〇本の法律が成立した。「立法」の章でみたように、これら法律の大半は国会ではなく官僚がつくっている。

官僚は法案を通すことに最大の喜びを感じる。この喜びを、通産省出身の脇山俊元経済企画庁審議官はこう回想している。「法律の制定は、事務系の役人の仕事の中では最もやり甲斐のある仕事であり、一年以上の汗の結晶としてやっと法案が国会で可決されたときには、民間会社で大きな契約が一

（図８―１）職種別公務員

国家公務員　1,117,577人

- 一般職　849,177
  - 給与法適用職員　500,548
    - 指定職 1,722
    - 行政職（一）230,523
      - Ⅰ種　11,309
      - Ⅱ種　30,395
      - Ⅲ種　132,491
    - 行政職（一）18,811
    - 専門行政職 7,891
    - 税務職 54,860
    - 公安職（一）（二）42,670
    - 海事職（一）（二）1,796
    - 教育職（一）～（四）71,035
    - 研究職 10,096
    - 医療職（一）～（三）61,058
    - 任期付研究員 86
  - 給与特例法適用職員 310,153
    - 郵政 294,934
    - 林野 7,959
    - 造幣 1,373
    - 印刷 5,887
  - 検察官 2,000
- 特別職 298,400
  - 大臣　政務次官　大使　公使等　148
  - 裁判官　裁判所職員　24,922
  - 国会職員 4,085
  - 会計検査院　人事院職員　1,965
  - 自衛官　267,280

1999年３月末の実数
『公務員白書平12年版』
（人事編）

つ出来上がったとき以上の達成感を味わうことが出来る。法律をつくることは、権限を増やすことと同じであり、担当官庁の霞ヶ関での存在意義を一つ増やしたことになる」

権限の秘密

日本の法律体系は次のようになっている。

憲法→内閣法→行政組織法→省庁設置法→行政法（個別行政法）→政令→規則→（通達）→自治体の条例

法律の世界は奥深い。法律だけをみてもどうして官僚がそんなに喜ぶのかよくわからない。さすがに民主主義になった今では、かつてのような「国家機密法」や「戒厳令」といったものはつくれなくなっている。法の建前だけをみていると、すべて民主主義が貫かれているように見える。実は、官僚の権限は法律の条文よりもそれ以外のところに書かれていることが多い。これを「行政立法」という。

行政立法とは、国の行政機関が自らの行為や組織の基準となる一般的・抽象的規範を定めたもので、法律ではなく、右の政令→規則という形式で定められている。これは国会では審議されない。

官僚たちは、法律をつくるにあたって、法律は骨格だけの抽象的な内容にしておき、詳しい内容は政令や省令に委ねるというようにする。例えば、所得税法の場合、国民がどの程度税金を納めなければならないかという、最も肝腎な点は、政令である「所得税法施行令」や、財務省令である「所得税法施行規則」などに書かれる。それ自体が問題だが、さらに困るのは、その内容はほとんどの国民が理解できない極め付きの難物であるということだ。○○士などという専門職が生まれるのは、そもそも法律の内容が国民に理解できないようになっているからである。

官僚は法律をつくるだけではない。法律の解釈権を持っている。例えば自衛隊の派遣に関して「どこまでできる」「武器使用はどういったときに可能だ」等という政府の見解はすべて内閣法制局でつくられる。前にみたように、内閣法制局は日本の一七〇〇以上の法律と二〇〇〇弱の政令が、互いに矛盾を抱えることなく機能しているかどうか精査している法律のプロ集団である。新しい法律は内閣法制局のお墨付きを得なければ国会に提出されない。解釈もすべてここが行う。かつて村山社会党委員長が内閣総理大臣になったときに、持論である「自衛隊違憲論」をひっくり返したのは、この内閣法制局の意見があったからだといわれるように、内閣総理大臣ですら太刀打ちできない。官僚にとっても、「あそこが最強力官庁」「主計局にいくよりもイヤ」と言われる所以である。日本には憲法裁判所がない。その代わりを内閣法制局が担っているかのようだ。後に「司法」の章でみるように、最高裁判所でも内閣法制局の結論を変更させるのは難しい。

また、日本の法律体系はトップダウン構造となっていて、下位の規範は上位の規範を超えることはできない。上位の命令は下位の命令すべてに及び、拘束する。法律と条例、すなわち国の規範と自治体の規範はカバーする地域の広さや質によって棲み分けるのではなく、上下の関係なのである。これが、官僚が霞ヶ関だけでなく全国土を支配する、つまり中央集権体制の根拠だ。

予算をつくる

毎年、初夏になると永田町の議員会館には各都道府県や団体からの陳情があいつぐ。国家予算の各省概算要求の作成作業が始まっているのだ。従来、予算は各省庁が積み上げ大蔵省が査定してきた。政治家は個別の案件について口を挟むことはできても、省庁別の予算配分を大胆に組み替えることはできなかった。実際、ここ十数年間、省庁別の予算配分比率は変わっておらず、これは政治家にとっても聖域である。二〇〇一年の行政改革で予算について、政治家すなわち国民の声を反映させるという目的で、「経済財政諮問会議」がつくられた。小泉内閣では学者出身の竹中平蔵財政政策担当大臣が中心となって「基本方針（骨太の方針）」を打ち出した。しかし経済財政諮問会議には実質的な事務局がなく、財務省出身の統括官が取り仕切るようになっている。これがあらゆるところに「骨抜きの構造」をつくる官のシカケである。

予算編成権

予算編成権をみてみよう。予算を含む「財政」については第一二章でみるので、ここでは毎年八〇兆円に上る予算書のことだけみておきたい。

国会に提出される予算書では、例えばあれだけもめた道路関係経費でも、二〇〇二年度道路整備事業費二兆三九六九億七八〇〇万円（前年比△四二一〇億六七〇万二〇〇〇円）と記載されているだけだ。さらに詳しい内容を見ようとしても、「組織別事項内訳」で「項」と全部合計した数字が出ているだけである。「科目別内訳」という名目でもう一段下の「科目」が記載されることもあるが、道路関係ではここまでである。これではどこの橋や道路にいくらの予算がついているのか全くわからない。小泉内閣では、道路公団改革が目玉商品の一つであった。マスコミは連日道路公団の民営化等とともに、第二東名高速道路の是非を報道した。しかし肝腎の国会は第二東名高速道路にいくらの税金が投入されているのか全くわからず審議し、承認している。そして、議員の関心事は道路と予算ではなく、「箇所付け」であり、選挙区に対して「これは俺が取ってきた予算だ」とPRすることである。水産庁長官を務めた佐竹五六は官の役割をわきまえた抑制の効いた元官僚だが、著書『体験的官僚論』（有斐閣）で政治家の介入を「ノイズ」とみなす官僚たちの姿を描いている。細川連立内閣で政権がいっとき変わった。政策が変更されたかどうかはストレートに予算にあらわれる。しかし、細川政権の下でも予算の各省別の配分比率は〇・六％しか変わらず、コンマ以下の改革だと皮肉られた。

特別会計

一般予算以上に伏魔殿となっているのが特別会計である。特別会計とは、通常使う財布（一般会計）以外に、目的別につくっている財布のようなもので、道路公団など七七ある特殊法人を支えているのがこれだ。その財布には税金の他に、もとは郵便貯金や簡易保険である財政投融資からの借り入れやガソリン税や高速道路料金など特別の収入が入れられる。特別会計は一般会計と異なり、閣議決定事項でその内容が国会で議論されることはほとんどなく、事実上ノー・チェックである。二〇〇一年度の一般会計は八三兆円であったが、特別会計は三九一兆円と一般会計の四・七倍（入り繰りがあるので、差し引き後でみると一般会計は三四兆円、特別会計は二一七兆円でおよそ六・四倍）にもなる。金額から見れば、どちらが「特別」なのかわからない。一般会計は「ショーケース」と呼ばれるように、予算には政府の金の使い方の一部しか表わしていないのである。三七ある特別会計は、それぞれ独特の会計を行っており、それぞれの会計に精通した一部の人しか理解できない。特別会計、一般会計の全体を把握している人間は霞ヶ関にすら一人もいないといわれている。憲法第七章に定められた「財政法治主義」は恐ろしいほど空文化しているのだ。官僚のモラルハザードは、これだけの巨額の金を自由に操れることからもたらされる。

補助金

総務省行政評価局が二〇〇一年一〇月に「料金を徴収する施設の整備に対する補助金」という報告書を出した〔注1〕。調査した一〇の補助金のうち一補助金については、補助金を交付する行政庁において利用見込みを審査する仕組みが全くなく、残りの九補助金のうち八補助金は、審査する仕組みはあるが近隣地域における同種・類似の施設の数、利用状況等の要素を的確に踏まえて行うものとなっていない、というのである。また利用実績も三年間実績が見込みの五〇％未満のものが二割強(二四四施設のうち五三施設)となっていた。はっきりいってデタラメである。

公共事業はもっと複雑だ。例えば冒頭にみた、田中知事の「脱ダム宣言」で有名になった長野のダムは、長野県の単独事業といいながら事業費の五〇％が国からの補助、さらに県負担五〇％のうち九五％が起債であり、その六六％分を国が交付税で面倒を見る。つまり、実質的に県は事業費の一割ちょっとを負担するだけで済む。二〇〇億円のダムが三〇億円でつくれる。「国から金をもらえるのに、なんで使わないのか」となるわけだ。そのため、自治体の首長も議員も選出の国会議員も補助金の獲得に血眼になる。官僚は、陳情に対して恩を売り、操る。そしてギブ・アンド・テイクの関係を築く。これが官僚の権力なのである。

ここに電話帳を少し薄くしたような青い表紙の本がある。財政調査会発行の『平成一三年度補助金総覧』である。補助金等の総額は、二〇〇一年度予算で二一兆三八億円。経費別内訳では社会保障関係費で一〇兆一二八六億円、文教及び科学振興費で四兆四四一五億円、公共事業関係費で四兆二二〇八億円と日常生活に身近な経費だけで一八兆七六三九億円に達し、補助金等総額の八六・七％を占める。また補助金等総額のうち一七兆三六〇四億円（八〇・二％）については、地方公共団体への補助金等である。補助金等の数は、およそ一五〇〇から一六〇〇。「地すべり防止事業費補助」「蚕糸業振興対策費交付金」「水田麦・大豆等生産振興緊急対策事業費補助」「ニュータウン鉄道整備事業費補助」「情報処理技術普及等事業費補助金」とわれわれの生活に直接関係のありそうなものからなさそうなものまで膨大な種類がある。国会議員はこれらの補助金についてチェックする能力も人員も時間ももっていない。市民も無論そうだ。ほぼノーチェックで使える補助金。自治体も特殊法人も、そして議員も企業も、さらには市民までが補助金に踊らされる。

官僚の組織

官僚は、国家公務員試験Ⅰ種の合格者である「キャリア」を中心にして、他に類を見ない組織をつくった。行政は官僚によって組織される。しかし、この行政組織は実に不思議な組織である。「行政権は内閣に属する（六五条）」。内閣は「内閣総理大臣及びその他の国務大臣（六六条）」で組織され、「国務大臣の過半数は、国会議員の中から選ばれる」（六八条）としている。本来内閣は、「政」の組織であり、国民主権を実現するはずのものであった。しかし、実際の実務を取り仕切っているのは「内閣」ではない。

行政が独立し、突出した権力となっている様子を、以下「内閣」「国会」に分けて見ることにしよう。なお司法との関係については、後の「司法」の章で見る。

内閣に行政権がない

権力を構成し維持するためには、カネ・ヒト・モノ、特に人事権を行使することができるというのが不可欠である。しかし、これまで大臣が人事権を行使した例はわずかに数例〔注2〕だけで、いずれも官庁側に「政治の干渉」「人事構想が崩れた」と恨みを残し、大臣が代わると規定のコースに戻った。田中元外務大臣と外務省の軋轢をみても、大臣が人事を発令するのがいかに難しいかわかる。大臣が秘書課室にこもって辞令を書いても発令できなかったのだ。

日常業務の監督はどうだろうか。菅直人の著書『大臣』（岩波書店）によると、「大臣レク」で省庁の代弁者に仕立て上げられ、また日常業務の監督などできるはずもない異常事態が書かれている。大臣の任期が平均で一年と短いことも大臣の無力化の原因だ。これは政治が不安定なことで有名なイタリアより短い。大臣は決められた一年間、役所の振り付けどおりに動いていれば、支援団体や選挙区の陳情も進めてくれるし、無事務めを終えられる。一年大臣が大量生産されるようになったのは与党自民党が当選五、六回目ともなれば、誰でも大臣ポストにつけるように「公平」な人事システムをつくってきたためだ。近時まで当選回数と年齢による公平な大臣への就任は厳格に行われてきた。

大臣一人でかないっこないとしたら、すべての大臣が集まる内閣はどうだろうか。内閣の存在意義が試されるのは「閣議」である。閣議は、毎週火・金曜日の午前中に首相官邸で開かれる。しかしこれは、政治討議なしの「サイン会」にすぎない。官僚出身の官房副長官がその週に提出される法案を読み上げ、その間に閣僚は次々と回ってくる書類にサインする。その間わずか一〇分か一五分。閣議にかけられる法案は、「立法」の章でみたように事務次官会議で全員一致で合意されたものしか提出されない。

橋本内閣は、二〇〇一年の行政改革で一府二二省庁を一府一二省庁に再編し、内閣府を創設した。

内閣府は官邸の総合調整機能を強化し政治主導を実現しようというものであり、目玉はポリティカルアポインティ（政治的任用人材）の多数登用と部門別戦略会議の創設であった。内閣府の創設は唯一、橋本改革の中でも合格点をつけられると評価された。確かに形だけを見れば、「政」はこれまでの官僚のあやつりロボットのような存在から、政治の機能を持つ生きた実在になったように見える。

しかし、実態は全く違う。民間人を登用する目的で「任期付雇用」制度をつくり一〇〇人程度の民間人の雇用を想定していたが、蓋を開けてみると任用者はたったの二〇人。しかも、ほとんどが企業からの出向扱いで、それ以外はたった二名。それも必死でかき集めてきた二人である。内閣府・内閣官房の事務方の布陣は、せっかく政治任用枠をつくったにもかかわらず官僚に独占されている。官邸の中まで縦割り行政が厳として存在し、「各省からの出向者は、官邸内で起こっていることは、総理の体調から秘書官に漏らした失言まで、事の大少を問わず、その日のうちに出身省の官房に伝えているのにも驚いた」と橋本内閣の首相補佐官であった水野清は書いた〔注3〕。

国会は行政をコントロールできない

国民主権の建前上、国会が行政を監督する仕組みはいくつもつくられている。しかし、それらも機能していない。

（1）国会質問

議員は国会の各種委員会で行政のあり方や政策と運用について質問する。だがその質問は第七章でみたように、「レク」と呼ばれる各省庁の質問とりによって事前に通告されている。議院内閣制で行政を監視するために重要な委員会質問は、官僚のつくったシナリオどおりに動く大がかりな芝居にすぎない。

（2）決算行政監視委員会と会計検査院

行政内部の不祥事の続発と行政改革を求める国民の声の高まりの中、一九九六年九月の衆議院選挙で自民党、新進党、民主党の各党は行政監視強化の公約を相次いで発表し、紆余曲折の末、これまでの決算委員会を拡充した衆議院決算行政監視委員会が成立した。しかし、監視能力は強化されたとはいえない。調査部も拡充されたが、議員との連携は少ない。衆議院決算行政監視調査部の人員は兼務者一六名、専属者一八名の三四名。うち会計検査院から二名、財務省から一名の出向者がいる。

決算行政の空洞化は、一九六四年の臨時行政調査会「予算・会計の改革に関する意見」に始まり、これまで多くの提案がなされてきた。主なものは、

・予算委員会と決算委員会が別々なため、決算の結果が予算に反映されない。
・立法府側に決算を監査するだけの能力やスタッフや情報がない。
・予算を適法に使ったという観点からの検査はあるが、効率的・効果的に使ったかという観点での監査がない。
・会計検査院が立法府の機関ではなく、報告書を内閣に提出するという方式を取っているため、立法府との連携よりも行政側になることが多い。
・決算書がわかりにくい。
・決算監視委員会でとりあげても政治で決定されたものは取り消せない。
・決算の出るのが二、三年度後であり、状況に間に合わない。

などである。

この欠陥は、今でも直っていない。

世界の潮流を見ると、会計検査院の検査報告は、内閣を経由して国会に提出するという方式ではなく、直接国会に提出するというのが第二次世界大戦後の傾向だ。一九四七年のイタリア憲法の規定、一九六七年のフランスの法改正、一九六九年の西ドイツの基本法改正が、この動きの代表的なものだ。会計検査が国会の付属機関であるイギリス、アメリカの場合ははじめからそういう形になっている。検査報告の間接提出方式を今なお墨守しているのは日本だけである。

（3）国政調査権

最近も、ＫＳＤ事件や日露友好の家疑惑、秘書給与流用疑惑など数々の疑惑事件が起きた。しかしこれも、検察庁が刑事事件として動かないかぎり、ほとんどがうやむやになる。「国会議員には国政調査権がある。どうしてそれを活用しない」という疑問が出るのももっともだ。憲法は「両議院は各々国政に関する調査を行い、これに関して証人の出頭並びに記録の提出を要求することができる（六二条）」としていて、国会法第一〇二条、一〇四条や議院証言法等で、議案審査や国政調査のため議員を派遣したり、内閣、官公署等に報告や記録の提出を求めたり、証人に証言を求めることが認められている。しかし、そこには決定的な限界がある。何といってもこの国政調査権は各議院にあり、各議員にあるのではないとされていることである。いくら委員会の委員が疑惑に関して調査権を行使しようとしても、理事会が腰を上げなければそれで終わりということだ。多数を握っている与党はこういう問題にはいつも消極的だから、ギリギリのところになると野党の要求はつぶされる。

国政調査権が法的にどのような意味を持つかについては争いがある。論点は「国会の地位」をどうみるかである。内閣法制局は、国権の最高機関の意味について「政治的美称」であり格別な意味がないとしている。また、国政調査権は議院の権能を補助的に支えるものだという「補助的権能説」が取られ、調査はあくまで立法など議院の憲法上の権能を行使することを目的とし、それ以外のことについては、調査の対象と方法も、権力分立・人権保障の観点から制約があると考えている。

一九九八年、このような限界を打破する方法として予備的調査〔注4〕が新設された。四〇人以上の議員が要請書を議長に提出すると、委員会が予備的調査を調査局長等に対して命ずる。この制度は、少数会派の要請を満たすという運用を目的としたもので、本来の国政調査権に比べて行使要件が緩和された。そのかわり調査協力要請対象が官公署に限定され、強制力を伴わないなど実効力が弱められている。

行政は「すべて」

これらいくつかを指摘しただけで、行政優位ということがわかる。しかし、なぜこんなに行政は優位なのか。

その理論的根拠となっているのが「行政控除説」である。その後、この説はさまざまなバリエーションがつけられたが、本質的には憲法学説はこれを根底において行政を解説している。「行政控除説」とは、一言でいえば、憲法六五条の「行政権は、内閣に属する」の「行政権」を、国家作用のうちから立法作用と司法作用を除いた残りの作用すべてであるとするものである。これがどういう場面で問題になるのか、菅直人衆議院議員は松下圭一教授等との対談で次のように述べている〔注5〕。

閣僚をした私の実感では、行政改革の最大のポイントは、「行政権は内閣に属する。」という憲法六五条をどう考えるかだと思っています。霞ヶ関はこれまで、この六五条を拡大解釈して、国会や、場所によっては司法からも独立した自己完結型権力としての行政をイメージしてきている。最近の話でいえば、日銀法改正の問題から、公正取引委員会のあり方、さらには民主党が出した行政監視院の問題まで、すべてこうした解釈で政府は対応しているのです。

つまり、行政権は内閣に属するのだから、すべて大臣が最終責任者でなければならないとか、国会に設けられた機関であっても、行政そのものに直接影響を及ぼすことは出来ないという論理で、国会による行政のコントロールから何とか逃れようとしている。そういうこともあって、国会に本格的に行政をチェックできるシステムが必要だと考え、アメリカのＧＡＯを参考にして提案をしたわけです。

そのとき憲法六五条がたいへんな議論になりました。総務庁の行政監察局が、監視はいいけども監察はだめとか、勧告はできないとか、今、行政監察局で行政相談をやっているから、相談業務はできないとか、あっせんはできないなどと言ってきた。なぜできないかというと、それらは六五条の行政権の範囲に属するものであり、個別の案件で行政権に影響を与えるようなことを立法府の機関が担当することはおかしい、こうきたわけです。

こちらの主張は、国会は単なる立法府ではないということです。これは松下先生から私が学んだ基本の一つですが、国会が国権の最高機関であるという四一条は、国民の代表権をもっているからこそ最高機関だといっているのです。憲法構造で言えば、まず六六条（3）で内閣は行政執行に関して連帯して国会に責任を負う、そして次の六七条（1）で国会は行政のトップである総理大臣を選ぶ、となっている。ですから憲法上、国会は単なる立法府ではなく、行政を監督する権限が認められているはずなのです。こうした点を、総務庁と喧々諤々議論した結果、総務庁は内閣法制局とやりとりしながら、だいたいこちらのいうことを認めたわけです。国会は行政に対する一般的監督権をもっている、ということを認めたのが一番のポイントです。

これに基づき一九九六年一二月六日衆議院予算委員会での橋本総理大臣の答弁で（1）国会が国の最高機関であり、国会に行政を監督する権利があること、（2）行政に地方行政は含まれないこと、の二点が確認された。しかし、参議院憲法調査会事務局が二〇〇一年七月に発行した『参議院憲法調査会会議録』付属資料「国の統治機構に関してこれまで国会で議論となった主な論点」にはこのときの答弁は収録されておらず、（2）については認めたことが記載されているが、（1）に関しては、「行政とは国家機能のうち、立法及び司法という二つの機能を除いた残余の部分であるというのが従来の公法学上の一般的な理解であるというふうに承知いたしております」と従来の行政控除説を述べた内閣法制局長官の答弁が収録されている。

「権力構造の謎」

かつて、日本の権力とは何かという謎に迫ったウォルフレンは、膨大な実証の上に、「日本の権力の中枢は空洞である」とした〔注6〕。これは的を射ている。最近の狂牛病（BSE）事件に限らず今日の財政悪化や環境破壊まで、現象的には、日本には「責任者」というものがない。形式的には最高責任者は内閣総理大臣であり、各省大臣である。しかし、彼らは狂牛病（BSE）の真相は知らされていなかった。財政危機や環境破壊は、いつどこでどのように決定されたかすら定かではなく、いずれにせよそれらはすべて各省庁内の省議決定、事務次官会議を経た上で閣議決定された。間接的とはいえ、国会も予算などを通じてそのすべてに関与している。それらは現行法の範囲内での適正手続きを踏んだ上で決定されたすべて合法的なものなのである。それが違法なものであれば、是正できよう。しかし、不当だが適法なものに対しては、とやかくいうことができない。ここから、現時点で知ったとしても変更しようがない、あるいはできない、誰の責任も問えないというような論理がでてくる。薬害エイズ事件で当時の厚生省の担当者が政策決定について個人として刑事事件の有罪判決を受けたのは、例外中の例外だ。

ウォルフレンの分析は、問題の所在を明確にした。私たちはこれを受けて、さらに空洞化を解剖し、責任の所在の明確化に努めなければならないのである。

衆議院の憲法調査会は二〇〇一年の夏、オランダ・スペイン・イスラエルを回り、かつての社会主義国のロシア、チェコ、ハンガリー、ルーマニアまで含めた各国の憲法事情を調査した。その報告書によれば、各国とも政府すなわち行政府が強くなる傾向があり、どの国も議会、憲法裁判所、人権、行政オンブズマンなど権力のチェックシステムの構築と強化に取り組んでいるということがわかる。国民主権の下で、そもそも行政とは何をするものなのかというのは、万国共通の難題なのである。

各国の行政に対するチェックシステム

アメリカ合衆国――猟官制（スポイルズシステム）と情報公開、地方レベルでも官民の交流がさかん。行政訴訟が頻繁に起こされることも行政チェックに役立っている。

イギリス――日本と同じ議員内閣制だが、与党は担当大臣・政務次官・政策助言者を行政部に送り込み、物理的にも行政を占領する（省庁の中に一人送り込まれる日本の大臣と逆）。大臣以外の議員に行政が接触することを禁止し、腐敗防止法を定め、癒着の防止を図る。日本では官僚がやる根回し的なことは大臣が行う。政党は政権交代の訓練と準備ができている上に、シンクタンクも充実しており、官に対する政の優位が確立されている。

スウェーデン――国と地方の役割分担が明確化されており、地方自治体では議員が行政各部、局の長となって政治主導、市民主権の確立を図る。行政の要求と国民の権利が衝突した場合、国民の権利を擁護するオンブズマン制度がある。オンブズマンは法制上議会の付属機関だが、自由裁量を認め、独立機関として作動することが許されている。法律制定時には意見上申制度（レミス）で特定の利益団体の力により政策が歪められることと政治的な腐敗を防いでいる。

フランス――基本的に官僚の力が強く産業界に転出する官僚も多いが、大臣は一〇名程度の補佐官からなる大臣官房を持っており、補佐官たちが大臣の代理として内外の調整に当たる。他の省庁との調整もこの大臣官房同士で行われるので、普通の役人よりは柔軟な対応が可能になる。メンバーは公務員、政党職員、学者、シンクタンクの研究者、企業人などだが、基本的には友人や他の政治家から紹介された人材を一本釣りする。

ニュージーランド――行財政改革で契約主義の考えを行政に取り入れた。政府は政策目標を定め、大臣は議会から予算を獲得し、政策目標（例えば「交通事故の減少」「読書量の増加」）に貢献するアウトプット（「信号機設置」や「図書館閲覧サービス」など）を次官から購入する。次官は最適のアウトプットを提供する義務を負う。次官の多くは官僚だが、承認は第三者機関が行う。

本書では、その解決策の最も大きな柱として、行政と立法を同時支配する議院内閣制でなく、行政と立法を分離する大統領制を提案したい。

〔注１〕「補助金等に関する行政評価・監視結果報告書」総務省行政評価局（二〇〇一年一〇月）。山間部のキャンプ場やスポーツ施設、農林水産物直売施設などが対象。
〔注２〕中川一郎（農水省）、河野一郎（建設省）、渡辺美智雄（大蔵省）、熊谷弘（通産省）、小泉純一郎（郵政省）ら。
〔注３〕水野清編著『官僚の本分』（二〇〇一年、小学館文庫）
〔注４〕実際に実施された予備的調査は第一四三〜一四五回国会の間では次の三件である。中華人民共和国ベチューン医科大学病院に対する政府開発援助に関する予備的調査（中村鋭一外三九名提出）、公益法人の運営実態に関する予備的調査（仙谷由人外四〇名提出）、特定公益増進法人の認定及び寄附の実態に関する予備的調査（山本孝史外四一名提出）。一番目は、橋本龍太郎議員に対するＯＤＡの実施に関わった企業からの献金等の有無とＯＤＡの決定過程と実施状況、元中国人女性の帰化問題が主な調査事項であったが、結果は政府答弁書を補強するにすぎないものだった。
〔注５〕菅直人著『大臣』（一九九八年、岩波書店）
〔注６〕カレル・ヴァン・ウォルフレン著『日本／権力構造の謎』（一九八九年、早川書房）

第九章　大統領制

「リーダーを自分で選ぶ」というのは、国民主権からいえば当然の筋道である。二一世紀に入って、情報が発達するとともに、「政治」でしか解決できないことが山積みする。松下圭一教授のいう「都市型社会」が成熟するのである。農村型社会では、そこでの生活は自己完結的でありえた。政治、とりわけ行政が行うサービスもそれほど多くはない。しかし、都市型社会では、それこそ朝起きて顔を洗い、電車に乗って会社に行き、帰宅して眠るまでの間に行政・政治の関係しないものは全くないといってよいほどである。こうして国民の政治への参加要求は必然になる。また、こうして市民が「憲法」を考えなければならないことそれ自体が、ある意味で日本の危機を率直に物語っている。どう考えても自分の選んだ人でない人によって、しかも途中のさまざまな連立の組み合わせによって、公約もされていなかった政策や、公約に反するような政策が実施されるのは、いかにも国民主権に反するし、理不尽である。小渕政権が財政改革よりも景気優先だとして、無駄な公共事業をバラまいた責任は誰がとるのか。アメリカでは、良くも悪くも自分たちの一票で大統領を選んでいる。日本でも、自分たちの参加する「首相公選制」を導入したいという声がにわかに高まり、世論調査では首相公選制を支持する人が八割も占めるようになった。市民の政府にとっても、そして市民の政府であればなおさら、この問題は避けて通ることのできない論点である。

　そこで本章では、アメリカ型の大統領制の創設を念頭に置きつつ、この問題を考えていくことにしよう。

首相公選論の高まり

　首相公選論の高まりにはいくつかの要因が考えられる。なぜ、国民は首相公選を求めているのであろうか。

　何よりもまず、「一国のリーダーは自分で選びたい」という直接民主主義への強い願望だ。その裏には、日本の歴代首相の選ばれ方やそのリーダーシップに対する国民の積年の不満がある。毎年のように繰り返される首相交代のドタバタ劇。過去一五年間、日本の首相の任期は平均して一年に満たない。中曽根康弘内閣以来一五年間に、実に一六の内閣が生まれては消え、一一人の首相が交代した。これはどういうことか。世界のリーダーと比較してみるとその異常さが浮き彫りになる。アメリカ大統領はレーガン、ブッシュ、クリントン、フランス大統領はミッテラン、シラク、イギリス首相はサッチャー、メージャー、ブレア、ドイツ首相はコール、シュレーダーがサミットの顔だった。大半の国が大統領や首相の任期を四年から五年、再選は一回と定め、適宜政権交代もおきている。日本では名前も覚えられない。

　議院内閣制をとる日本では、首相は国会議員の互選でえらばれる。国民が議員を選挙で選ぶのだから、間接的に首相を選んでいることになるのだが、その実感がない。したがって、首相に対して親近感や責任も感じられない。政権交代可能な制度として採用された小選挙区制も未だ期待どおりには機能せず、当選回数を基準に派閥順送りで選ばれる自民党総裁イコール総理大臣という政治システムは、一国のリーダーに相応しい人材を生み出さなかった。

高まる首相公選論の二つ目の要因は、自治体にリーダーシップのある知事たちが生まれてきていることである。都道府県や市町村の首長は、市民が自らの選択で変革を生むことができる。最近市民は、三重、宮城、高知、東京、長野、鳥取などで次々と、イデオロギーはさまざまだが、個性的でリーダーシップのある知事を誕生させた。大阪、熊本、千葉では女性知事を選んでいる。

三つ目の要因は、森政権と小泉政権の誕生劇のコントラストがはっきりさせた。二〇〇〇年四月、小渕首相の病気退陣に伴う新首相は、自民党幹部五人による旧態依然とした永田町流の密室劇で生み出された。国民の不信感は森政権の低い支持率にあらわれている。スタート時で二六%、森首相が失言や失策を繰り返した一年後には一〇%を切った。「首相公選制」を望む声が一気に高まり、読売新聞の世論調査では、賛成の国民は六二・八%、反対は一三・一%になった。

森首相に代わる小泉首相の誕生劇は、「首相公選制」に期待を持たせた。森政権の不人気で危機に瀕した自民党は、「リーダーは自分で選びたい」という要望にこたえて、党員参加型の総裁選挙を行った。最大派閥の領袖橋本龍太郎は、「構造改革と自民党改革」を公約に掲げた少数派閥の小泉純一郎に敗れた。国民は、自民党員でない人も、まるで自分が選んだかのようにその誕生を喜んだのである。国民にとってこれは、首相公選の疑似体験であった。小泉首相は首相公選制の検討を施政方針演説で約束し、毎日新聞の世論調査では「首相公選制」導入への支持率は実に八三%にのぼり、反対の一〇%を圧した。同じ時期、国会議員を対象に行われた調査〔注1〕では、首相公選制の検討に積極派の議員は五四％、慎重派は三〇％であった。

「首相公選制」とは何か

「首相公選制」といっても、実はそれがどういうものか、必ずしも一定の合意があるわけではない。

現在いわれている「首相公選論」は、議院内閣制のままで首相を公選しようというもののようである。そうなると、これには懐疑的な有識者が多い。「首相公選制」に関する有識者対象の世論調査〔注2〕（二〇〇一年一〇月、読売新聞）では、「望ましい」は二五％、「望ましくない」が五四％を占めた。特に憲法学者の八〇％、衆参憲法調査会所属の国会議員の五三％が「望ましくない」としているのである。国民と有識者（あるいは議員）の声は分裂している。そこでまず、歴史を追いながら首相公選制とはどういう制度かはっきりさせなければならない。

これまで公表されている首相公選論は、言葉が浸透している割には意外に少ない。一九六一年一〇月三一日、中曽根康弘衆議院議員が読売新聞に「首相公選論」を掲載し、憲法調査会（一九六一年一〇月）に問題提起した。多分政治的にはこれが皮切りである。派閥政治批判に始まり、モンテスキューの三権分立論、国民の「政府をつくる自由」に言及したもので、中央政治大綱や選挙法案まで含めた具体的な内容であった。天皇制との競合を考え、あくまでも議院内閣制を前提とした首相公選制で、アメリカ連邦政府型と日本の首長型の大統領制を併せ持った制度を構想していた。

中曽根の首相公選論には、「政党改革や国民の民主化が先」、「議院内閣制に問題なし」といった批判があった。しかし、四〇年経つ今も、当時中曽根が指摘した議院内閣制の問題は何ら解決されていない。

二〇〇〇年一二月、「中央公論」に自民党と民主党の若手国会議員による首相公選論が掲載された。中曽根案とは異なるものの、やはり大統領制をイメージした案で憲法改正を前提としている。

二〇〇〇年一一月には、小田全宏〔注3〕が呼びかけ、「首相公選の会」というNGOが組織された。小田は『首相公選』（サンマーク出版）で首相公選制導入の必要性と、批判への反論を詳細に述べている。さらに、憲法改正をも視野にいれた実現プログラムを発表し、二〇〇二年に一二六〇万人達成を目標に、首相公選を求める大署名運動を始めた。

このように、おなじ首相公選論といってもいくつもの考え方がある。そこでこれを「憲法」との関係で整理すると次のようになる。

憲法改正は必要か

首相公選論を、憲法改正の要・不要を基準に分類してみよう。

（1）議院内閣制を基本とし、憲法改正を要しない案

小泉政権誕生後に浮上してきた準公選制の案で、政党党首を党員選挙で選ぶことを公職選挙法で義務づけるというものである。首相は、従来どおり、国会で議員の互選で選ばれるが、その一番の大本は、国会や政党ではなく、党員の選挙となっている。国民はより親近感と責任を感じるというのである。日本が範としている議院内閣制の国イギリスでは、この種の方法で成功している。完全小選挙区制がとられ、実質二大政党制となっているといった、日本との基本的な政治条件の違いはあるが、同じ議院内閣制でありながら、サッチャー(保守党)やブレア(労働党)といった存在感のある首相が選ばれたのは、この制度によるところも大きいといわれている。

（2）議院内閣制を基本とし、一部憲法改正を要する案

この制度を試みた史上唯一の国がイスラエルである。しかし、イスラエルでは一九九二年に首相公選制がとられたがうまく機能せず、二〇〇一年に廃止された。イスラエルと日本では、歴史、制度、国情も大きく異なっており、軽々に比較することはできない。しかし、議院内閣制のままで首相を公選するという方法をイメージし、問題点を考えるのに役立つ。イスラエルの事例を少し詳しくみておこう。

テルアビブ大学のゼレグ・セガル教授によれば、イスラエルでの首相公選制の導入の目的は次の三点であった。（i）四年間という任期中、首相に強い行政権を与え、効率の良い政府をつくる。（ii）選挙の結果、即ち国民の意思のみにより首相がきまる。政党間の連合工作や政治的取引の結果でない。（iii）参加型民主主義である。

それでは、そもそもイスラエルとはどんな国であろうか。

イスラエルでは憲法が未だ制定されていない。一九四八年、ユダヤ人の民主国家として建国したが、一〇〇カ国から移住してきたユダヤ人から成り、多様な価値観、言語、宗教が存在する。そのため、即座に憲法で社会規範を一元化することは難しく、順次合意してできた一一の基本法を憲法の代わりとしてきた。将来それらをまとめて憲法とする考えである。国会は一二〇議席の一院で、大統領と首相の二元制を取る。大統領は直接国民から、首相は国会の多数派から選ばれる。なお、大統領は形式的に国を代表する元首であり、実質的な政治権限を持っていない。

イスラエルでは、多様な国民各層を平等に代表した国会にするために、建国以来ずっと全国一区比例代表制による選挙を行ってきた。総投票数の一・五％を獲得すれば政党になれるため、つねに一〇

以上の小政党が乱立し政権が不安定であった。大政党の労働党やリクードは単独過半数をとることができず、つねに小党と連立政権を組むこととなる。その際、キャスティングヴォートを握る小党が予算や政策に影響力を持ち、政府の放漫財政の原因となった。裏取引も横行し、国民の不信を買うようになった。政党の数や規模を収斂させるような選挙制度改革が必要なのだが、小党の抵抗が強く実現が難しい。そこで、国民の直接の支持を基盤とすることにより首相のリーダーシップを高めようと、首相公選制が提案された。一九九二年基本法を改正し、一九九六年に第一回目の首相公選が実現した。しかし、はじめに首相公選ありきの制度設計であったため、期待した効果をあげることができない。小党がさらに乱立し、首相の政権運営は公選制導入以前にも増して困難を極め、選挙は三回行われたが、いずれも短命に終わった。

イスラエルの状況を視察した衆議院憲法調査会委員は、従来の議院内閣制のままで首相公選制のみを導入することに懐疑的になった。現に、同視察団と会ったイスラエル政府高官、司法関係者、学者のすべてが、大統領制と議院内閣制の折衷案のような首相公選制はそれぞれの制度の良いところを相殺してしまったと指摘した。さらには、議院内閣制を擁護する政治家は少なく、大半がアメリカ型大統領制を導入すべきであるとコメントした。

（3）大統領制を基本とする憲法改正案

中曽根案、若手議員の案は、それぞれ異なるが、大統領制を中心とする憲法改正案だ。そこでこれを掘り下げてみよう。

元首と首相——その歴史的背景

まず各国の制度から学んでみよう。

各国のリーダーの選び方は、もちろんそれぞれ個性があり、「表9―1」をみると、議院内閣制と大統領制、そしてその中間形態というように分けることができる。

議院内閣制を採用している国は、日本、イギリス、ドイツ、スペインなど五二カ国。中間形態とみられるのがフランス、ロシアなど五三カ国（もっとも、この中には国民が大統領を選び、大統領が内閣の首相を任命するというものと、大統領は国民が選ぶが、内閣の首相は国会で選ぶという制度がある）。大統領制をとるのはアメリカ、ブラジルなど三三カ国である。

さて、この分類をみると、その違いをおおよそ次のように理論化できる。すなわち、議院内閣制を採用している日本、イギリス、ドイツ、スペインなどはそれぞれ君主の強かった国、大統領制をとっているアメリカやブラジルなどはおよそ君主制を経験していない国、そして中間のフランスやロシアなどは君主が存在したが、これを市民が革命によって倒した国である。

そこでこれを巨視的にみると、リーダーの選び方には立憲君主制と民主制、そして議院内閣制と大統領制が、歴史的に重なり、組み合わされて形成されてきたということができる。

まず、君主制から民主制へという歴史をみてみよう。人類の歴史は、いわば「統治権力」をめぐる争いの歴史ともいえる。歴史は、専制君主制から立憲君主制へ、立憲君主制から共和制、民主制へと動いてきている。特に、君主制から民主制へ切り替える重要な理論となったのが、本書にしばしば登場するロックの『市民政府論』であった。ロックは、民主制とはすべての市民が平等に権力を持ち、自ら法を定め、その法の下に政府をつくり、自己統治する。自己統治、すなわち自治するとは、統治者と被統治者が同一であるということだと主張した。あらゆる政治権力は市民に由来する。市民は自

（表9—1）大統領制と議院内閣制の比較
（国立国会図書館調査局政治議会課作成資料　1995年1月）

	大統領制	議院内閣制
意義	議会と政府とを完全に分離させて政府の長である大統領を民選とする政治制度。独任制。	議会と政府が一応分立していることを前提に、政府が議会に対して責任を負う政治制度。合議制。
主な特徴		
(1) 基本的特徴	大統領が、国家の首長（対外的に国を代表する）と政府の首長（行政各部を指揮監督する）とを併せ務める。	国家の首長（通例君主又は大統領）は、政府の首長（これが首長）から切り離され主として国の儀礼的・象徴としての役割を果たす。
(2) 任期	大統領は一定の任期がある。	首長及び内閣は任期制ではなく、議会の信任が存続条件となる。
(3) 選任	大統領は国民の選挙で選任される。	議会の多数派の指導者が国の首長によって首長に任命される。
(4) 地位の喪失	重大な違憲的行為を行わないかぎり任期中地位を失わない。	議会の信任の喪失の場合。
(5) 政府の構成員	大統領は政府の構成員の助力を受けて統治する。政府の構成員は、大統領が任免し、議会に責任を負わない。閣僚と議員の兼職は禁止される例が多い。	首相は、主として議員の中から閣僚を選定し政府を組織する。内閣は議会に対して連帯責任を負う。
(6) 議会との権限関係	議会の助言と承認を必要とするなどの要件によって制限される権限がある。	
採用国	アメリカ合衆国、ロシア、ブラジル、フランス、フィンランド、韓国、フィリピン等86カ国 （純粋大統領制33ヵ国、中間形態の内閣制との混合53ヵ国）	イギリス、ドイツ、イタリア、スウェーデン、スペイン、日本等52カ国

己統治者としての責任を自覚し、「徳」を具え、自分の頭で考え、発言し、行動しなければならないのである。ロックの理論は後のフランス革命やアメリカの独立宣言に影響を与えていった。

さて、このような歴史と思想の中で、リーダーについてみると、それはまず、「二元化」から始まり、次第に「一元化」していくという傾向があるということがわかる。

すなわち、君主が存在していた国々では、とりあえず彼らが対外的にその国を代表する元首となる。一方、国内の政府の首長はそれとは別に、議会で選ぶという〔注4〕「二元制」をとっているのである。二元制は専制君主制から立憲君主制へ、そして民主制へ移行する過渡的なプロセスとして、国を代表する権力と国民が自己統治する権力が共存していくための知恵と理解することができるであろう。

一方、君主制を経ないではじめから民主制の国あるいは立憲君主制から民主制への移行が完了した国では、国を代表する者と政府を代表する者は同一人、すなわち純粋大統領制がとられ、リーダーは一元化されている。これは、民主制の最もすっきりした形態である。

このような文脈でいうと、日本の天皇制は明治憲法では立憲君主制の下での元首であり、戦後の現行憲法では立憲君主制の名残としての「象徴」（なお、政府の見解によれば今も「元首」である）である。そして、国内政府を代表する者が議院内閣制の下での内閣総理大臣であり、この意味でこの制度は二元制の文脈にあるといってよいだろう〔注5〕。

大統領制と議院内閣制

国民主権という大きな歴史の流れからいえば、国民に選ばれていない君主の権限は次第に形骸化していく。すなわち、権力は一元化していくのである。民主制における大統領制と議院内閣制を一元化の中の二つのモデルと理解したい。この二つの制度はどこがちがうのか。その本質は何か。「大統領制と議院内閣制の比較」でみてみよう。

二つは、最も基本的には（1）大統領制は国民が直接大統領を選ぶのに対し、議院内閣制は国民は国会を通して間接的に内閣総理大臣を選ぶ、（2）大統領は行政を代表するのに対し、内閣総理大臣は行政を代表し、国会の多数派から選ばれるという点で国会を支配する、（3）さらに、大統領は原則として任期中地位を失わないのに対し、内閣総理大臣は議会の信任を失うと地位を失う、ということが相違点である。

国民の「首相公選制」という強い要望は、国民の意思が政治に反映されないという弊害をみて、自ら統治する、すなわち自分たちの代表は自分たちで選ぶという、大統領制を志望したのだと理解することができる。しかも、それは歴史の理に適っている。憲法も国民の要請に応えなければならないのである。

大統領制――日本の自治体首長型とアメリカ大統領型

大統領制の導入というと、何か全く未経験の新しい制度を導入すると感じる人がいるかもしれない。しかしそうではなくて、私たちは最も身近なところで大統領制を経験しているのである。知事や市長といった地方政府（自治体）の首長は直接選挙で選ばれるため大統領制といわれている。戦後六〇年間の経験を重ねていくうちに、その功罪もある程度はっきりするようになっている。

「大統領制の導入」という場合、大統領制の典型といわれるアメリカ型と、日本で採用され実験されてきた大統領制とのどちらを採用するべきなのであろうか。双方を比較してみよう。

アメリカでは、大統領は行政を代表するにすぎない。大統領は年頭の予算教書で「希望的方針」を示すが、予算と法案の制定権をもっているのは国会である（なお、大統領には国会で可決した法律を拒否する「拒否権」がある）。この意味では、国会で選ばれるが行政権と立法権を代表し、予算と法案を提出する権限をもっている内閣総理大臣、あるいは市民から直接選ばれ、予算と条例案の提出権をもつ自治体の首長と比べて、その権限ははるかに制約されているということを覚えておきたい。

アメリカの大統領制というと「強い権力」をイメージするが、制度的には日本の総理大臣のほうが、もっといえば日本の自治体の長のほうがはるかに強い権力を持っているのである。

アメリカ型大統領制は、言葉を換えていえば「議会の国」（なお、アメリカ合衆国憲法は第一条「連邦議会」から始まる）の産物なのに対し、日本の内閣総理大臣及び首長は「行政の国」の産物なのだ。日本の中央集権制と官僚の強さの源泉がここにある。

任期をみると、アメリカの大統領制は四年の任期制で、三選が禁止されている。ほとんどの大統領は八年間大統領を継続し、安定した政治を行っている。これに対して、日本では内閣総理大臣は目まぐるしく代わる。そのためか、強いリーダーシップを感じない。一方、自治体の首長は多選が多く、個性的な政治を行う可能性があるのであるが、第六章「地方自治」でみたように、ほとんど国の支配にあるという点で独特な制度となっていた。

大統領制の権力が、内閣総理大臣より強いというイメージは、この「安定性」からもたらされているのかもしれない。

もう一つ、国民の監視という、国民の政治参加あるいは直接民主主義という観点からこの二つの制度を比較すると、次のようになる。

（表 9–2）アメリカ大統領と日本自治体首長の比較

		アメリカ大統領	日本の自治体首長
選出方法	選挙	△　間接選挙（各州が定める方法によって選挙された大統領選挙人による選挙）	○　直接選挙
選出方法	任期	○　4年、3選禁止	△　4年、多選可
権限	行政権	○	○
権限	立法権	×	×
権限	法案（条例案）提出権	△　（法案拒否権のみ）	○
権限	予算案提出権	△　（教書のみ）	○
権限	官吏任免	○	△　（副知事・助役は議会承認）
権限	最高裁長官任免	△　（上院の助言と承認）	–
権限	外国との条約締結権	△　（上院の助言と承認）	–
権限	軍の総指揮権	○	–
市民のコントロール	解職：議会の不信任	×	○
市民のコントロール	解職：解職請求（リコール）	×	○
市民のコントロール	解職：弾劾裁判	○	×
市民のコントロール	監視機関	○　行政監視院（GAO）	○　監査・住民監査請求権
市民のコントロール	情報公開	○	△　（限定的）
市民のコントロール	国民（住民）投票	○　拘束型	△　ごく一部・諮問型条例制定直接請求権

アメリカの大統領は、任期中は罷免、死亡、辞任またはその職務上の権限及び義務の遂行不能がないかぎり、一切その地位を退くことがない。他方、議会や行政監視院、あるいは裁判所によってその行政運用は厳重に監視されている。国民は選挙以外には主として裁判所によって権力をコントロールしていくことが多い。なお、州政府の知事は、イニシアティブとレファレンダムによってコントロールされることは、第二章「直接民主主義の設計」でみた。

これに対し、内閣総理大臣に対しては、議会の不信任権がある。首長に対しては議会の不信任権以外にも、首長解職請求権（リコール）が住民に認められているほか、情報公開、説明責任、あるいはアセスメントなどのコントロールがあり、さらには住民投票が行われていることも前にみた。

総じて、アメリカの大統領制、日本の内閣総理大臣、そして首長について、この観点からみると、制度的にいえば、首長が一番市民のコントロールを受けている、といってよいであろう。「政府機構」に対する直接民主主義の導入という視点から要約すると、内閣総理大臣よりは大統領、アメリカの大統領と日本の首長を比べれば、首長の方が市民の意思がダイレクトに反映するということになる。

大統領制の導入

二一世紀「市民の政府」は、象徴天皇を残しつつも、大統領制の導入を検討すべきである。日本の政府は、（1）事実上、官僚が三権すべての権能を掌握しており、間接民主制も十分に機能していない、（2）立法権、行政権、司法権の三権分立が明確でない、（3）国民が政府の首長を直接選べない、（4）政党間の政権交代がなく、首相はよく交代する、（5）内閣不信任案や衆議院の解散があるため、与野党ともに政策より政局中心の政権運営になりがちだという病気にかかっている。

こうした問題は、現行の議院内閣制や首相制のままでは解決することが難しい。アメリカ型の大統領制がより適合する。これをモデルに、新たな「市民の政府」の「大統領制」を検討してみよう。

・大統領制をとり、立法権、行政権、司法権の三権を分立し、それぞれ市民参加型の自己統治機構とする。

・大統領と副大統領は、国民が直接選挙で選ぶ。

・任期はそれぞれ四年とし、再選は一回のみ認める。（最長八年ということ）

・大統領選挙法及び副大統領選挙法に基づき、半年間かけて選挙を行う。

・行政権は大統領に属する。大統領は行政権の行使について国民に対し責任を負う。

・大統領は補佐官と省庁長官を任免する。これらは国会議員を兼ねることができない。

・大統領は官吏任免権を持つ。

・大統領は自らの政策実行チームを率いて、各分野の専門家を行政組織内に置き実務にあたらせる。

・大統領は国会の承認を得、国際条約を締結する権限を持つ。

・大統領は法案や予算案の提出権は持たない。法案の拒否権、予算教書提出権を持つ。

・大統領は法律を公布し、予算を執行する。

・大統領は、国会と同じく、国民投票付託権を持つ。

・大統領は国民の解職請求（リコール）により、または弾劾され有罪判決を受けた場合に解任される。

・国会に行政監視院と市民府（市民代表のオンブズマン）を置き、行政監視を行う。

〔注1〕「新しい日本をつくる国民会議」（二一世紀臨調、亀井正夫会長）が、二〇〇一年一一月、全国会議員を対象に実施。
〔注2〕「憲法公布五五周年有識者アンケート」。調査対象は、一般有識者七一五人（うち憲法調査会所属の国会議員九五人）、憲法学者二八五人の計一〇〇〇人で、人名録、会員録からの無作為抽出。回収率四一・八％（有識者三二八人、憲法学者九〇人）。調査期間は、二〇〇一年九月末から一〇月中旬。
〔注3〕東大法学部卒、松下政経塾を経て、企業教育研究所を主宰。
〔注4〕これを大統領が任命する場合もある。
〔注5〕なお、以下の文脈に登場する元首、主権、君主制、立憲君主制、共和制、そして民主政治に対する一般的な定義をみると、次のようになっている。
（1）元首とは、「もともと、国家を生命体になぞらえた一九世紀ドイツの国家有機体説で使われた用語である。統治権を総覧し、行政権の首長であり、対外的には国家を代表する君主を国家の頭になぞらえて元首と呼んだものである。現在では、国際社会において共和国の大統領と君主国の君主とに同じ礼遇を与えるために両者を同じく元首と呼ぶことになっている」
（2）主権とは、「（i）その国家自身の意思によるほか、他の意思に支配されない国家統治の権力。国家構成の要素で、最高・独立・絶対の権力。統治権。（ii）国家の政治のあり方を最終的に決める権利」
（3）君主制とは、「世襲の単独の首長により統治される政治形態。君主の専断に委ねられる絶対君主政体と、制度によって制約される制限君主政体、とりわけ憲法の制限下におかれる立憲君主政体とに分れる」
（4）立憲君主制とは、「憲法に従って行われる君主制。原則として君主の権力が議会によって制限を受けるようになっている制度。制限君主制」
（5）共和制とは、「主権が国民にあり、国民の選んだ代表者たちが合議で政治を行い、国民が選挙で元首を選ぶことを原則とする」
（6）民主政治とは、「民主主義に基づく政治。国家の主権が人民にあり、人民の意思に基づいて運用される政治。↑↓独裁政治。（民主主義とは、人民が権力を所有し、権力を自ら行使する立場をいう。古代ギリシアの都市国家に行われたものを初めとし、近世に至って市民革命を起した欧米諸国家に勃興。基本的人権・自由権・平等権あるいは多数決原理・法治主義などがその主たる属性であり、また、その実現が要請される」
〔出典：（1）Microsoft Encarta Encyclopedia 2001、（2）—（6）『広辞苑第四版』（一九九六年、岩波書店）〕

第一〇章　司　法

司法権

国家の「統治機構」をイメージする中で、私たちが最初に思い浮かべるのは、何といっても一番ハードには、軍隊、警察というような防衛・治安組織、次いで狂牛病（ＢＳＥ）やエイズ、あるいは地震といった危機対応、そして許認可、さらには日常的に営まれる教育、清掃、福祉などであり、これらはすべて官僚が運営する。

これに対し、国会は国民を代表してそれら運営の基盤となる法律や予算を審議する機構として設置されているのであるが、行政と比べると、国会、あるいは議員というものに対して国民が接触する機会は極めて限られている。また国会の理解の仕方も、それは官僚のコントロール機関というより、どちらかといえば小泉総理大臣とか田中外務大臣とか、ある特定の政治家の名前や活動を通して認識するという程度のものであり、内閣と官僚、あるいは内閣と国会の関係などについての理解は必ずしも正確ではないといえるだろう。しかし、それでもこの二つはほぼ毎日のように報道されているというようなこともあって、国民にもそれなりに馴染んでいるといってよいだろう。

しかし、もうひとつ三権を構成している「司法＝裁判所」は、多くの国民にとっては無縁だ。裁判所は、事件に対する判決という形をとって国民の前にあらわれる。ハンセン病裁判は大きく取り上げられた。オウム事件の裁判も少年による猟奇的な犯罪もしばしば報道されている。そのかぎりで、国民も裁判に無関心ではないのであるが、それでも全体として裁判所の仕組みがどうなっているか、そのどこに問題があるのか、という点はほとんどわからないというのが実情であろう。

二〇〇一年、行政に対する行政改革、国会に対する政治改革と同じように、司法もまた改革の対象となった。なぜ問題にされ、またそれは国民のニーズを満足させるのであろうか。

司法権の役割

「立法」の章でみたように二〇〇一年五月一一日熊本地方裁判所は「ハンセン病国家賠償訴訟」判決にて、らい予防法について、一九六〇年以降の厚生大臣の隔離政策、及び一九六五年以降に隔離規定を改廃しなかった国会議員の立法上の不作為につき、国家賠償法上の違法性を認めた。小泉首相がどのような判断をくだすか注目されたが、結局国は控訴を断念したため、この判決は確定し、長らく不遇であったハンセン病患者が救済されることとなった。

この一つの国家賠償請求訴訟判決に、司法権が果たした二つの役割をみることができる。一つは被告として賠償責任を負うこととなった行政（厚生大臣の隔離政策）及び立法（国会議員の立法不作為）への統制であり、もう一つは、被害者である市民の権利救済である。

司法権にはその役割として、（1）このような立法権、行政権のチェック、（2）市民の権利保障を行うことをもとめられている。訴訟の形態として、行政事件訴訟、刑事訴訟、民事訴訟があるが、どの訴訟でも（1）と（2）の2つの役割は表裏一体となっているのである。そのような意味で、司法権も私たちの市民社会のなかで、大きな役割を期待されているのである。

違憲法令審査権

まず、（1）の行政権及び立法権の統制からみていくことにしよう。

憲法八一条は「最高裁判所は、一切の法律、命令、規則または処分が憲法に適合するかしないかを決定する権限を有する終審裁判所である」と定め、立法権（法律、命令、規則）と行政権（処分）に対する違憲法令審査権をみとめている。

最高裁判所は戦後、刑法（尊属殺人罪重罰規定）、薬事法（薬局間距離制限規定）、公職選挙法（選挙区議員定数規定）、森林法（共有林分割禁止規定）の四法律を違憲と判断している。まずこれをどうみるかということから始めよう。

国会のつくる法律がすべて憲法に適合し、国民の幸福が考えられているというのなら問題はない。しかし、「立法」の章でみたハンセン病と「らい予防法」だけでなく、自衛隊と「自衛隊法」などおかしなことは山ほどある。公共事業に関する中長期計画を定めた「○○臨時措置法」なども今となってはあまりにも不合理である。そのようなこともあって、下級審はもっと他の法律についても違憲と判断している〔注1〕のであるが、最高裁判所になるとこれら下級審の判決は覆され、いつしか憲法判断ははるか遠くに逃げていってしまっている。こうした裁判所の傾向は、「司法消極主義」といわれるようになった〔注2〕。もちろん、この「司法消極主義」は、もともと裁判所あるいは裁判官というのは保守的なもので、そういう体質から生まれてくるということもある。しかしそれ以上に、それは日本独特の「理論」そのものの結果であった。「司法消極主義」を支えている理論とは、法律はできるだけ合憲として解釈するという合憲限定解釈、国会の内部のことについては口をはさまないという議院の自立性の尊重、そして行政に対しては幅広い自由な裁量権を認めるといった行政裁量などの論理である。極め付きが「統治行為論」であり、これは高度に政治性を有するものは司法判断を行わないというものであった。最も有名なのが、日米安全保障条約の合憲性につき、高度な政治性を持っているとして、憲法判断を回避した例である。

しかし、よく考えてみれば、その法律あるいは処分が「憲法」に適合しているかどうかをみる、ということは大なり小なりすべて政治性を含んでいるのではないか。判決を受ける市民の側からいえば、基地内に立ち入って有罪とされるのも、親を殺して死刑とされるのも同じように、重大で決定的なことである。それが高度であるため司法判断を下さないというのでは、ほとんど憲法判断をしないということと同義であり、せっかくの違憲審査権も絵に描いた餅になるということであろう。

行政事件訴訟

違憲判断と並んで司法消極主義があらわになってくるのが、市民が国や自治体の行政を争う行政訴訟である。これは、市民は裁判所でどの程度官僚をコントロールできるか、という最も根本的、かつ切実なテーマである。

憲法は行政に対して法律に適合する活動をすることを要請している。内閣総理大臣であってもこの制約を超えて権限を行使することは許されない。かつて時の権力者が自分の欲望のままに権力を行使し、自分の権力の維持のために市民の言論を抑え、反対勢力を監獄に投獄してしまうというようなことが歴史上たくさんみられた。「法治主義」はこのような権力の勝手な行動を「法の支配」の理念のもとに統制するものである。これは一方で権力の横暴を防ぐとともに、他方で権利を侵害された市民を救済しようというものであり、その法律として行政事件訴訟法が定められている。しかし日本では、実はこの行政事件訴訟がほとんど機能していない。

まず行政事件訴訟の実態からみてみよう。一九九九年度の行政事件訴訟第一審の新受件数は一七九〇件、既済件数は一九〇七件であった（表10—1）。一九九八年度民事訴訟地裁における第一審の新受件数一五万二六七八件、既済件数一五万六六八三件（表10—2）とくらべ新受件数で八五分の一である。また、諸外国の行政関係事件数（表10—3）とくらべてもたいへんに少数となっている。ドイツでは二〇万件もの行政訴訟が提起されるのに対し、日本はわずか一〇〇分の一にも満たない。そして、原告の勝訴率も大変低い。

なぜ市民は裁判所で勝てないいか。例えば、九州の五木の子守歌で有名な五木村の村民が、自分たちの村を水没させてしまう川辺川ダムについて、建設を中止してもらいたいとして、国土交通大臣を被告にして、ダムの許可の取り消しを求める裁判をしたとしよう。村民がこの裁判で勝訴するためには、いくつもの大変困難な壁を乗り越えてゆかなければならない。

取消判決の壁

（1）行政庁の行為に処分性

行政事件訴訟の壁とは何か。いくつかみていくことにしよう。まず行政処分の取り消しを求めるためには、「取り消しの対象となる行政庁の行為に処分性〔注3〕があること」が必要である。このため、行政の定める「計画」は訴訟の対象にならない。公共事業にいう全国総合開発計画、ダムについて全国的な計画を定めた第九次治水事業五カ年計画などの一六本の長期計画、そして河川法にいう河川整備計画等は、一切争うことができないのである。現代は、計画行政といわれるように、どの分野でも計画花盛りである。川辺川のダムもこの計画に基づいて行われている。市民が公共事業に異議ありとしているのは、端的にいえばまずこの「計画」に対してなのである。

最高裁判所は、都市計画の決定（用途地域の指定など）ないし変更（街路線の変更など）、土地区画整理事業計画、全国新幹線鉄道整備法に基づく工事実施計画の認可、自衛隊演習場内で行われる実弾射撃訓練及びその実施に際し防衛施設局長が行う演習場内への立入禁止措置に処分性を認めていない。これが認められないため、市民は計画段階をすぎて、事業段階で訴訟を提起する他ない。しかし、事業段階になると事業はそのまま進んでしまうため、裁判が間に合わなくなる。

（2）原告の法律上の利益

取消訴訟を提起するためのもう一つの要件として、訴える原告に法律上の利益〔注4〕があることが必要である。法律上の利益とは法の保護する利益とされ、その処分を取り消すことによって直接利益を受けられる人以外は原告と認められない。ダム、道路などの公共事業は、これによって直接影響を受ける人、例えばダムでは水没者、道路では域内に所有権を持っている人など極めて限定した人しか原告になることができず、周辺住民はほとんど排除される。

五木村に限らず、全国どこでもダム等の計画が発表されてから事業に至るまで、およそ数カ年という長い年月を経過している。この間、現地住民に対しては、行政や企業、あるいは町会議員や村会議員といった政治、さらには親戚から隣近所まであらゆる圧力がかけられる。それをはねのけて裁判を

（表10－1）1999年度行政訴訟の新受・既済件数、終局事由の内訳及び取消率（第1審）

（概数）　　（出典：司法制度改革審議会資料）

新受件数	既済件数							取消率 %
		判決による終局				判決以外による終局		
		認容	棄却	却下	その他	取下げ	その他	
1,790	1,907	297	905	272	1	327	105	20.1

取消率とは、判決で終局した事件中、請求が認容され原告が勝訴（一部勝訴も含む）した事件の占める割合をいう。

（表10－2）1998年度民事通常第1審における新受件数・既済件数・未済件数

（出典：司法制度改革審議会資料）

新受件数	既済件数	未済件数
152,678	156,683	105,606

（表10－3）諸外国の行政関係事件数

（出典：司法制度改革審議会資料）

	アメリカ		イギリス	ドイツ			フランス
裁判所の種類	連邦地方裁判所	連邦請求裁判所	高等法院女王座部	行政裁判所	社会裁判所	財政裁判所	行政裁判所
新受件数	34,376 (1999)	1,049 (1999)	4,539 (1998)	201,543 (1998)	260,703 (1997)	73,583 (1998)	106,985 (1997)
既済件数	——	1,025 (1999)	3,799 (1998)	218,272 (1999)	226,433 (1997)	69,458 (1998)	101,456 (1997)

（　）内は年

する。しかも一回や二回ではなく、幾種類もの裁判を行うというのは至難のことだ。そのため多くの場合、全国各地で公共事業反対運動が取り組まれているが、その主力となっているのは、ほとんどが周辺住民であり、肝腎のこの人たちが裁判ができないということになっているのである。

（3）執行不停止の原則・内閣総理大臣の異議

この二つの壁を乗り越えて取消訴訟を提起しても、事業は取消判決が確定するまで止まらない。これを執行不停止の原則という。したがって、裁判中も事業は継続し、長引けば長引くほど原告に不利になる。また特別に裁判所が執行を停止したとしても、内閣総理大臣の異議により執行停止を取り消さざるをえないこともある。

（4）行政の裁量行為

日本では「法治主義」とはいっても、行政に対し大きな「裁量権」を与えている〔注5〕。ダムを認めるか否か、道路を決めるか否か、について、外国では原則としてすべて国会で審議されるほか、直接国民に対しても情報公開、説明責任、アセスメントなど厳格な手続きを守るようになっている。これに違反すると許可処分が取り消される。法律も、例えばアメリカのＮＥＰＡについてみたように、このような裁判所の判例を受けて認可の条件はどんどん厳しくなっている。しかし日本では、認可するか否か、ほぼ行政の自由裁量だ。法治主義にいう法律とは、あえていえば行政にこの自由裁量権を与えるために制定されているといってよいほどだ。裁判所もこの行政裁量を第一義として取消判決をしない。行政の専門性を高く評価し、物事の第一次判断権を行政に置き、司法はそれが誰の目にも明確にわかるほどおかしくないかぎり判断しないという考え方が主流である。

最高裁判所は、内閣総理大臣が行った、原子炉等規正法に基づく原子力発電所の設置許可に対して、付近住民が提起した取消訴訟において、原子力委員会の科学的、専門技術的知見に基づく意見を尊重して行う内閣総理大臣の合理的な判断に専門技術的な裁量をみとめ、取消判決を行わなかった。原子力委員会は、原子力発電推進のための機関であり、その技術的危険性を指摘するとは到底考えられない。したがって、このような解釈論によれば、原子力発電所の設置許可の取り消しを住民が裁判所に求めることは無駄ということになる。

また、先ほどの川辺川のダムについて周辺住民が争った事件でも、住民は「ダムの建設の当否は行政庁の自由裁量に委ねられている」として敗訴した。

（5）事情判決

本案審理の結果、行政庁の行為が違法なものであっても、取消判決をすると公の利益に著しく反するときは取消判決を行わず、請求を棄却することができる。

土地区画整理事業における仮換地指定処分について、処分は違法であるが、面積が大きく、地権者等利害関係人が多数にのぼり、事業がほぼ完成していることなどを理由に取り消さなかった例がある。北海道の苫東開発のために、アイヌの聖地に建設された二風谷のダムも、「違法」だが完成してしまったという理由で退けられた。

また、最高裁判所は、衆議院議員選挙が議員定数の不均衡によりいわゆる一票の格差が大きく生じ憲法一四条の平等原則に違反し違法となった場合において、選挙を無効とすると、無効の選挙で選ばれた議員のなした立法行為も無効となってしまうなどの公の利益に配慮し、この事情判決の法理を援用し、選挙そのものを無効とはしていない。

このように、行政事件訴訟においては行政庁側に有利な要因が多く、それが訴訟を萎縮させてしまっているのである。

特に官僚との全面対決になることの多い公共事業の分野では、今は「裁判所にいっても無駄。金や時間を使うだけ馬鹿らしい」という空気が充満している。

ひ弱な司法権の独立

（1）行政権の最高裁判所裁判官への影響

このような司法権の実態を表わすものとして、もう一つ「司法権の独立」をみておきたい。現行憲法では第七六条に「司法権の独立」を定めているが、これは司法権が、行政や立法をコントロールする、最終的な根拠である。すなわち、裁判官は「その良心に従ひ独立してその職権を行ひ、この憲法及ひ法律にのみ拘束される」（七六条）のである。裁判官は憲法上、自由である。このようなことが定められている職業は他にないだろう。

最高裁判所の裁判官は一五人である。最高裁判所の長官は内閣の指名に基づいて天皇が任命し、その他の最高裁判所裁判官は内閣が任命する（憲法六条、七九条）。最高裁判所裁判官に対する国民審査の制度（憲法七九条）もあるが、有権者が個々の裁判官の当否を選択することは難しく、結局のところ最高裁判所の裁判官は内閣が独占的に選考することとなる。内閣は政治そのものであり、戦後の大半を自民党が与党として、内閣を構成してきた。したがって、裁判官の任命も判決も内閣すなわち自民党よりになるというのも、ある意味で必然であろう。

例えば、公務員の労働基本権の制限に関する最高裁判所の判例で、裁判官の構成が変化したためにそれまでの公務員の労働基本権を重視した判例から、制限した判例に変化したと思われるものがある。

憲法二八条は労働者の争議権を認めているが、国家公務員法、及び地方公務員法では公務員の争議行為を禁止しており、争議をあおる等これに違反した者には刑事罰をもって対処していた。この国家・地方公務員法の合憲性が争われた一九六九年四月二日の都教組事件判決では、最高裁判所は処罰の対象となる争議行為を限定的に解釈した（最大判昭和四四年四月二日判時五五〇—二一）。しかし四年後の一九七三年四月二五日の全農林警職法事件判決では、このような判例を変更し、国家公務員法による労働基本権の一律制限を合憲として、争議行為のすべてを違法とした（最大判昭和四八年四月二五日判時六九九—二二）。この四年の間に一五人中九人の裁判官が入れ替わっていた。

アメリカやヨーロッパでは、戦後何回も政権交代が行われた。政権者が裁判官を指名するような制度となっている国々では、その政権の政策あるいは思想といったものが裁判官の使命を通じて、判決に影響している。もちろん、政治の世界がそのまま司法に持ちこまれるというのは「司法権の独立」を侵害するものとして許されないが、司法も国民主権のコントロールの下にある、というもっと広い意味でいえば、司法に対する政治の的確な反映は、望ましいものともいえよう。日本では、政権交代がないということが司法の消極主義を招いている一因であり、この全農林警職法事件判決は、結論の当否はともかく、判決にも政治が及ぶということを示したという点では教訓的なものであった。

（2）下級裁判所裁判官への統制

司法権の独立のためには個々の「裁判官の独立」が必要である。このために憲法は「司法権の独立」のほか、憲法第七八条にて裁判官の身分保障を、さらには憲法第七九条と第八〇条で報酬が減額されないことまで定めている。「裁判官の独立」とは裁判官は行政権や立法権に影響されないというだけでなく、下級裁判所の裁判官が上級の裁判所に干渉を受けないということでもある。しかし、現実には最高裁判所の意向に逆らうような判決をすると人事上不利益に扱われる傾向がある。

また、下級裁判所の裁判官は、最高裁判所の指名した者の名簿によって内閣が任命するとされている（憲法八〇条）。しかし、一九七一年に一〇年の判事補の任期を終えた宮本康昭は再任願いを提出したが、最高裁判所は名簿に宮本を登載しなかった。青法協という法律家の団体に所属していたためと言われたが、その理由について最高裁判所は人事の秘密を盾に何も述べることはなかった。

最近では、仙台高等裁判所判事寺西和史が盗聴立法に反対する市民の集会において、自分の身分を明かしたうえで「パネリストとして参加する予定であったが、事前に所長から集会に参加すれば懲戒処分もあり得るとの警告を受けたので、パネリストとしての参加を止めた」という旨の発言をしたところ、これが裁判所法の禁じる「積極的に政治運動をすること」に該当するとして、分限裁判で戒告処分にされた。

この事件の当事者であった寺西裁判官は、その著『裁判官を信じるな！』（宝島社文庫）で、「『積極的に政治運動をすること』の定義づけと実際の事例への当てはめについて、これほどちぐはぐな判断をされると、いったいどういう行為が禁止されているのかわからなくなる。裁判官としては、必要以上に政治活動を自主規制せざるをえなくなろう（萎縮効果）。その結果、法律上は『積極的に政治活動すること』が禁止されているにすぎないにもかかわらず、実際上は裁判官の政治的自由がほとんど失われてしまっているのである」と述べている。

その他にドイツの裁判官等と比べると、日本の裁判官は官舎での生活を求められる。あるいは余暇の使い方等についても事実上制約を受けている等、裁判官もその市民的自由は大幅に制限されている。

内閣は、最高裁判所に裁判官の任命を通じて、影響力を行使し、最高裁判所は司法行政を通じて下級裁判所の裁判官に影響力を行使することができる。個々の裁判官は、現場での膨大な事件処理のために、他のことを考える余裕すらなく、毎日毎日ひたすら事件処理に没頭する。「司法権の独立」はかなりのフィクションであるといえよう。

（3）司法制度改革審議会

司法制度改革も政治改革や行政改革と並んで必然となった。司法制度改革審議会は、「二一世紀の我が国社会において司法が果たすべき役割を明らかにし、国民がより利用しやすい司法制度の実現、国民の司法制度への関与、法曹の在り方とその機能の充実強化その他の司法制度の改革と基盤の整備に関し必要な基本的施策について調査審議する」ことを目的として、一九九九年七月、内閣の下に設置され、六〇回を超える会議を開催し二〇〇一年六月一二日最終意見を発表した。この中で「司法の行政に対するチェック機能の強化」が述べられており、「行政事件訴訟法の見直しを含めた行政に対する司法審査の在り方に関して、『法の支配』の基本理念の下に、司法及び行政の役割を見据えた総合的多角的な検討を行う必要がある。政府において、本格的な検討を早急に開始すべきである」とした。そして同委員会は、「原告適格、処分性、訴えの利益、出訴期間などの行政訴訟手続に関する諸課題や行政訴訟に対応するための専門的裁判機関（行政裁判所など）の整備等の行政訴訟の基盤整備上の諸課題」が検討課題とされた。しかし、答申は問題の所在を述べるにとどまり、その先の具体的な改革案を提案することはなかった。そのため、この貴重な指摘も無限に先送りされてしまいそうである。

市民の政府の司法改革

市民は新しい司法を目指さなければならない。大きくいって、その視点は二つである。一つは「裁判の市民化の徹底」、もう一つは「憲法裁判所」である。

裁判の市民化は司法制度改革審議会のいわば目玉商品であり、法曹人口の拡大や、法科大学院の設置による司法試験の改革などとともに、一つ一つの裁判に市民が参加する「陪審制」や「参審制」などが論じられ、まもなくその一部は実現されようとしている。市民の憲法の観点からみて、これらの施策は司法における官僚制を排除して市民化するものとして積極的に推進されるべきだと考えている。しかし、三権分立の一翼を担うものとして最も重要な役割とされている立法と行政のコントロールは先送りされそうである。そこでここではこの問題について、具体的な改革案を提示していくことにしよう。

市民が日常的なレベルで行政による人権の侵害、あるいはダムや干拓など環境破壊や不当な支出について、チェックできるようにするためには、とりあえず現在の行政事件訴訟法のあり方を抜本的に改革しなければならない。

現在の行政事件訴訟法の、原告適格、訴えの利益、行政裁量などといった先ほどのバリケードをはずしたり、低くしたりしなければならない。

現在の行政手続きと訴訟に関する法律は、行政手続法、行政不服審査法、行政事件訴訟法などとして細分化されている。したがって、これを刑事事件に対する刑事訴訟法、民事事件に対する民事訴訟法と同じように行政事件に対する行政訴訟法として一体化する。

行政は行政法（なお、このような単独の法律は存在しない。行政法とは個別行政全体に共通する概念と論理を講学上学問化したものである）という一般法で行われるのではなく、道路法、建築基準法、医療法などなど、数百を超えるといわれる個別行政法によって行われている。その内部をみると、道路法や河川法では情報公開や参加などの規定がバラバラになっている。したがって、これら個別行政法に共通する一般的な行政法が制定されなければならない。新しい行政法には「法の適正手続」（デュープロセス）、情報公開、説明責任、公聴会などの参加プロセス、あるいはアセスメント、政策評価などの手続きが定められる。こうしてジャングルのような個別行政は行政法と行政訴訟法という形で整理される。

現代行政はダムの当否、あるいは薬の認可などをみればわかるように、きわめて専門的で技術的なものとなった。したがって、この違法性や不当性を判断するのに、裁く側にも高度な学問と知識あるいは審理方法が必要になる。

大学法学教育は、いわゆる憲法、民法、刑法といった「六法」が中心になっていて、司法試験もこれに沿って行われている。したがって、司法試験に合格して裁判官になった者も、ダムや薬などに関する知識はほとんどもっていない。現在のままでは、高度に個別的な知識を必要とする裁判は困難であるが、そのために、この新しい行政法と行政訴訟法により、専門的な裁判を行う「行政裁判所」を構想すべきであろう。そしてこれは単に専門的な裁判所というだけでなく、日本官僚制の最大の特色であった「無責任」という構図を打破するという裁判の市民化のために不可欠なのである。

また、絶えず専門的な裁判所が行政をチェックするという状況になれば、おのずと司法消極主義も克服されるだろう。

司法消極主義は憲法訴訟に典型的にあらわれている。憲法訴訟には、大きくいって二つの意義がある。一つは、現実の行政、市民社会の出来事、そして立法などがそれぞれ憲法に違反していないかどうか判断するということである。行政の不公平な処分、会社による男女差別、マスコミによるプライバシー侵害、人間として生きていくことのできないような低い社会保障、あるいは有権者の一票に不当な格差を設けている選挙法など、憲法違反的現象は山ほどあり、今後もこれらはますます増加するであろう。これは、現実社会に憲法を適用するという問題である。

もう一つ、これとは反対に現実社会が憲法を破ろうとする場合に、裁判所が憲法の擁護者にならなければならないということである。民主主義社会とはある意味で多数決、すなわち数の社会である。数さえあれば、右にみたような不公平な処分、男女差別、プライバシー侵害などすべてを、それが個々の事件として発生しているにとどまらず、合法化することができる。特に、本書で想定しているような社会では、議会で法律や条例をつくってそれら憲法違反現象を合法化するというだけでなく、「国民投票」によって、それら法律案に対して正当性を付与することができる。それが、憲法が持っている価値原理を生き生きさせる場合はもちろん、推奨されるべきものだが、ワイマール憲法という、当時最も開明的であった憲法の下で、これと正反対の価値原理を掲げるヒトラーのナチズムが多数決という数の論理によって、次々と憲法に違反する法律を制定し、ついには憲法それ自体を食い破ってしまうということもありうるのである。

これを防ぐ方法はただ一つ、憲法で定めた各種の基本的人権、あるいは平和主義などは、人類普遍の原理として、裁判所によって守られるべきものだと確認しておかなければならないのである。国民主権によるものではあっても、ここに多数決の限界がある。

そして何がこのような普遍原理の侵害になるかという判断は、通常の裁判所ではなく「憲法裁判所」で審査されるべきだということである。そのことによってはじめて、憲法裁判所は文字どおり憲法の番人になるのである。

〔注1〕代表的なものとして、公職選挙法の戸別訪問禁止規定に対する地裁及び高裁での違憲判決があげられる。（松江地出雲支判昭和五四年一月二四日判時九二三―一四一、及び広島高松江支判昭和五五年四月二八日判時九六四―一三四）これに対する上告審で、最高裁は一転合憲と判断した。

〔注2〕一九五九年一二月一六日、砂川事件の判決で最高裁判所は日米安全保障条約の合憲性について、「日米安全保障条約は、主権国としてのわが国の存立の基礎に極めて重大な関係を持つ高度の政治性を有するものというべきであって、その内容が違憲なりや否やの法的判断は、その条約を締結した内閣及びこれを承認した国会の高度の政治的ないし自由裁量的判断と表裏をなす点がすくなくない。それ故、右違憲なりや否やの法的判断は、純司法的機能をその使命とする司法裁判所の審査には、原則としてなじまない性質のものであり、従って、一見極めて明白に違憲無効であると認められないかぎりは、裁判所の司法審査権の範囲外のものであって、それは第一次的には、右条約の締結権を有する内閣及びこれに対して承認権を有する国会の判断に従うべく、終局的には、主権を有する国民の政治的批判に委ねられるべきものであると解するを相当とする」と、いわゆる統治行為論を判示し、合憲・違憲の判断を回避した。（最大判昭和三四年一二月一六日判時二〇八―一〇）

〔注3〕行政事件訴訟法第三条第二項において「この法律において『処分の取消しの訴え』とは、行政庁の処分その他公権力の行使に当たる行為の取消しを求める訴訟をいう」とあり、最高裁判所はこの処分の解釈を「行政庁の法令に基づく行為のすべてを意味するものではなく、公権力の主体たる国または公共団体が行う行為のうち、その行為によって、直接国民の権利義務を形成しまたはその範囲を確定することが法律上認められているもの」（最一小判昭和三九年一〇月二九

日判時三九五―二〇）としている。
下級裁判所においては、都市計画法に基づく準工業地域指定処分、都市再開発による第一種市街地再開発事業計画決定の公告に処分性を認めている。

〔注4〕行政事件訴訟法第九条において「処分の取消しの訴え及び裁決の取消しの訴えは、当該処分または裁決の取消しを求めるにつき法律上の利益を有する者にかぎり、提起することができる」とあり、原告に「法律上の利益」を求めている。最高裁判所はこの法律上の利益とは「行政法規が私人等権利主体の個人的利益を保護することを目的として行政権の行使に制約を課していることにより保障されている利益」（最三小判昭和五三年三月一四日判時八八〇―三。当判例は行政法規上の不服申立てについての法律上の利益について述べたものであるが、行政事件訴訟法上の法律上の利益も同様であると解されている）とする。

〔注5〕行政事件訴訟法第三〇条には「行政庁の裁量処分については、裁量権の範囲をこえまたはその濫用があった場合にかぎり、裁判所は、その処分を取り消すことができる」とある。

第一一章　憲法裁判所

憲法裁判所とは、「憲法裁判」だけを行う専門的な裁判所であり、日本では未だ存在したことがないが、外国では活用されている。そこでここではまず、外国でなぜ憲法裁判所が設置されているか、ということから考えていくことにしよう。

外国の「憲法裁判所」

「憲法裁判」は、日本だけでなく世界中で、いわば「司法」のレーゾンデートルとして認知されている。しかし、この審査の方法には二つの種類があった。

一つは、日本、アメリカ、カナダ等で採用されている方法で、実際に具体的な事件をめぐって民事・刑事・行政などの訴訟が提起され、この解決にあたって憲法判断が必要だと考えられた時にのみ判断するのである。これは付随的違憲審査権と呼ばれる。アメリカがこの制度の典型であるが、それには歴史的背景があった。第一は、アメリカは「判例法の国」であり、このルールのなかで憲法問題を考えるというのである。特に、一九五三年から一九六九年のいわゆる「ウォーレン・コート」は、社会的弱者や人種不平等を解決するため、積極的に違憲審査権を行使した。アメリカではその中から最高裁判所を信じ、訴訟を通じて社会を改革しようとする「リーガル・リベラリズム」が生まれている。

第二に、議会が日本とは比べものにならないほど強い力をもち、法律や予算に対してかなりの程度市民の意思を反映させることができる。あるいはまた、周知のように、大統領選挙で政権交代を実現させることによって政策を変えることもできる。つまり、憲法問題の多くは議会や大統領の選挙によって解決できるので、そう多くを裁判所に期待しなくてもよい。事件ごとに裁判所で判断させるという方法でも大きな支障はない、と考えられているのである。

もう一つの方法は、これとは全く別に、具体的な事件とは関係なく合憲性を審査する、抽象的違憲審査権を与えるというものである。これは、オーストリア、ドイツ、イタリア、フランスなどヨーロッパの国々にみられるもので、これが「憲法裁判所」である。直接のきっかけとなったのは、第一次世界大戦の動乱を経て、一九三三年の、先に見たようなワイマール憲法の下でのヒトラー政権誕生である。

そこでは「議会は悪をなしうる」という経験があり、これがヨーロッパでの「憲法裁判所」を生み出し、さらに一九九〇年以降の、いわゆる東欧革命にひきつがれた。東欧革命を経た東ヨーロッパの国々は、「法治国家の再建」という理由から、次々と憲法裁判所を設置している。

その背景として、アメリカの議会や大統領制とは異なるシステムというものもみておく必要があるだろう。ヨーロッパ諸国では、多くの国が「議院内閣制」を採用していて、行政権は議会を圧倒している。違憲審査制とは、もともと選挙という民主的基盤を持たない裁判所が、国民によって選挙された議会の判断を無効にするという制度である。これは、民主的正統性の観点から問題がないわけではない。しかし、これが「違憲審査革命」と呼ばれるほどグローバル化した背景には、強力な行政権に対していかに市民の人権を保障するか、という観点からの司法への期待があったからである。この典型がドイツの憲法裁判所であり、行政に対する議会のチェックの低下の埋め合わせをしているといわれている。

憲法裁判所のイメージ

私たちは今回、憲法改正を提示するに当たって、国民主権を具体化する「直接民主主義」を原理論として二一世紀憲法の根底に置いた。それはこれまでみてきたように、「人権論」の再構成を促し、それと連動する形で、いわゆる「統治機構」のこれまた全面的再構成として理論化され、かついくつかの具体的な制度提案となった。

すなわち、「国会」については間接民主主義と直接民主主義の関係を「補完関係」から「選択制」に変えること、行政についてはこれまでの「議院内閣制」を廃止して「大統領制」を採用することである。そして「司法」においても、これと同じように直接民主主義を発展させるものとしての「憲法裁判所」を提案したいのである。

（1）「市民の政府」では、政治はきわめて活性化する。市民と政府は、中央、地方を問わず、選挙だけでなく、「住民投票」等を媒介にして絶えず緊張関係におかれる。中央政府と地方政府の関係も、各々の役割が明確にされ、それぞれの自立が強調されるようになる。そしてその分だけ、互いの調整や同意の必要性も浮き彫りになってくる。

（2）政府内部の緊張関係も、はるかに強まってくる。大統領と国会多数派が一体となった場合、大統領は国民のテストを受けているという意味で、今の議院内閣制を上回る絶対的な権力が創出される。しかし、大統領と国会多数派が異なってしまった場合には、その対立は議院内閣制の下ではほとんど想定されていないようなものになるだろう。アメリカと同じような制度なら、大統領側が期待する法案や予算は通らなくなる。また、日本の自治体と同じような大統領制が創設されるなら、大統領不信任案と議会の解散権が対立するようになるかもしれない。あるいは、アメリカの共和党と民主党のように、日本でも政党間の意見の対立は少なくなり、政党の枠組みを超えていろいろな組み合わせが生まれ、政治は予測不可能な混沌とした状況になり、国民投票が多用されるようになるかもしれない。

このような状況になると、裁判所の役割は、もはや事件の解決にとどまることができない。法律と住民投票の関係、中央政府と地方政府の係争、さらには大統領と国会との対立抗争などについて、憲法に基づくルールを創り、与えなければならないのである。

対立の構図

（1）大統領対議会

市民の政府では、大統領と議会はともに選挙で選ばれ、それぞれに民主的正統性を有するが、その憲法解釈が正反対になることは十分にありえる。これは、議院内閣制ではあまり見られない問題である。このどちらの解釈が正しいか、これを判断するのが憲法裁判所である。

また、これを含めて、法律一般も個別事件も最終的に住民投票で決着をつけられる可能性がある。しかし、この国民投票で多数決の原理になじまない少数者の権利や人権が侵害されるような場合には、憲法裁判所が審査する。

(2) 与党対野党

ヨーロッパ大陸型議院内閣制では議会多数派が内閣をつくる。その結果、行政府の対議会責任は実質的に消滅してしまう。

大統領が議会多数派と同一会派から選出される場合には、議院内閣制と同様に権力を無制限に行使しうる体制となり、暴走する可能性が出てくる。したがって、多数派と向きあう少数派の保護が必要である。また、安定した憲法解釈は、政権交代に伴う混乱を最小限度に抑えることができる。行政暴走を止め、少数派の保護等の役割を憲法裁判所が担う。

(3) 中央政府と地方政府

中央集権体制では、法的優越性に支えられた国の指示、監督のもとに自治体が実務を行うことから、国と自治体間の紛争については、第一次的に国が判断する。しかし、市民の政府においては、分権化が徹底され国と自治体が対等の政府となる。この政府同士が権限や法解釈などで紛争を生じたとき、最終的には憲法裁判所が判断する。

(4) 市民対議会、大統領、自治体、裁判所

市民は、法律、行政行為あるいは裁判所の判決が憲法に違反する、憲法に認められた人権を制限すると考えるときには、それを憲法裁判所で争うことができる。

これがさしあたり憲法裁判所の権限と役割である。

憲法裁判所の裁判官

(1) 裁判官の人数

憲法裁判所を構成する裁判官は、ヨーロッパ二二カ国では、七名から一六名である。日本で憲法判断をする最高裁大法廷が一五名であり、最も憲法裁判が活性化しているドイツが一六名である。フランスを除いて人口の多い国は一二名から一六名であることから、一五名程度が妥当と思われる。

(2) 裁判官の選出方法

ドイツの憲法裁判所がうまく機能している要因の一つは、有能な憲法学者が憲法裁判所裁判官に選ばれる点があげられる。当然のことだが、優れた憲法判断を期待するなら、優れた人材を憲法裁判所裁判官に登用しなくてはならない。

日本で憲法裁判所を導入したとき、現在のシステムでの裁判官の選任が中心になると、現状追認型の消極的な判断がなされる可能性が高く、優れた憲法判断を期待するのは難しい。

主な国の選出方法は、その歴史的、制度的背景によってさまざまであるが、どの国も議会が関与するという共通点をもつ。市民の多様な考え方が反映される議会が憲法裁判所の裁判官選出に重要な役割を果たすのは、当然であり、先にみたようにアメリカでも最高裁の裁判官は議会の承認事項となっている。

市民の政府における憲法裁判所の裁判官の選出は、以下の方法によって行われる。

1 中立な第三者機関が裁判官候補者を推薦し、推薦名簿を公表する。

2 推薦された人物について国会が審査し、特別多数決によって裁判官を選出する。単純過半数でなく、特別多数決にするのは、ドイツ、イタリアなどがそうであるが、多数党が簡単には裁判官選出権をもてないようにするためである。

3　国会によって選出された裁判官は、大統領によって任命される。これは、儀礼的なもので大統領に拒否権はない。国民に選ばれた大統領が任命することで、形式的な正統性を確保する。

4　さらに、裁判官は最も近い国政選挙で国民審査を受ける。国会での審査を通じて、裁判官についての情報が国民に提供されていることから、仮に多数党が自党に有利なように強引な選出を行った場合に、ここで拒否される可能性がある。国民審査をパスした場合に、裁判官は実質的な民主的正統性を得る。

（3）憲法裁判所の審理

ヨーロッパの憲法裁判所は一審であり、手続きは書面及び口頭で行われるのが原則である。これをドイツを例にとってみてみよう。

ドイツの憲法裁判所は次の三つに分類される。

1　具体的規範統制

日本で一般的に採用されている方法であり、通常の民事・刑事・行政などの個別事件を通しながら、その事件を解決する上で、その前提となっている法律あるいはその法律の下で行われる処分が、果たして憲法に適合するか否かを判断するというものである。「尊属重罰規定の違憲判断」、あるいは下級審の「器物損壊と自衛隊法の違憲判決」などは、実際の殺人事件あるいは器物損壊などの事件を通しながら憲法判断を行ったものである。

2　抽象的規範統制

これは、行政府や議員のある一定数の申し立てに基づいて、具体的な紛争が生じる以前に、その法律が公布される段階で、裁判所にその法律の憲法適合性の審査を求めるというものである。日本でも、かつて当時の社会党が、できたばかりの「自衛隊法」をめぐってこのような訴訟を提起したことがあった。しかし、このような訴訟形態について、最高裁判所が「司法権が発動するためには具体的な争訟事件が提起されることを必要とする。わが裁判所は具体的な争訟事件が提起されないのに将来を予想して憲法及びその他の法律命令等の解釈に対し存在する疑義論争に関し抽象的な判断を下すごとき権限を行ないうるものではない」（警察予備隊違憲訴訟、最大判昭和二七年一〇月八日民集六―九―七八三）として以来、認められていない。

3　憲法異議

これは、憲法に認められた人権が法律あるいは行政長の処分によって制限されると考えられるようなときに、市民が提訴権者となって、その憲法適合性を裁判所で争うというものであり、ドイツをみると、「憲法裁判所」に対する申し立て件数一二万件のうち、実に九六％がこの申し立てであるという。日本では、このような制度も認められていない。

私たちが「憲法裁判所」という場合には、このうち「2」の抽象的規範統制と「3」の憲法異議訴訟をイメージしている。

憲法裁判所の審理は極めてスピーディに行われるが、多くの場合、事実認定の争いではなく論理的に合憲性を争うので、これまでの判例の蓄積が有効になるからである。このため、一審制に対する批判はほとんど聞かれない。むしろ、憲法裁判は迅速な一審制にその特徴があり、その長所を生かす形で運用されている。

下級審の画期的な判決を、最高裁がくつがえすという歴史が長く続いた日本にあっても、いたずらに審議を長引かせる三審制よりも一審制のほうがより適しているとみるべきであろう。

（4）任期

裁判官が政治的に任用されることを積極的に評価するならば大統領の任期に準じて考えるべきであるが、憲法裁判所には政治の変動に対してより長期的に公正・中立な立場から審判を下す役割が求められる。現在の裁判官構成の硬直化を打破しつつ、政治的任用を一定程度で取り入れるためには、一〇年程度とすることが妥当であろう。

第一二章　財　政

財政への疑問

日本の国家にとって、「財政」は致命傷になりつつある。長期債務残高が国と自治体と合わせて六六六兆円。二〇〇二年には、これが七〇〇兆円になると見込まれる。小泉内閣がどんなに頑張ってみても、今後相当の長期間にわたって三〇兆円以上の国債を発行しなければならない。そもそも国は五〇兆円程度の税収しかないのに八〇兆円を超える歳出を行っているし、また自治体も自主財源は三、四割しかなく、六、七割は国に依存または借金である。これ自体が極めて歪んでいた。さらに小泉内閣による「聖域なき構造改革」による「民営化」の過程で、道路公団や住宅金融公庫など三〇〇兆円を超えるといわれる「隠れ借金」がどんどん暴きだされてきた。

この絶望的な過重・多重債務こそ、現在不況と将来不安の元凶といってよいのである。

なるほど憲法をみてみると、「財政」については多くの条文が割かれ、これだけをみると万全のようにもみえる。しかし、この現実との落差をみると、憲法はいかにも虚しいということがわかるだろう。

端的にいって、市民の憲法の問題意識は、なぜこのような巨大債務が発生したか、それはどうやったらコントロールできるか、ということである。

それにしても、財政はわからない。いったいどうなっているのか、といったことから始めよう。

財政がわかりにくいのはなぜか？

（1）財政錯覚――国の財政は迷宮
財政がわかりにくい最大の理由は、市民と財政との間にとてつもなく大きな距離があるということである。日本では中央集権的なシステムによって財政も密室で決められる。

財政錯覚という言葉がある。納税という負担と政府サービスという受益の対応関係が断ちきられることによって、コスト感覚を見失い政府サービスが安価で得られるものと勘違いしてしまうことである。財政錯覚は財政のキーワードだ。

国の財政は規模が大きく、市民の意見は届かない。例えば、人口一〇万人の自治体と、人口一・二億人の国を比べると、一人の意見が全体に占める割合は、一〇万分の一、一・二億分の一ということになる。国と比べると、まだ自治体の方が、市民の声を反映しながら予算を効率的に使うことができ、市民の監視も届きやすい。自治体の食糧費やカラ出張の不祥事は早い時期から明らかになったが、外務省の不祥事は最近になってやっと報道されるようになったというのがその端的な例である。

次の問題は、財政規模が大きいというだけでなく、複雑だということだ。ギリシア神話のクレタの迷宮には、牛頭人身の怪物ミノタウロスが閉じ込められていたそうであるが、国の財政はこの迷宮である。

国の財政には、予算がある。国民の感覚でいうと、財政とは予算のことであり、その規模はおおよそ八〇兆円程度のものだと思っている。しかし、実際は全く違う。それとは別に、またそれをはるかにしのぐ、先に「行政」の章で少しふれたように、特別会計、財政投融資、そして特殊法人といったものがある。

特別会計とは、国が特定の事業を営む場合や特定の歳入をもって特定の支出に充てる必要があるという名目で設けられた、一般会計とは別の財布だ。

さらに、細かくいうと政府関係機関予算というものが七兆円あまりあり、この一般会計、特別会計そして政府関係予算の間で相互に財政資金のやり取りをしている。

この特別会計については、隠れ借金が行われるということをみておきたい。例えば、自治体の重要な財源である地方交付税に関して隠れ借金が行われている。交付税特別会計には国の一般会計から地方交付税交付金として所得税・法人税・酒税・消費税・たばこ税の一定割合が繰り入れられ、その後自治体向けに支出されるが、慢性的な資金不足が続いていた。そのため財政投融資資金などからの借り入れが重ねられ、その結果、借入金残高が約四二兆円にもなった。生活実感のないまま、机上の数字合わせによって借金が積み重ねられていくのだ。

財政投融資は、税金のような無償資金ではなく、郵便貯金や簡易保険などを原資にして特殊法人などに貸し付ける仕組みである。例えば、財投債というかたちで集められた財政投融資資金が、住宅金融公庫などにまわり、これを国民が住宅ローンなどとして借り入れるのである。国が銀行業務をやっていると思えばよい。財政投融資の年次計画が財政投融資計画であり、その規模は三〇兆円を超える。

日本のＯＤＡ（政府開発援助）は、世界一である。それを支えているのが財政投融資であり、国際協力銀行を通じて財政融資資金が流れていくのである。財政投融資はもう一つの国家予算といわれてている。

特殊法人は道路公団や石油公団などのことで、小泉内閣の構造改革のターゲットになったこともあって、最近にわかに注目を浴びるようになった。特殊法人は、政府の行うべき仕事を効率化しようとつくられたものである。しかし、実際は、非効率・民業圧迫・官僚の天下り先として利権化につながっているものが多いし、国から多額の税金がつぎ込まれているが、これもブラック・ボックスとなっている。ここにも多額の隠れ借金がある。これに対しては各省庁が必死になって抵抗している。

（2）難解な専門用語

財政は、難解な専門用語でカモフラージュされる。需用費、繰越明許費、債務負担行為、出納整理期間、物件費など。また、民間企業では当たり前の複式簿記・発生主義会計ではなくて、単式簿記で現金の出入りの時点を取引の時点ととらえる現金主義会計が採用されている。しかも、税法それ自体が膨大で、しばしば改正される。

（3）中央集権型官治財政システム——財政の実質的決定者は官僚

さらにいうと、財政の決め方もこれまたわからない。一般的にいえば、予算、つまり国民の税金の使い道こそ、国民の代表である国会の専権事項であり、国会とはこの税金の使い道を国民の前に開示し、公平、透明、健全にするためにあると考えられてきた。しかし「行政」の章でみたように、法律だけでなく、この予算についても国会は全くの無力そのものといってよい。予算は官僚がつくり、かつそれで終了なのである。予算は財務省主計局を中心に編成される。財務省は予算編成権だけでなく、各省庁の人事、組織、定員までも、その影響下に置いている〔注1〕。

財政の実質的決定者をくわしくみてみると、国の財政についての歳入・歳出規模と税率の設定は、財務省と与党が、歳出内容は、各省庁と与党が決めている。他方、自治体の財政についても、歳入・歳出規模は総務省と財務省が、税率の設定は総務省が、歳出内容は自治体（首長）と国の省庁が決定しているのだ。

財務省が中心になったシステムは、官僚と政治家、業界の持たれ合い、自治体の国への依存構造をつくっている。

借金（財政赤字）の問題点はなにか？

（1）どのくらいの借金があるのか――世界一の借金財政

二〇〇一年度末で、国と地方の長期累積債務は、それぞれ五〇六兆円、一八八兆円であり、重複分を除いた合計は六六六兆円程度になる。一九九一年度末には二七八兆円程度であったが、わずか一〇年間で三八八兆円ほど増加して約二・四倍に膨れ上がった。人口一人当たりに置き換えると、約五二四万円程度になる。「国及び地方の債務残高」にみられるように、日本の借金は対GDP一三〇・五％となっていて、イタリアの一〇七・三％を上回る。アメリカ、ドイツなどの約三倍となっている（図12―1）。これは史上最悪の事態だ。

EUの通貨統合を行おうとするマーストリヒト条約では、財政赤字を対GDP比三％、政府債務残高の対GDP比六〇％を超えないことが通貨統合に加わる条件とされている。この点、日本は、二〇〇一年に、それぞれ六・四％、一一八・六％と大きく上回った〔注2〕。つまりEU加盟一五カ国以下というのが現実なのである。ムーディーズなど世界の格付け機関が日本の国債の評価をどんどん下げているのは、ごく当然といえよう。「表12―1」のように、二〇〇一年一二月のムーディーズの評価では、スペイン、ポルトガルよりも下である。

（2）借金の問題点は

では、借金（財政赤字）のどこが悪いのか。個人であれば借金の意味がすぐわかる。企業も自治体もすぐわかる。それは一定以上を超えると「倒産」（つまり死亡）する。しかし国には今のところ、このように倒産という概念はない。そこから、いくらでも借金ができるといった幻想が生まれるが、やはりそこには「限界」があった。

第一に、財政赤字は財政硬直化の原因になる。財政硬直化とは、借金の返済金などの義務的に支払わなければならない経費ばかりに公金が使われて、教育、福祉、ごみ処理、道路建設などの政策が実施できなくなるということである。財政の硬直化により今後さらに進む少子高齢社会に対応するための福祉の充実も困難になってしまい、それが老後の不安を高める。

第二に、子どもたち将来世代に負担を残すという世代間の問題がある。現在整備される学校や道路などは、将来世代も利用する。そこで、こうした建設のために返済期間の長い借金（建設公債）が使われる。ところが、コンクリートでつくられた建造物は実際には寿命が短く、ダムや道路、そして箱物などが壊されたあとも将来世代は返済を続けなければならない。

第三に、財政赤字の多くは国債の発行によって行われているが、金融市場の資金が国債の購入に偏ると、本来は民間企業にまわるべき資金が減少し民間投資が抑制される状況（クラウディング・アウト）を生じる。

第四に、返済が多額になると、政府が借金を返済できる限界を超え、結局は返済されなくなる（債

（図 12－1） 主要各国における長期累積債務（借金）の対GDP比

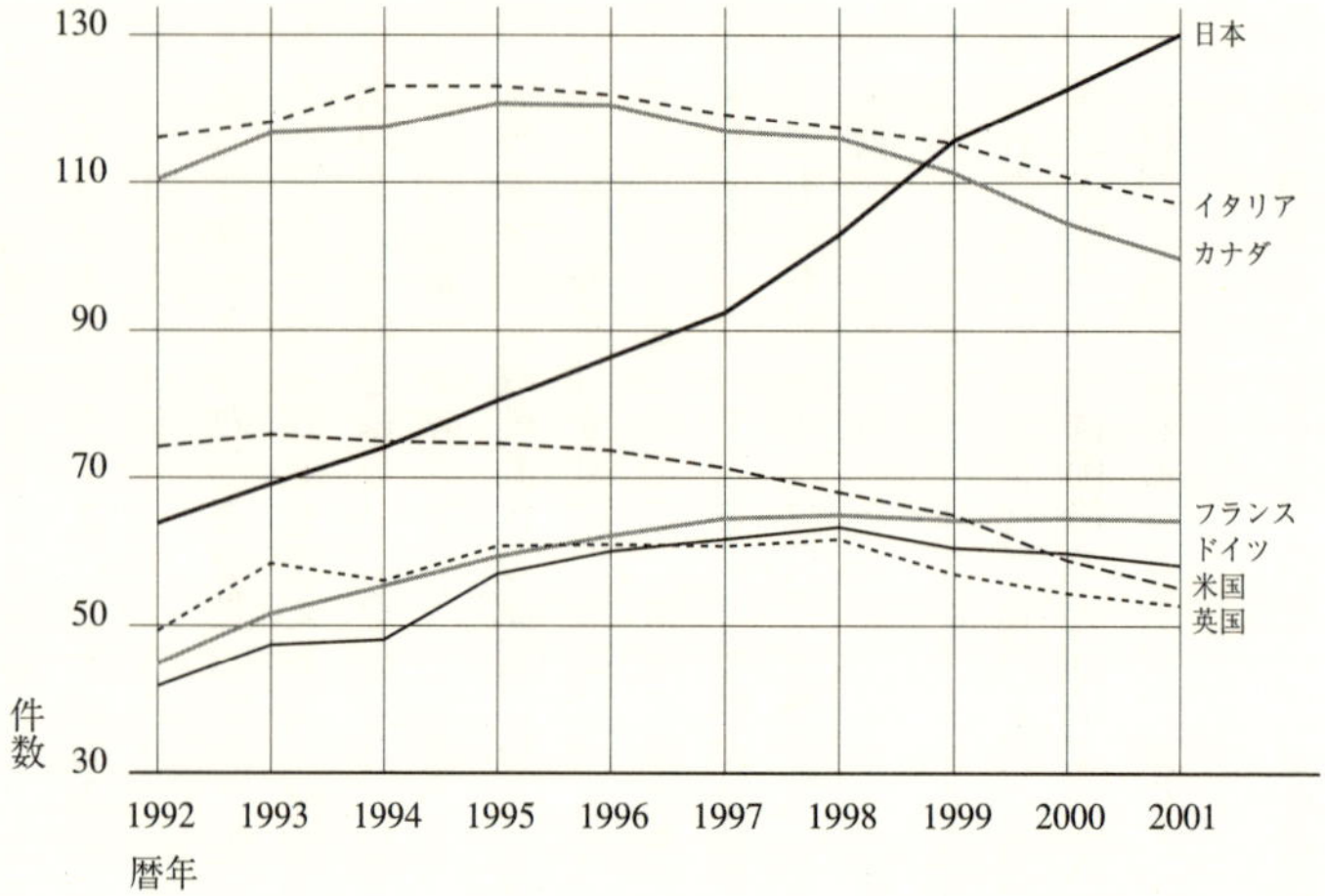

（表 12－1） 主要国の国債格付け一覧　2001年12月14日現在

ムーディーズ	S＆P	国名
Aaa	AAA	スイス、ドイツ、オランダ、ルクセンブルク、フランス、アメリカ、イギリス、ノルウェー、デンマーク、オーストリア、アイルランド、スウェーデン、オーストラリア、ニュージーランド
Aaa	AA＋	フィンランド、アイスランド
Aa1	AA＋	カナダ、ベルギー
Aa2	AA＋	スペイン
Aa2	AA	ポルトガル
Aa3	AA	イタリア、日本
A1	A＋	ハンガリー
A2	A	ギリシア

出所：ムーディーズ・インベスターズ・サービス、S＆P

務不履行、デフォルト。現在のアルゼンチンの状態）のではないかという懸念が生じる。その結果、金利が上昇し国債が格下げされる。発行利回りが高くなって借金返済のための国債費が膨張し、新規の国債発行収入がすべて国債費に吸い取られてしまう可能性がある〔注3〕。

（3）低い国民負担率——借金による政府サービス

「図12—2」は、国民負担率の内訳の国際比較である。国民所得に対する租税（日本の場合、国税と地方税）負担と社会保障負担の割合の合計を国民負担率といい、日本は三六・九％であり、主要先進諸国と比べると最も低い水準にある。この表で、〇・〇％の下にはみ出した部分は、財政赤字によって政府サービスをまかなっている分を示している。八・四％という数字は他の先進国に比較して高く、財政赤字（借金）によって政府サービスの多くがまかなわれていることがわかる〔注4〕。

つまり、現役世代自らが受けている政府サービス（受益）に応じた税金の支払いをしないで、財政赤字という形でその負担を将来世代へ先送りしているということがわかる。アメリカなどと比べて、これも突出している。「子孫のために美田を買わず」という言葉があるが、美田を残すどころか親が放蕩して子孫に借金をつけまわしているというのが現在の日本の姿なのである。

なぜ借金が増えたのか？

（1）経済対策としての公共投資——景気対策という美名

なぜ日本はこのような巨大な借金をしてしまったのであろうか。第一の理由は公共投資である。一九九一年ころから、バブル経済が崩壊してだんだん景気が悪くなっていった。日銀は公定歩合を一九九一年七月以降七次にわたって引き下げ、一九九三年九月には一・七五％の水準になった。政府は、

（図 12－2） 国民負担率の内訳の国際比較

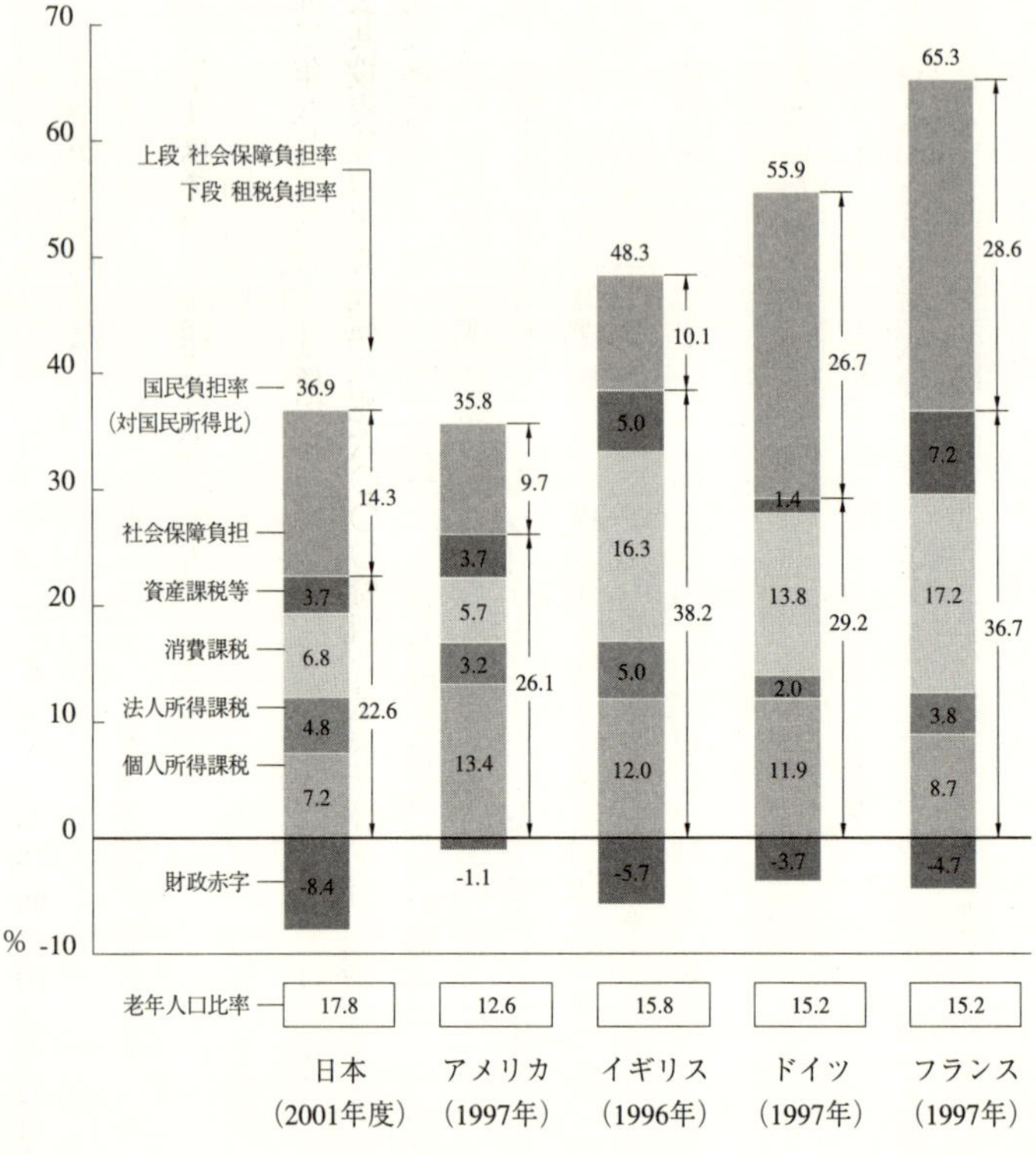

「総合経済対策」（一九九二年八月）をはじめとして、七三・四兆円にものぼる経済対策を繰り返す。こうして借金が増え続けた。

一九九二年度以降の主な経済対策〔注5〕

一九九二年八月二八日　宮沢喜一　「総合経済対策」
　公共投資等の事業規模八兆六〇〇〇億円の拡大
一九九三年四月一三日　宮沢喜一　「総合的な経済対策の推進について」
　公共投資等の事業規模一〇兆六二〇〇億円の拡大
一九九三年九月一六日　細川護熙　「緊急経済対策」
　生活者・消費者の視点に立った社会資本整備の推進（事業費約一兆円の追加）
一九九四年二月八日　細川護熙　「総合経済対策」
　公共投資等の事業規模七兆二〇〇〇億円の拡大
一九九五年九月二〇日　村山富市　「経済対策――景気回復を確実にするために――」
　公共投資等の事業規模一二兆八一〇〇億円の拡大
一九九八年四月二四日　橋本龍太郎　「総合経済対策」
　社会資本整備の事業規模七兆七〇〇〇億円
一九九八年一一月一六日　小渕恵三　「緊急経済対策」
　信用収縮対策の推進（事業規模五兆九〇〇〇億円の追加）、社会資本整備の事業規模八兆一〇

〇〇億円の拡大
一九九九年一一月一一日　小渕恵三　「経済新生対策」
社会資本整備の事業規模六兆八〇〇〇億円
二〇〇〇年一〇月一九日　森喜朗　「日本新生のための新発展政策」
社会資本整備の事業規模四兆七〇〇〇億円

しかし、景気対策という美名のもとで行われたこのような公共投資はほとんど景気回復につながらなかった。

（2）社会保障の経費の増加――少子高齢社会の脅威

財政赤字が増えた第二の理由は、社会保障の経費の増加である。「図12―3」は国の一般会計における社会保障関係費の推移を示している。一九八九年度には一二・四兆円ほどであったが、一〇年後の一九九九年度には約六・六兆円増加し、一九・〇兆円になっている。一〇年間で一・五倍である。

他方、民生費（保育園・特養ホーム等の施設や生活保護に使われる費用）は一九八九年度決算で七・七兆円であった。一〇年後の一九九九年度には約七・四兆円増加し、一五・一兆円になった。一〇年間で総額二倍以上、地方歳出全体に占める割合も七・七％から一五・一％へと増加している。国の社会保障関係費の伸びよりも増加が速い。少子高齢社会に対応する政府サービスでは、自治体が果たすべき責任が大きい（図12―4）。

高齢化の進展は福祉・医療の対象者を増加させ社会保障の経費の必然的な増加につながる。さらに、

（図 12－3 ）国の一般会計における社会保障関係費（決算額）の推移

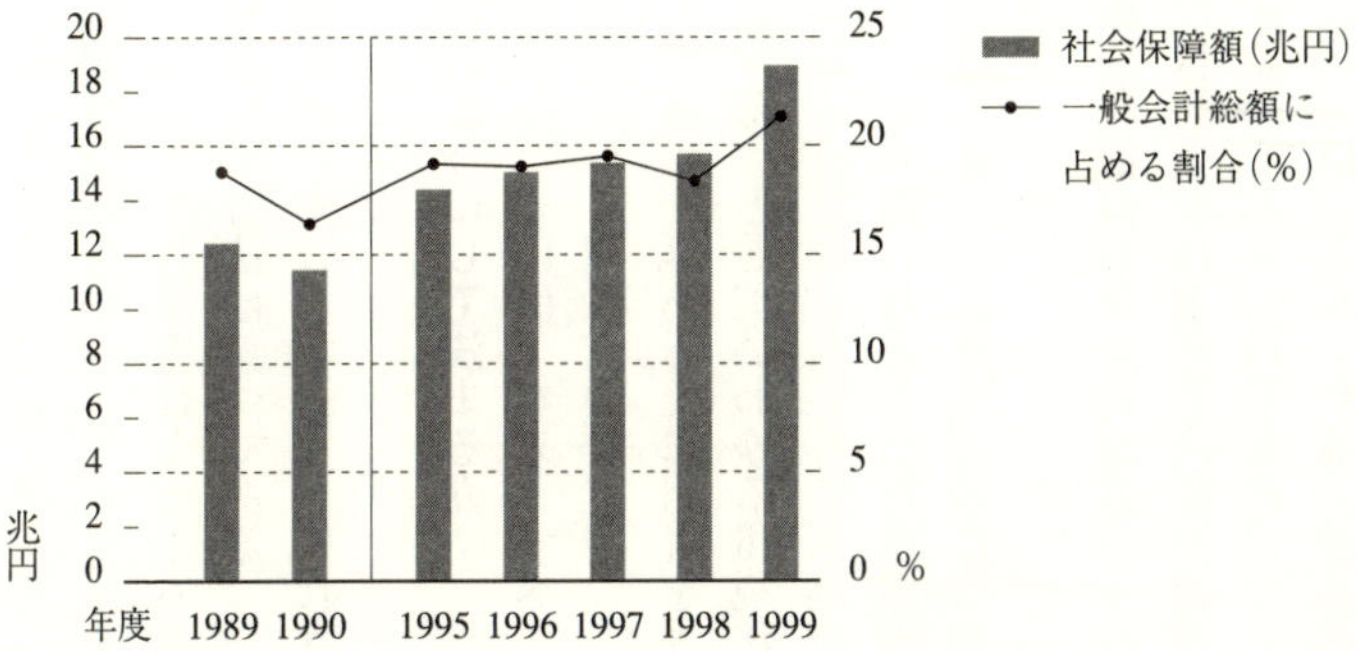

（図12－4 ）住民1人当たり民生費

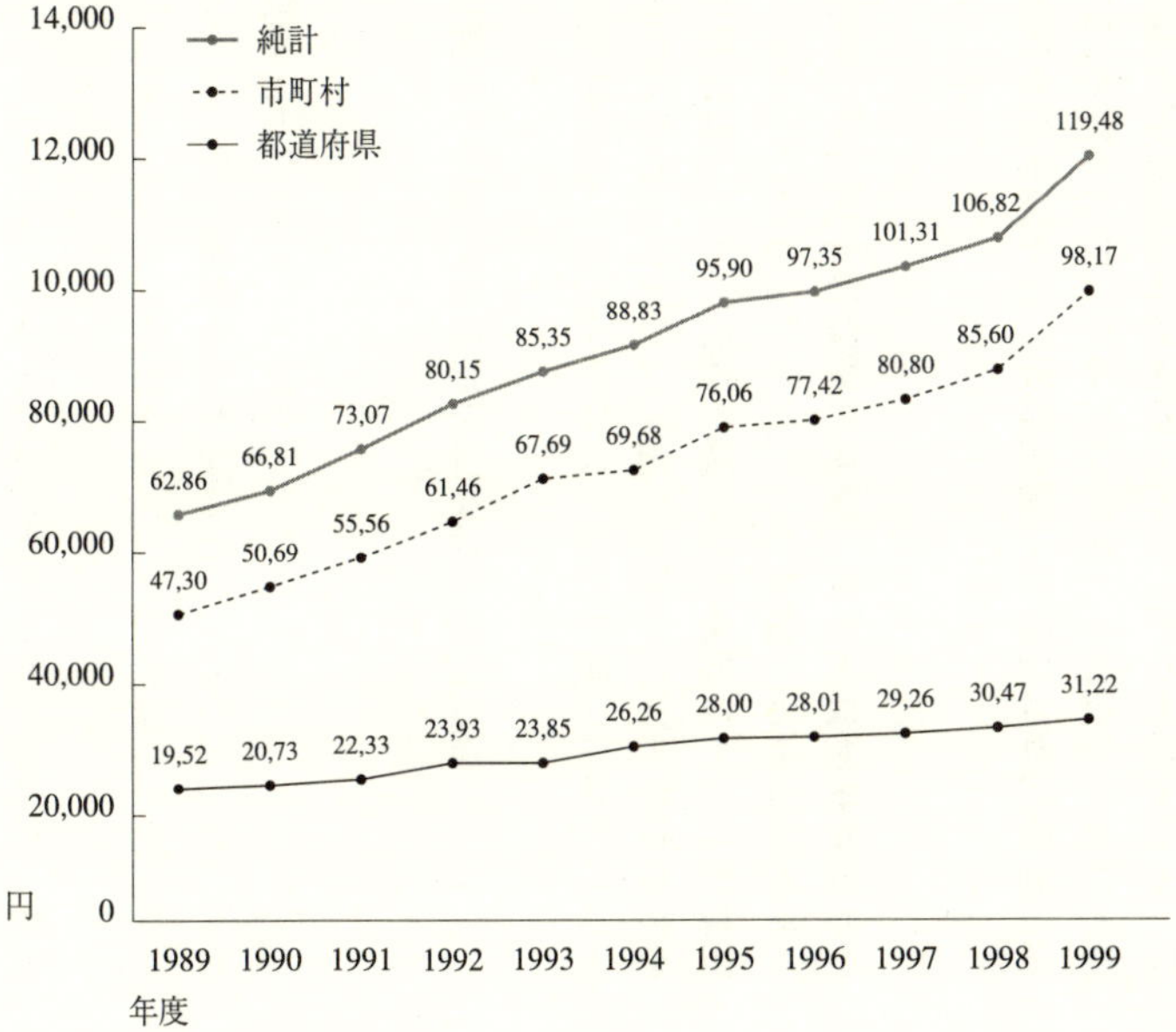

少子化が進むということは、経済を支える若い稼ぎ手が少なくなるということだから、将来的に税収の増加も期待できない。

このようにして、借金はとめどもなく増えつづける。どうしてこれがチェックできないのだろうか。借金を減らす方法は二つである。一つは、いうまでもなく税収を増やすことだ。もう一つは、もちろん支出を減らすことであり、これは財政構造改革としてみていきたい。

税はどのようにして決まるか?

税を決めるためには、本来、すべての情報を公開して、国民の同意を得なければならない。

(1) 形式としての租税法律主義

憲法八四条は、「あらたに租税を課し、または国が債務を負担するには、国会の議決に基づくことを必要とする」とし、いわゆる租税法律主義を定めている。国会では、国民の選んだ代表が税負担を決めているし、また、自治体でも地方税法の制約を受けつつも自治体の議会で税条例によって税負担が決まる。形式的には租税法律主義が採用されている。したがって、税についてもっとも責任があるのは、議会である。しかし、税は官僚によって決められ、議会は減税に傾き、有権者はあまり関心をもたない。

(2) 政府税調は官僚の隠れ蓑

まず、国税は、内閣総理大臣の諮問機関である政府税制調査会(政府税調)に諮問され、税制改革の論議が始められる。政府税調の中で財務省主税局や総務省自治税務局などが大きな役割を果たしながら、総理大臣に答申される。基本的には政府税調の答申が基本である。しかしそれだけでなく、政府税調と並行して自民党の税調が開かれ、その了承を経なければ法案は国会に提出されない。最近は政府税調よりも党税調の方が力が強く、この分野でも政策決定の二元化が問題とされるようになった。このような二元構造の下では議員が嫌うため増税はきわめて行いにくい。議員や政党にとって「増税」を主張するのはタブーなのである。それを含めて、税も政治そのものだということを知らなければならない。

政府税調について、会長を務める石弘光氏は、次のように述べている〔注6〕。

政府税調の運営にあたって、財務省及び総務省の主税局、税務局のスタッフが全面的にサポートする。提出資料及び必要なデータの作成はもとより、海外調査、地方公聴会などの運営、そして各種報告書の下書きも行う。かくしてしばしば各種の審議会に向けられるのと同じように、政府税調も官僚の「隠れ蓑」だと批判されることもある。とりわけ委員ならびに特別委員の選定は官僚の権限だけに、このような世間からの批判を完全には払拭しきれないかもしれない。

また、前政府税調会長の加藤寛氏は次のように述べている〔注7〕。

結局のところ、ね。官の論理というのは、「社会のさまざまな層の意見を集約しました」という形式だけを整えて、「はい、どうもありがとうございました」といい、あとは官僚が自分たちの手で制度をつくるのがいちばんいい。そう考えているようにしか思えないんですよ。

次に、市民に近い自治体はどうか。地方税は課税対象だけでなく、実質的には税率も国〔特に総務省〕が決める。特に地方税の基幹税目であり、個々の住民に負担を求める個人住民税の税率は、国の定める標準税率にしたがい全国一律の税率で課税が行われている。最近、東京都などが法定外課税としてホテル税など新税創設に熱心である。しかし金額的にみると、これらの新税による税収はごくわずかであり、主要部分は国に押さえられ、重箱の隅で収入をちょこちょこと探しているに過ぎない。

（3）納税者意識の欠如

日本の税制は、市民が納税の痛みを感じる機会が少ない。しかも税金についての関心を持たせずに無関心でいさせるような運用がなされてきた。これは、市民が政府の税金の使い方に関心をもってチェックしていく動機づけを弱めている。

まず、戦後の税制改正は、ほとんどが減税の歴史であった。市民の所得について課税される所得税・個人住民税は超過累進税率がとられ、所得が増えると税率が上がるという仕組みになっている。この制度によると、経済成長やインフレによって所得が上昇すると自然に税収が伸びていく。給与が増えると税率も上がって税額は給与の伸び以上に増加する。そこで、経済成長が続いている間は、国は税収入が大きく伸びすぎて実態にあわなくなった分の税率を引き下げることを繰り返していればよかったのである。一九六五年くらいまで、大蔵省の主税局長には「減税局長」というニックネームもあったそうである〔注8〕。

一九八〇年代以降、消費税の導入や消費税率の引き上げがなされた。もちろんこれだけをみれば増税である。しかし実際には、所得税の減税等とペアで行われたので、純粋の増税とはならなかった。

次に、源泉徴収の問題がある。源泉徴収はいつのまにか税金を支払わされる制度であり、個人として申告することがない。したがって、税金を支払っているというタックス・ペイヤーの意識は生まれてこないし、納税を免れる滞納もありえない。

さらに、課税最低限の問題がある。サラリーマンの三〇％は所得税を一円も支払っていない。所得の上位六％が税の約四割を支払っている〔注9〕。個人所得課税の国際比較をみると、日本、アメリカ、イギリス、ドイツ、フランスの五カ国について、課税最低限が、それぞれ三八四・二万円、二九九・八万円、一三七・〇万円、三六八・〇万円、二七九・五万円となっていて、日本が最も高く、それだけ所得の低い人が納税を意識しないことがわかる。

さらに「クロヨン（トーゴーサン）」と呼ばれ、給与所得者、個人事業者、農林業者各間の所得捕捉率に大きな差があるといわれる問題もある。九・六・四（一〇・五・三）の割合で捕捉率の差があり、たとえば、農林業者の子弟は（所得制限によりサラリーマン子弟がもらえない）奨学金をもらいながら車を乗り回しているなどの例がもちだされる。

アダム・スミスは、租税は「自由を象徴するものである」〔注10〕と述べているが、市民が主権者として財政のあり方をチェック・コントロールするという財政民主主義が機能しなかった理由の一つがこの納税者意識の欠如である。このようにして、市民と議会を通して税を考えていくのは、日本ではひどく困難だということをまず覚えておきたいのである。支出のコントロールはどうであろうか。

財政構造改革が難しいのはなぜか？

（1）財政法は借金の歯止めにはならない

財政法は、国の予算その他財政の基本を定めた法律である。第四条は、借金について次のように規定している。これはいわば財政の憲法である。

「第一項　国の歳出は、公債または借入金以外の歳入を以って、その財源としなければならない」つまり、原則として借金は許されないのである。問題は但書にあった。

「但し、公共事業費、出資金及び貸付金の財源については、国会の議決を経た金額の範囲内で、公債を発行しまたは借入金をなすことができる。

第二項　前項但書の規定により公債を発行しまたは借入金をなす場合においては、その償還の計画を国会に提出しなければならない。

第三項　第一項に規定する公共事業の範囲については、毎会計年度、国会の議決を経なければならない」

というのである。

但書が曲者で、この但書を使って、公共事業の借金（「赤字公債」という）が増えてしまったのである。

（2）失敗に終わった財政構造改革

こうした財政状況に対し、政府にも危機意識がなかったわけではない。過去に一度取り組みが行われた。そして現在小泉内閣によって取り組まれている。

橋本内閣は一九九六年一二月一九日に「財政健全化の目標について」を閣議決定し、財政構造改革会議を設置した。橋本首相が自ら議長を務め、中曽根、竹下、宮沢、村山の歴代総理大臣と大蔵大臣、与党三党幹事長、政調会長、梶山官房長官以下が参加して議論を重ねた。いわば「官」抜きの「政」の最高最強のスタッフである。

会議は、当時四〇〇兆円を超える借金をみて、「時限爆弾」を抱えたようなものとして、公共事業などを毎年七%ずつ減らしていくなどという「財政構造改革の推進」を決定し、同年一一月には、「財政構造改革の推進に関する特別措置法」（いわゆる「財政構造改革法」）を制定した。

しかし、せっかく国会で決めた法律も、景気対策の邪魔になるとして凍結され、「一日」も施行されなかった。それどころか小渕内閣になって景気対策と称して、一転して、ジャブジャブ、金が垂れ流されるようになった。こうして借金はとめどもなく膨らむことになる。

小泉内閣の「財政構造改革」はこれに対する反動である。小泉内閣は「聖域なき構造改革」を公約し、国民の高い支持率のもとに、国債発行三兆円の削減、道路財源の一般財源化問題、特殊法人改革など、これまでの内閣が取り上げてこなかったテーマに取り組んでいる。自民党内の抵抗勢力との確執などささやかれながらも、少しずつではあるが改革は進めている。

さらに、経済財政諮問会議を立ち上げ、小泉首相を議長として竹中平蔵経済財政政策担当大臣、塩川正十郎財務大臣のほか、速水優日本銀行総裁や、牛尾治朗ウシオ電機（株）代表取締役会長、本間正明大阪大学教授などが委員となった。経済財政諮問会議では、「今後の経済財政運営及び経済社会の構造改革に関する基本方針」（二〇〇一年六月二六日閣議決定）をはじめ、「変わる日本この一歩から——改革工程表が示す日本経済の道筋——」（二〇〇一年九月二六日）、「平成一四年度予算編成の基本方針」（二〇〇一年一二月四日閣議決定）などをまとめて、経済財政の構造改革を目指した。

しかし、二〇〇二年二月になって、円、株、債券のいわゆるトリプル安が発生し、デフレと失業が日本列島を襲った。こうしてこの改革も危うくなっている。今日の日本はまさに瀬戸際ということなのである。

市民の政府と財政

市民の政府では、市民が政策の主体となる。この政策を支えるのが財政である。「政治」の結果が数字として現われる、それが財政だ。

このように書くといかにも当然のことのように見えるが、財政の歴史をたどると、ことはそう簡単ではない。そして旧来型の理念と運営が継続し、ひょっとして、このままいくと日本も「デフォルト」(これは、以前は「想定」だけであったが、アルゼンチンなどをみると、かなり現実味を帯びてきている)になる可能性があるということをみると、もう一度、財政の歴史と理論をみながら考えていく必要があるだろう。

「夜警国家」

これは一九世紀の国家像であり、ここでは「国王による恣意的な税の徴収」をコントロールするものとして「議会」が位置づけられた。人権のレベルでいうと、国王による税の徴収という負担を受忍すると同時に、他方で「表現の自由」等の自由を「国家からの自由」として確立しつつある時期といえよう。これを「自己防衛型民主主義」と名づけよう。

「福祉国家」

二〇世紀になると、国家は「外敵から領土と人民を守り(国防)、犯罪を取り締まり(警察)、争いごとをさばく(裁判)ことにほぼ限定され、生活の安全という恩恵を人民に施していることの対価として、人民から租税に相当するものを徴収した」〔注11〕という「夜警国家」とはガラリとその姿を変える。すなわち、国防、警察、裁判という危機対応型の限定的な役割から、教育、福祉、社会保障、公共事業など多様なサービスを供給する「福祉国家」に変わるのである。人権論は「国家からの自由」にプラスして、「最低限の生活保障」など「社会権」、すなわち「国家への自由」が認められるようになり、税も「安全の確保」といったものから、「さまざまなサービスを受ける対価」と観念されるようになった。この福祉国家は、サービス対象と量が増える分だけ、税金も増えるという関係にある。留意しなければならないのは、サービスと負担という関係が見えないと、市民はその対価ということを考えないで、要求だけを行う、つまり「要求型民主主義」に堕してしまう、ということである。日本の財政破綻の一端がここにあることはすでにみた。

二一世紀は市民の政府の時代である。ここでは権利論について、すでにみてきたとおり、市民は「政府をつくる権利」を持ち、市民と政府は一体となる。ここでは、財政は市民自らが自らの負担によってサービスの内容を決めていくことになる。これは「財政民主主義」、しかも「直接民主主義」といってよいだろう。

では、具体的にはどのようにしたらよいのだろうか。

受益と負担の関係を目に見えるものにすること

日本では税は、国民が支払う税金を一旦国家が吸い上げて、地方交付税や補助金という形で自治体に配分するという形になっていた。これでは、自分の支払った税金と自分が受けているサービスがどのような関係に立っているか、よくわからない。この「中央集権型官治財政システム」から、税の構造がよくわかる「分権型市民財政システムへの転換」が急務である。例えば、介護保険制度のように受益と負担が見えるかたちで市民がサービス内容や負担の決定に直接に関わる財政システムをつくる。

なお、この中央集権型官治行政システムを補強するものとして、日本には先にみた「財政投融資」あるいは「特別会計」といった独特なシステムがある。これは一般会計の何倍もの巨額な資金を扱い、かつ、その仕組みはさらに複雑である。

したがって、「分権型市民財政システム」では、一般会計だけでなく、この二つを改革しなければならない。小泉内閣の行っている「聖域なき構造改革」の一環としての道路公団の民営化などの「特殊法人改革」は、これに向けての第一歩と理解したい。

「分権型市民財政システム」では、（1）自己決定、自己責任を全うしうるよう自主財源を充実させること、（2）課税自主権を全うさせる必要がある。

（1）については、補助金や場合によっては地方交付税を廃止し、まず自治体が税を徴収し、一部を国に上納するというような逆転も考える必要があるであろう。（自治体間格差は自治体全体で調整する）

（2）については国による画一的な税率の設定を廃止して、増税も減税も自治体の自由にするということである。市民は充実したサービスを受けるために、高い税金を払うか、あるいはその反対に安い税金でサービスを不要とするか、自ら決めればよいのである。

「夜警国家」や「福祉国家」にみたように、「議会」は「国王による徴税」に対して、これをコントロールするために設けられたものであった。市民の政府でも、市民を代表する者として首長や議会はいっそう重要になる。しかし重要なことは、「とりあえず利益」に目がいき、住民が要求を強化すればするほど、首長も議会（議員）もそれに抗しきれなくなるということである。首長や議会（議員）は、何よりも投票によって選ばれる。選挙では、市民の要求に逆らうことができない。また、当選したあとも、この市民の要求に従うためにバラまきを続けるようになる。

むしろ首長や議員は、自分こそが限られた財源から利益を優先的に誘導できることを暗に明にほのめかすことによって、さらなる支持を得ようとする。現在、財政破綻が叫ばれながらも、（だからこそ）地元への利益誘導を強く訴える首長や議員と、それを期待する市民の例が数多く見られる。どうせなくなるパイならば、早く取ってしまったほうが得との態度に他ならない。そして、その負担は、結局は、国民全体か、今その声を代表する者を持たない「将来世代」にしわよせされるのである。

今日の国及び自治体の財政破綻は、受益と負担の関係がわからないことに加えて、このような「要求型民主主義」にも原因があった。これはある種の「間接民主主義の限界」といってもよいだろう。

自分または地元以外の誰かが負担してくれるだろう、いざ破綻がきても（どうせ破綻はくるのだから）むさぼった今の利益分だけ得ができる、という誘惑は強い。まず、その誘惑に対するためのブレーキを憲法的にかけておく必要がある。アメリカの州憲法のように、憲法その他財政法等に「収支均衡の財政」の原則をうたうことがあげられる。

さらに、市民が、税金を奪いあう分割された集団でなく、自ら税金を納め、自らのために使う全体集団として、財政負担に対し意思表示をする機会が必要となる。しわよせを受けかねない集団や、将来世代に代わって声をあげる市民にも、財政支出についての意見を表明する機会を保障しなければならない。一定額以上の財政支出には、その財源と使途の明細を明らかにし、議論を深めた上での住民投票などの直接民主主義的な決定を行うことが求められる。

〔注1〕例えば、江田憲司著『誰のせいで改革を失うのか』（一九九九年、新潮社）。

〔注2〕財務省ホームページ、http://www.mof.go.jp/jouhou/ syukei/sy014.htm

〔注3〕神野直彦・金子勝著『財政崩壊を食い止める』（二〇〇〇年、岩波書店）。デット・トラップ（debt trap）という状況である。

〔注4〕財務省ホームページ、http://www.mof.go.jp/jouhou/syuzei/siryou/020.htm

〔注5〕加藤治彦編『図説平成一三年度版日本の財政』（二〇〇一年、東洋経済新報社）、P二五九、「第Ⅳ・二表昭和五八年以降の経済対策」から抜粋。

〔注6〕石弘光著『税制ウォッチング』（二〇〇一年、中央公論新社）

〔注7〕加藤寛・中村うさぎ著『税金を払う人使う人』（二〇〇一年、日経ＢＰ社）

〔注8〕岸宣仁著『税の攻防』（一九九八年、文藝春秋）

〔注9〕佐藤雅彦・竹中平蔵著『経済ってそういうことだったのか会議』（二〇〇〇年、日本経済新聞社）

〔注10〕アダム・スミス著『諸国民の富（四）』大内兵衛・松川七郎訳（一九六六年、岩波書店）

〔注11〕西尾勝著『行政の活動』（二〇〇〇年、有斐閣）

第一三章　伝統と文化

憲法は、その国の最高規範である。憲法には、人類が永年にわたって築き上げてきた英知を基本とし、その上にその国独自の個性が付け加えられる。現行憲法の「国民主権」「基本的人権」「平和主義」、そして「三権分立」などは「近代知」の集大成として二度と逆戻りできないものであり、この原則は二一世紀、市民の憲法にも引き継がれなければならない。そしてこのうちの大半は、他の先進国とも共通するであろう。その意味で、憲法はその国の最高規範であるというだけでなく、世界中が共通する規範でもある。まずこの規範の世界化からみていきたい。

一つは、あらゆることが国連あるいは複数の国が結ぶ条約や決議によって――各国はそれを受けて一部国内法化する――世界中に浸透していくということである。もちろん、これら条約や決議は単に法的な存在として広がっていくというだけでなく、情報、経済、言語、そして人間の交流や共有によって、世界のルールの共有化はいっそう広がり、また厚くなっていく。

市民の「中央政府」は、内部的には「地方政府」と協調し、外部的には世界のルールの構築、運用、管理者としての役割が増し、いっそうの奮闘が求められるようになる。もちろん、この世界の規範は

「中央政府」だけでなく、「地方の政府」、あるいは企業や市民によっても積極的に担われていくことはいうまでもなく、それは多層的につくられ、また遵守される。しかし、右のように世界のルールが急速に進行するからといって、すべてが世界化（グローバリゼーション）してしまう、ということではない。

人には個性がある。同じように、地域、自治体、国にも個性があり、この個性が輝いてこそ、世界共通規範もいっそう充実するというものであろう。現実に世界中をみても、先進国と発展途上国があり、先進国家でも、アメリカとヨーロッパ、そしてアジアは地理的、気候的な自然現象だけでなく、歴史も言語も全く異なっている。

これを同一化することはできない。また、すべきでもない。これはそれぞれの憲法にも反映され、保障されるべきなのである。日本の憲法でいえば、「日本国の象徴であり、日本国民統合の象徴」としての「天皇」（憲法第一条）は個性である。

そしてより慎重にいえば、先ほどみたように、世界的な普遍的原理とされている「基本的人権」や「平和主義」、そして「三権分立」などについても、この個性が投影されてしかるべきなのである。

それでは、二一世紀に市民の憲法が引き継ぐべき日本の個性とは何か。ここではこれを、「伝統と文化」という形でみていくことにしよう。

現行憲法には、伝統と文化、歴史、民族性などへの言及がない。しかしそれらは、いうまでもなく市民の生き方や生活を規定する重要な要素である。したがってそれも当然のことながら、憲法で扱うべきものとして考えてよい。

しかし、日本ではなぜかこの点についても活発な論争が起きるということはなかった。それらの文言を憲法に規定せよと主張する人々の中には、自由や人権というよりナショナリズムの観点から論じる傾向があり、他方で、それを警戒する側は、それらの問題提起を受けて内容を深めるというよりは、むしろ頭から拒否したのである。

ここでは、そのようなそれぞれの主張について、直接検討しようというのではない。むしろまず、そもそもそれらの主張が前提とした日本のアイデンティティたる「伝統」「文化」「歴史」「民族」等が、事実に基づいていないことが多いということをみておきたいのである。

そして、われわれはより実態に沿ったアイデンティティを、「尊重」や「保持」するだけではなく、将来に開かれた「創造的なもの」としてとらえていきたいと考える。

「国家」のアイデンティティ

さしあたり、憲法に「伝統」「文化」「歴史」「民族」の文言を入れろという主張はこうである。

「どこの国の憲法典でも、その前文で歴史、伝統、文化に言及しています。例えばアメリカでもメイフラワー号でアメリカ大陸へ来て、デモクラシーの理想の新天地を築くという、歴史を踏まえた国家のアイデンティティを明確にしているわけです。ところが、日本国憲法は、それを捨象し、アメリカ人のニューディーラー達が理想とした、ハーグ不戦条約などの精神だけを盛り込んでいる。そういう理想を全面的に否定するものではないけれども、しかし、憲法の柱とすべきは、自分の国の歴史、伝統、文化であると思います」（平沼赳夫経済産業大臣）ただしアメリカ合衆国憲法前文では、歴史、伝統、文化への言及はない。〔注1〕

「我々祖先の代から築かれてきた歴史と伝統の尊重の上に立って、かつ、常に我々に続く世代の幸せを念頭に置きつつ、今後の我が国の国家運営を行うべきであるということでございます」(第九回衆議院憲法調査会、保岡興治衆議院議員)

「日本はしっかりとした民族の伝統と文化に基づいた新しい民族の誇りとしての憲法をつくるということを考えなければならないのではないかというふうに思います」(同、田中眞紀子衆議院議員)

「憲法の基礎には、歴史的、伝統的な日本的共同社会、あるいは文化的共同体という実体がなければならないのに、共同体や国家に言及すること自体、罪悪とされた」(中曽根康弘元首相、日本国憲法制定論、二〇〇〇年三月一日)

伝統・文化というといかにも古い人たちのものというイメージがある。しかし、それは早計だ。若い世代からも「憲法では自分の自由や権利だけが強調されていて、先人たちが築いてきた型を守り受け継ぐ中で新しい創造をなしていくという考え方は軽んじられているような気がいたします。(中略)芸術や文化を守る日本にしていけるような趣旨をぜひ憲法前文に盛り込むことを検討していただきたいと思っております」(二〇〇〇年四月五日、参議院憲法調査会での芸大生の発言)などの発言がある。

読売新聞の憲法第二次試案は前文として「日本国民は、民族の長い歴史と伝統を受け継ぎ、美しい国土や文化的遺産を守り、文化及び学術の向上を図る」とうたった。

伝統・文化の保護・育成もしくは振興、歴史や民族性の尊重、ということは大切なことであり、抽象的には誰も反対できない。

しかし、どのような民族性や歴史を尊重すべきなのか、保護・育成するのは、どのような伝統・文化なのか、またこういう方法でというようにつきつめると簡単には答えることができない。

日本と日本民族

「日本は、日本民族の国である」という点からみてみよう。これはいかにも当然のことのようにみえるが、実はそうではない。

まず、歴史的にみて、多くの渡来人がいた。そもそも、「日本人」は、混血であって、日本人種というものは存在しない。また、先住民族であるアイヌ民族が存在している。日本国籍を持っている人でも、その出自は、世界各地であり、いわゆる「日本文化」をその背景にもたない人々も増えてきている。

問題は、憲法に「伝統と文化」を書き込むと主張している人々が、現行憲法の主体である「国民」が「日本民族」であると、みなしていると思われることである。例えば、先ほどの読売新聞憲法改正第二次試案の前文「日本国民は、民族の長い歴史と伝統を受け継ぎ、美しい国土や文化的遺産を守り、文化及び学術の向上を図る」にいう民族は、日本民族をさしている。

二〇〇一年一一月、尾身沖縄・北方担当相が英国の経済誌が東京都内で主催した講演で「日本は単一民族で、日本人と言えばヤマト民族だ」と語った〔注2〕。しかし、日本国民には、すでに述べたようにアイヌ民族も在日韓国・朝鮮人も存在している。

このように多様な民族が存在する場合は、その歴史や伝統に対する態度は、その民族の自己決定を尊重するのが市民の態度であろう。「国民」と「民族」の安易な同一視は、その間の緊張関係についての配慮を失わせる可能性がある。

国と民族とが一致しない国の方が世界中では多数であり、日本でも、そのようになる傾向が加速されていくという意識を持ったほうがよい。

固有の伝統・文化とは

日本固有の伝統・文化とは何か。「日本的なもの」「日本的なイメージ」とされているものの多くが、明治維新後、対欧米諸国を意識しながら急速につくられたものだということも確認しておきたい〔注3〕。

例えば、「明治新政府の役人たちが日本を欧米列強と並ぶ近代国家とするために、つまり、民衆の一人一人に国民としての自覚を持たせるために、天皇という伝統を『創出』し、彼を単なる統治者ではなく一個の宗教的中心にまで祭り上げ、豊かな歴史をもった個々の地方の地方色を払拭し、日本を一つにまとめあげようとしていった」〔注4〕という指摘がある。

私たちの現在使っている日本語も、中央集権国家をつくりあげるために明治政府主導で人工的につくられ〔注5〕、学制と徴兵制によって全国的に徹底され、定着したものである。

ただし、こうした「国民国家の形成」は、欧米でも一九世紀に急速になされたものであり、たとえば、アメリカで国旗や国歌が学校などの公の場でしきりとシンボルとして使われるようになったのは移民の増えた一九世紀前半からで、それが「伝統」となり、現在に至っている。

相撲は日本の「国技」であるといわれる。しかし、「江戸時代に力士の多くは大名に召し抱えられ、比較的安定した暮らしをしていた。しかし、幕藩体制の崩壊とともに、大名たちは力士を抱える余裕がなくなった。力士たちは社会的にも経済的にも、非常に不安定な状況に追い込まれた」〔注6〕というように、それは「国」ではなく「藩」のものであった。

「こうした危機を打開すべく、関係者の間でさまざまな努力が積み重ねられた。明治五年には、初めて女性の大相撲見物を認めるように改めた。社会奉仕のため、三段目の力士五六人が消防別手組を組織し、東京の消防に活躍したのもこの頃である。こうした努力のほか、明治一七年に芝の延遼館で天覧相撲が催されたことなどもあり、相撲をとりまく環境は徐々に好転した」「明治四二年、雷権太夫らの努力によって、両国の回向院の脇に大きい円屋根（ドーム）の国技館が完成した。この国技館の竣工により、晴雨にかかわらず十日間の相撲興行ができるようになり、観客の入りが安定するようになった」〔注7〕として、相撲は明治期を通して、「近代化」し、かつ「国技」となった。それも二〇世紀になってからである。その後も、メディアの発達などに合わせて次々と規則や土俵の様式が変えられている。

日本「固有」にしても、日本語自体が、漢字を使わなければならず、日本の多くの文化が、中国、朝鮮・韓国からの影響の下に発展してきたことも疑いようもない。

いうまでもなく、文化は他の文化からの影響を受けたからといってその価値がなくなるということではない。その反対に、文化とは互いに影響しあいながら発展していくものである。また、つねに新しく見直しがなされながら、それが昔からあったように設定されるのが「文化」である。

さらに、文化は、深く民族性と伝統にかかわるものの、必ずしも民族と結びつける必要はなく、歴史的にも、伝統や既存秩序への反抗・逸脱から発展してきた面があることも見のがしてはならない。

歌舞伎や浮世絵は、むしろマイノリティ（少数者）のサブカルチャーとして生まれた。しかしそれは、長い歴史を経て日本文化を代表するものとして国内外にその存在を確立している。

歌舞伎は、そもそも一七世紀初頭「出雲の阿国」と言われた女性が河原ではじめ、その流行に対し、女性が舞台に上がることの禁止を受けたことから、男が女を演じる「女形」の伝統が始まった。教科書的に言えば、以上のとおりだが、初期は、「風俗営業」そのものであったようだ。それが、四〇〇年の時を経て、「人間国宝」を輩出するようになったわけである。日本だけでなく欧米の美術館でも数多く収集されている浮世絵も、江戸時代は、今の「生写真」やグラビア、絵葉書だったのである。

同じようなサブカルチャーでは、「おたく」とさんざん非難され、国や行政から何の支援も得られなかった漫画やゲーム、アニメが今日、主要産業として確立した。海外では「otaku」は敬意をもってとらえられるし、「manga mangaka anime」はいうにおよばず、「tankoubon」(単行本)から「doujinshi」(同人誌)に至るまで、今や世界の共通言語として通用する。将来、「漫画家」や「アニメーター」が、「人間国宝」や「無形文化財」に指定されるようになるかもしれず、海外でもより広く認知されるようになるだろう。

何が文化であり、何が価値あるものであるかの判断は、まずは個人が選び取っていくものであり、それが集積して、いずれ社会全体がその存在価値を認めるようになるのである。

戦前は本当に伝統が重視されていたか?

保守主義の立場から、戦後日本、戦後民主主義は伝統を軽んじてきたと非難される。

しかし、すでにみてきたように明治期以降、日本は、国家として成立し、これを世界に誇示するために急速に伝統を創った。

戦後の日本国民を引っ張った最大のエネルギーは、豊かになりたいという欲望であった。しかし、明治から戦前にかけて国民を引っ張ったエネルギーは、欧米が世界的な植民地支配を進める中、国家として生き残れるかという危機感であったといえよう。近代国家をつくりあげるためには、日本はこの二つを利用してきた。どちらも究極の伝統破壊と進歩至上主義である。

「保守的であるとは、見知らぬものよりは慣れ親しんだものを好むこと」〔注8〕であるとされるが、それらは戦前も戦後もつぎつぎと破壊された。急速な近代化の中のどの時点を「慣れ親しんだ」伝統とするかは自明でない。

「現実性を持った集団的経験、それが回帰する場所、それこそが『国家』とか『国民』といった観念に他ならない」〔注9〕としたところで、そういった状況ができたのは、日清戦争前後から第二次世界大戦終結までの、半世紀強でしかないことをみておくべきだろう。

これは、日本だけではなく、国民国家の歴史は、欧米でも二世紀強、アジアやアフリカでは、いまだに成立していないところもある。その一方でEUの出現やグローバルマーケットの拡大により、人が生きていくうえに「国家」「国民」を決定的な要素としてみるのは、無理になってきている。

歴史的にみれば、国民国家ほど、数多くの人々を殺したシステムはない。経験から学ぶことを重視する保守主義ならば、あえていえば、むしろ「国家」「国民」に相当懐疑的になってもいいのではないかという疑問もわいてこよう。

戦前も、国家が中心となって進める近代化については、相当な抵抗があった。先祖代々の霊は、ふるさとの鎮守の森にいるのに、自分の霊は、靖国に祭られるとはどういうことか〔注10〕、また、神宮寺として神と同居していた「仏」や「菩薩」などが、国家によって神社から追放されたが、それまでの先祖から続いてきた信仰はどうなるのか。戦前の人々にとってもそれらは、精神的な危機であったはずである。

そういった葛藤の歴史を無視して、戦前＝日本の伝統、戦後＝日本の伝統からの逸脱、という単純な認識で、伝統を論じるのは、歴史と伝統の軽視であろう。

市民の憲法と日本のアイデンティティ

ここまで「日本人は日本民族」「日本固有の伝統・文化」がある種のフィクションであることをみてきた。

それでは、個人は個人自身として、あるいは家族や属する共同体の一員として「歴史」「伝統」「文化」「民族」への誇りを持たなくてよいのだろうか。市民は、アイデンティティを日本という国に感じなくてよいのか。「保守主義」の反対にある「革新主義」は、この問いに対して沈黙している。

もちろん、かつて戦前の日本は、国家がすべての価値を独占し、国家の構成員たる国民の生命を自由にできる、という態度をとってきた。その価値観が究極的には「戦争」に結びついている。この事実と経験に立てば、国レベルのアイデンティティ（国民であることの誇り、愛国心）が、個人の価値や生活のすべてを支配してはならない。むしろ一定の距離を置くことが必要であるという点は確認されている。戦後民主主義の出発点はまさにここにあったといってもよい。しかし、実はここから先が不透明なのである。

市民の憲法の方法論は、まず、市民個人から伝統や文化といったものとの関わり合いを考える。

個人は、誰も自分一人では生きられない。個人は社会の成員であり、その一人として社会の中でのさまざまな問題を解決しなければならない。そのために、家庭、自治体、国、国際機構までのさまざまなレベルでの取り組みが求められる。

現在のグローバリズムが進む社会においては、国家で解決できる問題とともに、より身近な自治体で解決を求められる問題（福祉・地域振興など）や、国際機構レベルでの解決が求められる問題（環境、貿易、移民など）も増加し、それぞれの課題に応じて、政府も中央政府と地方政府だけでなく、それぞれの分野に応じて分化されざるを得ないのである〔注11〕。

個人の活動も、あるときは家庭で、あるときは国際機構で、とさまざまなレベルと場所で営まれる。そして、そのアイデンティティも、複数の共同体や地域でそれぞれ多様に構築される。

個人は、自らの属する家族、地域、国、世界のさまざまなレベルにおいて、尊重され、その帰属に誇りがもてなければならない〔注12〕。

言い換えれば、中央政府や地方政府、あるいはさまざまな組織や共同体は、人のアイデンティティを独占しないが、その一部を構成するものとして、重視すべきものなのである。

中央政府は、二一世紀も、個人の運命を左右する重要な共同体であり、それ自体、軽んじられていいものではなく、よりよい政府をつくるのは市民の権利であり義務である。しかし、同じように、よりよい世界や自治体、地域、家族をつくるための努力も権利であり、義務だと考えなければならないのである。

美しい都市を創る権利

そのような権利の一つとして、ここでは「美しい都市」というものについて考えたい。今日、誰もが伝統や歴史というものが破壊されてしまったと感じるのは、相撲や歌舞伎といったイベントや事業だけでなく、決定的には、それらの総合的な集合である都市である。それはなにも奈良、京都、鎌倉といった歴史的な都市だけをいうのではない。東京や大阪などの大都市には超高層が立ち上がり、全国ほぼすべての地方都市や農村が、四角いのっぺりとしたビルに占拠されてしまった。それは無国籍であり、機能と便利さだけが売り物であり、すべて無秩序であり、しかもその勢いはとどまるところを知らない。しかし、それは国民が本当に望んだものであろうか。

この国では毎年一〇〇〇万人を超える人々が海外旅行するようになった。目的はビジネス、観光、留学などさまざまであるが、そこでは等しく皆が感じることがある。それは、海外で見る都市と比べて、日本の都市は近代化はされたが「美しくない」ということである。そして徐々に、日本でもそういう都市を創りたいと考えるようになった。しかしその要求はなによりも制度、とくにその頂点である憲法によって阻まれている。

現行憲法第二九条は、土地所有権について「財産権は、これを侵してはならない」と定めている。これがいわゆる「土地所有権の絶対性」の担保規定であり、それは具体的には都市計画の消極性としてあらわれる。つまり、開発から鎮守の森や小さな路地を守り、屋根の形を統一するよう規定する法律や条例は、土地所有権を極度に制限するものとして違憲とされるのである。言い換えれば、超高層や四角い箱は現行憲法の産物なのだ。

二一世紀市民の憲法は真っ先にこれを変えなければならない。

土地所有権は、所有者に対して無限大の権限を与えるのではなく、その行使については「義務」を伴う、すなわち、地域共同体が定めるルールに従わなければならないのである。ルールは市民と地域の決意に基づいて自由につくられ、それがそれぞれの個性や環境を担保し、それが歴史や伝統となって創造され受け継がれる。

「美しい都市を創る権利」の詳細は、別途私の著書で述べてあるが〔注13〕、ここでは憲法理論として次の三点を確認しておきたい。

（1）所有権には義務を伴うという規定はワイマール憲法に採り入れられたというだけでなく、実はマッカーサー草案にも「財産ヲ所有スルモノハ義務ヲ負ウ其ノ使用ハ公共ノ利益ノ為タルヘシ」（二八条）とされていた。しかし、さしたる理由もないまま、日本国政府に削除され、なんと明治憲法と同じ、現在の条文とされたということである。

（2）このような権利の提唱は、日本では奇異に感じられるかもしれないが、巻末資料「美しい都市を創る権利に関わる世界の憲法」にみられるようにイタリア、インド、スイス、スウェーデン、スペイン、大韓民国、中華人民共和国、ドイツ、フィリピン、ブラジル、ポーランド、ロシアでは、表現は異なってはいるが、すでに憲法で規定され、このような規定を憲法に持たないイギリス、フランス、アメリカなどの国では都市計画関係の法律できちんと整備されているということだ。イギリスの牧歌的な農村、フランスのパリの古典と現代の混合、ドイツロマンティック街道の中世都市の復活、そしてアメリカ・ニューヨークなど巨大都市の構成美はこれら法律の産物である。

（3）美しい都市は市民の努力で創られる。

これらの憲法をみるとそこには、

・財産権を保障するというような権利の確認ではなく、例えばインドの「多面的要素を含んだインド文化の豊かな伝統を尊重し、維持すること」という規定にみられるように、育成、繰り広げる、条件をつくりだす、支援するなど新たにつくりだすという確認、つまり規制法から創造法への転換が認められる。

・これらの国では当然のことながら、歴史や伝統といった価値観を、いわば表現の自由などという近代的な人権と対等あるいはそれ以上のものとして認めている。

・さらに、このような価値実現の担い手として、かつてのような国と個人という関係だけではなく、共同体あるいは地域、団体というようなものも権利の主体として認知されている。

ということだ。

本書では、このような新しい権利の構造について、すでに「環境権」のところで検討している。それは直接民主主義を根底に据えるという新憲法理論の論理的帰結であったのであるが、それは環境権だけでなく、この「美しい都市を創る権利」でも十全に論証、発揮されるのである。

自制と共有

市民の憲法には、歴史・伝統、文化に基づく「誇り」を育むべきことが肯定される。それは、個別的にはここまでみてきたように、例えば憲法二九条の改正として検討されるべきだし、また憲法前文に入れてもよい。しかし、それは他の領分を侵すことのないよう自制が求められる。

保守主義を標榜する佐伯啓思京都大学教授は、まず国家を中心に置き、「市場のグローバリズム、コミュニティの分離主義、市民主義のコスモポリタニズム、民族的ファンダリズムを、国家を四方に解体させる力として捕らえた。国家の解体の先に残るのは、多様なカルト的小集団、民族主義、宗教的セクト、曖昧な連帯の運動、宙に浮いた世界資本主義、グローバルな企業といったものの無秩序で混沌とした世界に過ぎない。これは決して好ましいものではなく、新たにそれらの力に対する国家の均衡回復が図られねばならない」〔注14〕という。

市民の憲法は、国家の均衡回復ではなく、「美しい都市を創る権利」にみられるように、よりよい共同体の創造をめざすものである。そして、その目的は、他の共同体と同様、市民のよりよい生き方を実現させる。

また、市民の憲法における市民は、コスモポリタニズム、無国籍指向であるとは考えない。自分の属するさまざまな集団、共同体の歴史や伝統・文化に誇りを持ち、かつ、他の市民の異なる歴史や伝統・文化への誇りに共感し、尊重できる個人を想定している。奈良、京都、鎌倉などの歴史都市は、中国や韓国など外国文化に直接的影響を受けている。また、現代の美しい都市を創り出そうとしている神奈川県真鶴町の「美の条例」は、チャールズ皇太子の「建築の一〇の原則」やアメリカのアレグザンダーの「パタン・ランゲージ」から学んだものだ。

今後、日本でも多様な出自や文化的な背景をもつ外国人と日本人とが生活の場を共有する機会は必ず増える。それは、日本国の領土上だけではなく、海外に日本人が出て行く場合も含まれる。

日本人が日本だけに留まることも、日本人だけが日本に住んでいることも、過去にもなく、将来にもますますありえない。二一世紀は多くの人々が地球上を移動する世紀となるだろう。

そうした視野からいえば、日本の文化や伝統は、固定した民族や過去の歴史からのみ規定されるのではない。むしろ、将来の日本が世界の中で果たす役割として、より広い価値と様式を受け入れながら創っていくべきものである。

「伝統」「文化」「歴史」「民族」をすべての市民が、それぞれの背景や属するさまざまな共同体に誇りを感じつつ、異なる他の市民の異なる誇りの有り様を尊重と共感を示すものとして宣言することが、市民の憲法にふさわしい〔注15〕。

〔注1〕平沼赳夫オフィシャルホームページ、「『憲法調査会』論戦はじまる」（二〇〇〇年三月二四日「日本の息吹」インタビュー）より。
〔注2〕翌日、尾身沖縄・北方担当相は、「アイヌの人々などの誇りを傷つける意図はなかったが、不適切な言葉を使ったことを反省し、関係者におわび申し上げる」と謝罪した。（「毎日新聞」二〇〇一年一月一日）
〔注3〕例えば、皇室のさまざまな行事は明治官僚の欧州視察の結果に基づいて発案され追加された。
〔注4〕坪内祐三著『靖国』（一九九七年、新潮社）より。なお、払拭された「豊かな歴史をもった個々の地方の地方色」地方文化の再発掘としては、赤坂憲雄（東北芸術工科大学東北文化研究センター）の「東北学」がある。
〔注5〕井上ひさし氏の戯曲「國語元年」を参照。明治初期の日本、明治政府の国家統一にともない、「全国統一話言葉」をつくるよう命じられた主人公南郷清之輔が悪戦苦闘するという内容である。
〔注6〕日本相撲協会『相撲の歴史』ホームページより。
〔注7〕同右
〔注8〕佐伯啓思著『国家についての考察』（二〇〇一年、飛鳥新社）
〔注9〕同右
〔注10〕大塚英志著『戦後民主主義のリハビリテーション』（二〇〇一年、角川書店）
〔注11〕松下圭一法政大学教授の文節政治、ヨーロッパ自治体協議会の補完性の原則、佐和隆光著『市場主義の終焉』（二〇〇

○年、岩波書店）、アンソニー・ギデンズ著『第三の道——効率と公正の新たな同盟』佐和隆光訳、（一九九九年、日本経済新聞社）等による。

〔注12〕アンソニー・ギデンズは、前掲書『第三の道——効率と公正の新たな同盟』の中で、市民の条件として、複数のアイデンティティに共感できること、との定義を取り上げている。

〔注13〕五十嵐敬喜・野口和雄・池上修一著『美の条例』（一九九六年、学芸出版社）、五十嵐敬喜・小松和彦対談『創造学の誕生』（二〇〇〇年、ビオシティ）、五十嵐敬喜著『美しい都市をつくる権利』（二〇〇二年、学芸出版社）

〔注14〕佐伯啓思著『国家についての考察』（二〇〇一年、飛鳥新社）

〔注15〕アンソニー・ギデンズは、「『伝統の存在は社会を存続させるための必要条件である』との命題は掛け値なしで真である」とする。「人間生活に連続性を与え、その様式を定めるのが伝統だから」というのが、ギデンズの答えである。ただし、その伝統は「共同体のアイデンティティとしての儀式的かつ反復的な営み」という意味であり、「伝統の限界をよく見きわめ、伝統相互間の積極的交流をはかるべく、不断の努力を怠らぬことが、学者の責務のひとつに数えられねばならない」「伝統が生きながらえるためには、内輪の儀式による正当化ではなく、説得力ある——他の伝統、他のものごとの処し方と比較対照させての——正当化が欠かせないのである」としている。（『暴走する世界……グローバリゼーションは何をどう変えるのか』佐和隆光訳、二〇〇一年、ダイヤモンド社）本稿でも、伝統については、必要かつ抑制的に鍛えていく必要があるとし、同様の立場に立つものである。

第一四章　戦争放棄と平和への貢献

憲法九条論

憲法九条は、日本の憲法を考える上で最も個性的なものである。世界に平和を定めた憲法は多いが、これだけ徹底して戦争を放棄している国はない。しかしそれだけに改憲派からの攻撃が最も激しいのがこの条文であり、憲法改正といえば真っ先にこれが浮上する。

これに対して、だから改正論など相手にしないほうがよい。というより、九条改正論、すなわち軍国主義の復活に巻き込まれる可能性があるので、そもそも憲法を論じることそれ自体をやめたほうがよいという護憲論の対応がある。しかし、九条を守るためにこそこれと正面から対峙しなければならないというのが私たちの立場である。

さて、この問いは何よりも、現代において「戦争」というものをどう考えるかというのが出発点である。そして、この点に対する私たちの回答は明確である。

第一は、将来、第一次世界大戦、第二次世界大戦でみられた国家の主権と国家の主権が衝突するような戦争、とりわけ先進資本主義国間の戦争は考えられなくなったということである。

現代は、経済、情報、エネルギー、食糧、環境などあらゆる面で国際化（グローバリズム）が進み、各国、各地域、そして個々人の生活までが相互に依存しあうようになった。また、古来、しばしば戦争の引き金となってきた民族や宗教の対立といった厄介な問題も、巨視的には一部の地域を除き次第に、血や宗教の相対化などが進んでいくであろう。各国ともこれらに関わるトラブルが一つでも発生したら、自らの国の生活が成り立たなくなっているということをよく知っている。戦争とは、このトラブルの最大値であり、どこの国でも到底受け入れられないだろう。

国と国のアイデンティティを賭けた戦争というものについて、もう少し具体化してみよう。将来、日本とアメリカ、あるいは日本とEUなどの先進資本主義国が戦争をすることはあるか。おそらく、一〇〇％ノーである。それは、これらの国々の間で本格的に戦争を行ったら、それぞれの国だけでなく、世界が滅亡してしまうからである。

次に、日本がかつて仮想敵国としたロシア、北朝鮮、あるいは中国と戦争することはありうるか。これも正直のところ、一時的な領土侵犯やテロなどはありうるとしても、国と国との戦争はあり得ない、と私たちは考えている。これらの国々との間でも、もし本格的な戦争が起こったら、それはそれぞれの国だけでなく、世界の破滅に通じると思われるからである。戦争とは、かつてのように相互に大砲を撃ちあうというようなものではなく、今や核に象徴されるように、これらの国々との戦争でもボタン一つで一瞬のうちに世界が滅びてしまう人類絶滅の戦争であるということを想起したい。

現代都市型社会は、農村型社会と異なって、水、電気、エネルギー、交通、通信など生活に必要なすべてがハイテクノロジーの上に構築されていて、これらの破壊は直ちに生活破壊に通ずる。破壊は爆弾だけでなく、生物兵器あるいは情報操作などによって、いつでも、誰でも、また簡単に行うことができる。原発に対するミサイル攻撃、ダムへの有害物質の投与、高速道路や新幹線の爆破、政府や金融中枢の有する情報システムへのハッカーの侵入等々方法はいくらでもある。

現代都市型社会は、都市にみられるように、人口集中が進んでいる。この中から軍事施設とそうでないもの、あるいは国家中枢の施設とそうでないもの、戦争遂行上重要なものとそうでないものなどを選択して攻撃を加えることは、技術的に不可能である。武器も威力も範囲も拡大していて、たとえ核兵器を除いたとしても、それが都市に加えられれば、市民を含む大量殺戮は避けられない。現代都市型社会では、戦争のリスクはあまりにも大きい。これが戦争ができないという第二の理由である。

戦争は、戦争の原因を取り除くとともに、そのような戦争を生み出したその国のシステムを廃棄し、今後戦争をしないという体制をつくるために行われなければ、最終的には意味はない。そのような手段として、過去の戦争では「占領」という方法がとられた。ナチスドイツも日本も占領された。今回のアフガンの「暫定政権」も、この占領という論理の延長上に構築されている。アフガンのカルザイ政権も、選挙によって選ばれた政府ではなく、あくまで民主的正統性を欠いた一時的な傀儡政権である。しかし、現在では「占領」によって当該敗戦国を支配し、新しい国をつくるということがひどく困難になった。これが第三の理由である。

例えば、日本がロシア、北朝鮮あるいは中国といった国に占領される、あるいはそれとはっきりわかる傀儡政権によって支配されるというようなことが想像できるであろうか。日本国民は、一カ月もたたないうちにこれをはね返すであろう。また、そのような反発は、占領する側も当然に予測するであろう。

現在、日本の周辺諸国で日本に軍事攻撃をかけ、占領するという可能性のある国は存在しない。ロシアはかつての社会主義国ではない。北朝鮮も、南北首脳会談を通して、国際社会の中でしか生きられないということを自覚しているはずである。中国もＷＴＯに加盟する等、国際社会のルールに従っている。今では仮想敵国は存在しなくなった。三番目の根拠も否定しがたい事実である。

最後に、指摘しておきたいことがある。それは、日本国民は果たして本気で戦争を遂行することができるかということである。

民主主義国に共通の現象であるが、現在はもちろん、将来もますます、かつてのような政府の命令により命を投げ出すという意味での「愛国心」は失われつつある。命をかけて何かを守る、という抽象的な意味での「愛」はあるだろうが、それと政府の命令は直接結びつけられなくなっている。過去の政府がいかにそれに値する理由もなく国民に命をかけよ、と命じてきたかは、日本だけでなく、ほぼすべての政府の歴史にみられることである。

今度の戦いこそは違う、と政府は煽るだろうが、犠牲の大きさに見合う「正しさ」を政府が示せなくなってきている。ベトナム戦争では、約四万八〇〇〇人の戦死者を出すまで派兵を続けたアメリカは、ソマリアでは二九人の戦死者で撤退しなければならなかった。これは、派兵の根拠の説得力に比例して、世論が動いたためである。

今回のアメリカによるアフガニスタンへの軍事攻撃もその正しさがあいまいであるから、「空からの爆撃」というアメリカ国民にとって犠牲の少ない方法をとらざるを得なかった。テロに対する反撃という「正しさ」はあるのだが、本当にアフガニスタンを攻撃することが反撃になるという政府の判断について、多数の自国民の命を犠牲にするほどの納得が自国民に得られるとは、あれだけ愛国心を煽って支持率の高いブッシュ政権にも自信がなかったためであろう。

しかし、「自国民」の被害さえなければ戦争ができる、というのは恥知らずの議論ではないか。もはや、誰もが納得する正しい軍事力のあり方を示すというのは、緊急の正当防衛以外は無理になったのである。

小泉政権やその他の総理大臣がどんなに命令しても、ごく少数の人を除いて日本国民全体がそのために命を抽象的な「国家」のために捧げるというようなことはあり得ない。民主主義的な政府は、誤りを犯すことがありうるという前提で成り立っており、その誤りを正しながら物事を進めていくだけの枠組みの確保は必須である。その枠組みを大きく壊すような戦争は、もうできないのである。

もっと根源的なことを言えば、そもそも二一世紀に人類が解決すべき問題として、人口、食糧、資源、貧困、病気、南北格差、環境問題などが山積している。戦争はそれらを解決する手段としては全く効果がなく、むしろ逆である。また、日本には兵器や軍隊に注ぎこむような人や資源、資金も時間もないということも自覚すべきであろう。

このような観点からすれば、日本は、対外的に戦争可能な、イージス艦やAWACSなど高度な戦闘能力を持つ兵器の購入に税金を投入するよりも、自ら軍縮するとともに、全世界の軍縮を進めることに貢献しなければならない。

再度繰り返せば、日本は戦争をする必要もなく、できもしない。したがって日本の備えも、最大限譲歩したとしても、万が一外国が日本国領土内に進入してきたら、これに反撃・撃退するというにとどめる、というのが私たちの回答である。

漂流する日本の危機管理

しかし、たとえ国家の主権と主権をかけて相争うような戦争がなくなったとしても、民族と民族、あるいは宗教間の対立、さらには貧困等を背景にした地域紛争やテロがなくなるかというと、問題は全く別である。それは今後も起こりうる。現に東西冷戦構造崩壊以降もそのような事態が世界中あちこちに発生した。そしてこれに対応するのは地球市民として当然の責務であり、日本国、日本人も、九条を理由にしてこれを放置することはゆるされないのである。これもほとんどの国民が同意するであろう。問題は、この決意を言葉にとどめるだけでなく、具体的にそれに対応する組織をつくり、予算を与え、かつ、この活動ができるように法律の制改定をしなければならないということである。

これを私たちは、九条とは別の「危機管理」として対応する、という提案をしたいのである。「危機管理」は、今回のテロとテロ戦争のように、リアリティがある。しかし、これを九条の守備範囲とからめて論じるために改憲派と護憲派が真っ向から衝突し、結果としてほとんど成果をあげることができないというのが、日本の現実であった。

二〇世紀は、戦争の世紀であったが、二一世紀は、少なくとも何かもっとすばらしいことに取り組む世紀となることが願われた。

二〇〇一年九月一一日、この前提を揺さぶるような事件が超大国アメリカの、さらにその中心であるニューヨークで発生する。いわゆる「アメリカ同時多発テロ」である。アメリカ国防省ペンタゴンとニューヨークの世界貿易センタービルに、テロリストによってハイジャックされたボーイング機が激突し炎上した。そして三〇〇〇人近い生命が瞬時に奪われた。アメリカはこれに対して「顔の見えない新しい戦争」として、その首謀者といわれるオサマ・ビンラディンとテロ組織アルカイダに対する報復戦争を開始し、全世界が緊張した。一二月にアメリカがアルカイダを撃退し、アフガニスタンに「臨時行政組織」がつくられた。

しかし、今回のアメリカの対アフガニスタン攻撃には、国際法上のいくつかの論点がある、と私たちは考えている。
（1）国際法上の定義によれば、これはテロ（大規模）ではあるが、戦争ではない。テロの場合、犯人は国際警察によって捜索され逮捕され国際刑事法廷（軍事法廷ではない）で裁かれるべきである。
（2）報復戦争は国際法違反だ。「目には目を、歯には歯を」という仕返しの論理はすでに廃棄され、国連憲章や国際宣言で禁止されている。
（3）今回のアメリカの出動は「自衛のための戦争」という。しかし、このような場合にはまず、国連主導でテロ犯人を逮捕するよう努力し、これと併せて経済制裁や外交断絶などの非常時的な手段をとるというのが国際的なルールである。そしてそれでもなお効果がないと認められる場合には、国連安全保障理事会と加盟国に対し軍事協力を要請し、国連軍を組織すべきだとされている。国際法上、「自衛戦争」はそれが間に合わない場合に一時的に認められるにすぎない。
ところが、アメリカはその手続きを踏まなかった。世界的な言語学者ノーム・チョムスキーの「アメリカこそテロ国家である」という断罪は別にしても、日本はこのアメリカの戦争に対してどのように対応するか、このような論点を含めた多様な選択肢を検討すべきであった。

しかし、日本政府はほとんど議論らしい議論も行わないまま、ブッシュ大統領の戦争宣言に「協力するのは常識」とした上で、二〇〇一年一一月に、「テロ対策特別措置法」「自衛隊法改正」「海上保安庁法改正」の三つの法律を制改定し、さらに「国連平和維持活動（ＰＫＯ）協力法」のうち武器使用制限の一部を緩和し、平和維持軍（ＰＫＦ）の本体業務の凍結を解除した。これらの法律を制定するや、自衛隊機や自衛隊艦をインド洋まで派遣し、物資の援助や給油などの後方支援に当たらせた。そして、いまや「有事法案」が国会に上程される事態となった。

アメリカは、臨時行政組織設置以降、アフガニスタンのテロ組織だけでなく、さらにイラク、イラン、北朝鮮を「悪の枢軸」とし、武力攻撃を含む「すべての選択肢」を準備しているとしている。日本がこれにどう対応するか、今のところ不明である。論点は鮮明であり、二つである。

一つはいうまでもなく、このような対応は憲法第九条の、

「日本国民は、正義と秩序を基調とする国際平和を誠実に希求し、国権の発動たる戦争と武力による威嚇または武力の行使は、国際紛争を解決する手段としては、永久にこれを放棄する。

前項の目的を達するため、陸海空軍その他の戦力はこれを保持しない。国の交戦権はこれを認めない」

と衝突する可能性がある。「国際紛争を解決する手段として」、「陸、海、空軍」を使っているのではないか、ということである。

もう一つは、自衛隊派遣とは別に、日本はこれらの危機に対してどのように対応したらよいか、具体案を対置するということである。今回も残念ながら後者の案がないため、議論は前者のみに収斂し、個別的自衛権から集団的自衛権へ、憲法との整合性から憲法の改正へと突き進んでいる。そこでまず、前者の論点を、自衛隊とは何かに絞ってみていくことにしよう。

自衛隊

まず自衛隊法をみてみよう。この法律は、「自衛隊の任務、自衛隊の部隊の組織及び編成、自衛隊

の行動及び権限、隊員の身分取扱等を定めることを目的」(第一条)としている。しかし、そこには何のための組織か、ということは明確にされていない。つまり、何をするか定義されないまま、とにかく自衛隊という組織について定められたのがこの法律なのである。これは法律としてはきわめて奇妙だ。けれどもその生い立ちをみると、実は何ら不思議なことではなく、むしろ奇妙な法律は必然であったのであり、そこに今日につながる憲法九条の一切の矛盾や悲劇があった。

日本がまだ占領下にあった一九五〇年六月、朝鮮半島で戦争が始まり、日本からも在日米軍が出動した。そして、占領軍の総司令官マッカーサーは、日本政府に対して、自分が関与し制定した九条とは全く相反する、「日本の国防」を目的とした七万五〇〇〇人の「警察予備隊」の創設を指令した。

一九五二年、日本は主権を回復し、サンフランシスコ平和条約と日米安全保障条約が同時に締結された。占領はなくなったが、米軍の駐留はそのままとされ、警察予備隊のほうは一一万九九四七人の保安隊と警備隊に改組・増強された。

さらに一九五四年、日米相互防衛援助協定(MSA協定)が締結され、政府は防衛力増強の義務を負い、現在の自衛隊法が制定され、保安隊と警備隊は一六万四五三九人の自衛隊となった。

そして現在、陸上、海上、航空の自衛隊員は合計二四万人、防衛予算は約五兆円、世界第三位の高額となった。保有戦力は、戦車一〇五〇台、護衛艦五四隻を含む主要艦艇一四二隻、F15戦闘機二〇三機、P-3C対潜哨戒機一〇〇機を含む航空機多数〔注1〕という、他国への出動能力を含めて、十分に近代戦争を遂行する能力をもつ「軍隊」である。しかし、あくまでそれは戦争を目的とするものではなく、専守防衛の自衛組織として、政府によって説明されてきた。そして憲法に違反しないものとしてこれを位置づけるさまざまなロジックや法律が編み出される。

九条の原点と歴史

一九四五年、日本は第二次世界大戦に敗れ、アメリカによって占領された。アメリカ占領軍のマッカーサーは、日本国に対し、憲法の書き換えを命じた。マッカーサー・ノートの原案には「国家の主権的権利としての戦争を廃棄する。日本は紛争解決のための手段としての戦争、及び自己の安全を保持するための手段としてのそれをも放棄する。日本はその防衛と保護を、今や世界を動かしつつある崇高な理念に委ねる。いかなる日本陸海軍も決して許されないし、いかなる交戦者の権利も日本軍には決して与えられない」と記してある。

問題の発端は、この文章のうち、「及び自己の安全を保持するための手段としてのそれをも放棄する」という部分が憲法起草委員会で削除されたということから始まる。すなわち、第一の説は、削除したのは「自衛のための戦争」はどの国でも当然認められるので、それを明確にするために、あえてこれと抵触する可能性のあるこの部分を削除したというもの、もう一つは、これとは反対に、九条二項の「戦力不保持、交戦権否認」の条項は、当然自衛戦争の放棄も含まれるので、屋上屋を重ねる必要がないというのである。

当時の日本国政府の認識は明快である。総理大臣吉田茂は、「日本国が列国に先立って、あるいは世界を率いて、平和愛好の平和的条件を現出せしめる。その先駆けになって、自ら戦争を放棄し、軍備を撤廃することによって、世界の平和を事実ならしめる。この決意に基いて政府はこの案を提出した」〔注2〕と明言した。侵略戦争は悪いが自衛戦争は良いと主張した野党を一喝し、「正義の戦争などない」〔注3〕。さらに、「過去の戦争は常に国家正当防衛権を理由に引き起こされた」という歴史認識にたって、自衛のための戦力や交戦権を必要だとする意見を退けたのである。

しかし、それ以降の九条解釈、関連する一連の政策はきわめて複雑である。これを年表にしたのが「図14―1」である。

この図は、一九四六年、現行憲法九条を中心にして、左側にいわば「軍国主義政策」、右側に同じく「平和主義政策」といったものを年代ごとに並べている。これを要約していうと次のようになる。

軍国主義政策

1 軍備の拡大（警察予備隊→保安隊と警備隊→自衛隊）
2 日米安保条約（米軍駐留→思いやり予算など）
3 有事立法（自衛隊法→周辺事態法→テロ対策特別措置法→有事法案）
4 軍事的国際協力（PKO協力法→PKF凍結解除）

平和主義政策

1 平和運動など→武器輸出禁止三原則→軍事費一%枠→徴兵制禁止
2 原水爆禁止運動など→非核三原則
3 国際協力（国連加盟→国連分担金世界二位→ODA世界一位）
4 軍縮条約の締結（弾道ミサイル制限条約、対人地雷禁止条約など）

これが双方の動きである。

これらの動きについて、まず、二つの点を確認しておきたい。

一つは、この図でもわかるように、これらの動きを形成し、加速したのが国内情勢の変化というよりは、むしろ国際情勢の変化、すなわち朝鮮戦争、ベトナム戦争、湾岸戦争、そしてテロ報復戦争というように、「戦争」を契機にしてそれぞれの対応が質的に拡大していること、もう一つは、これら政策の展開につれて、九条の解釈も一段と複雑なものとなったという点である。

九条解釈の変遷

以下、九条の解釈を時系列順に並べると次のようになる。

（1）日本は、自衛権、集団的自衛権を含めて一切の戦争を放棄している。したがって、警察以上の武力は持つことができない。吉田茂は、一九五〇年の「警察予備隊」創設の当時、「これは警察の補充」である、したがって違憲ではないとした。同じ論理は、一九五二年の「保安隊」がつくられたときにも貫かれている。さらに、国連への加盟に際し、憲法九条を理由に軍事行動への参加を留保した。

（2）日本も自衛権を有している。憲法九条一項は、この自衛権による戦力の行使を禁止していない。しかし九条二項によって、一切の戦力を持つことができないため結局はこの自衛権を発動できない。

（3）日本も自衛権を有している。これは憲法九条一項・二項によっても禁止されていない。またそのための最小限度の抑止力としての戦力を持つことができる。一九五四年の自衛隊発足時に、自衛隊はこの最小限度の抑止力だとして政府が答弁した合憲論がこれであった。これは明らかに警察予備隊や保安隊のころの論理とは異なっている。

（4）憲法九条は自衛権を否定していない。自衛隊はいまや、最小限度の抑止力を超えて軍隊である。しかし、この軍隊はもっぱら自衛のために用いられるのであるから合憲である。

平和主義政策(平和的生存権)

国連核廃絶決議批准

非核自治体宣言運動

西インド沖地震救援(1992)

ODA世界1位

国連分担金世界2位

徴兵制の禁止

軍事費の1%枠

非核三原則(1971)

武器輸出禁止三原則(1967)

専守防衛

9条裁判闘争

安保闘争

平和運動　国連加盟(1952)

原水爆禁止運動

基地反対運動

憲法9条

946

対人地雷全面禁止条約(1999)

包括的核実験禁止条約(未発効)

化学兵器禁止条約(1997)

生物兵器禁止条約(1975)

ABM制限条約(1972)

核拡散防止条約(1970)

準平和憲法18カ国で制定(1946-1975)

国際連合憲章(1945)

ポツダム宣言(1945)

大西洋憲章(1941)

不戦条約(1928)

世界の非武装・平和

（図 14－1）憲法9条相関図

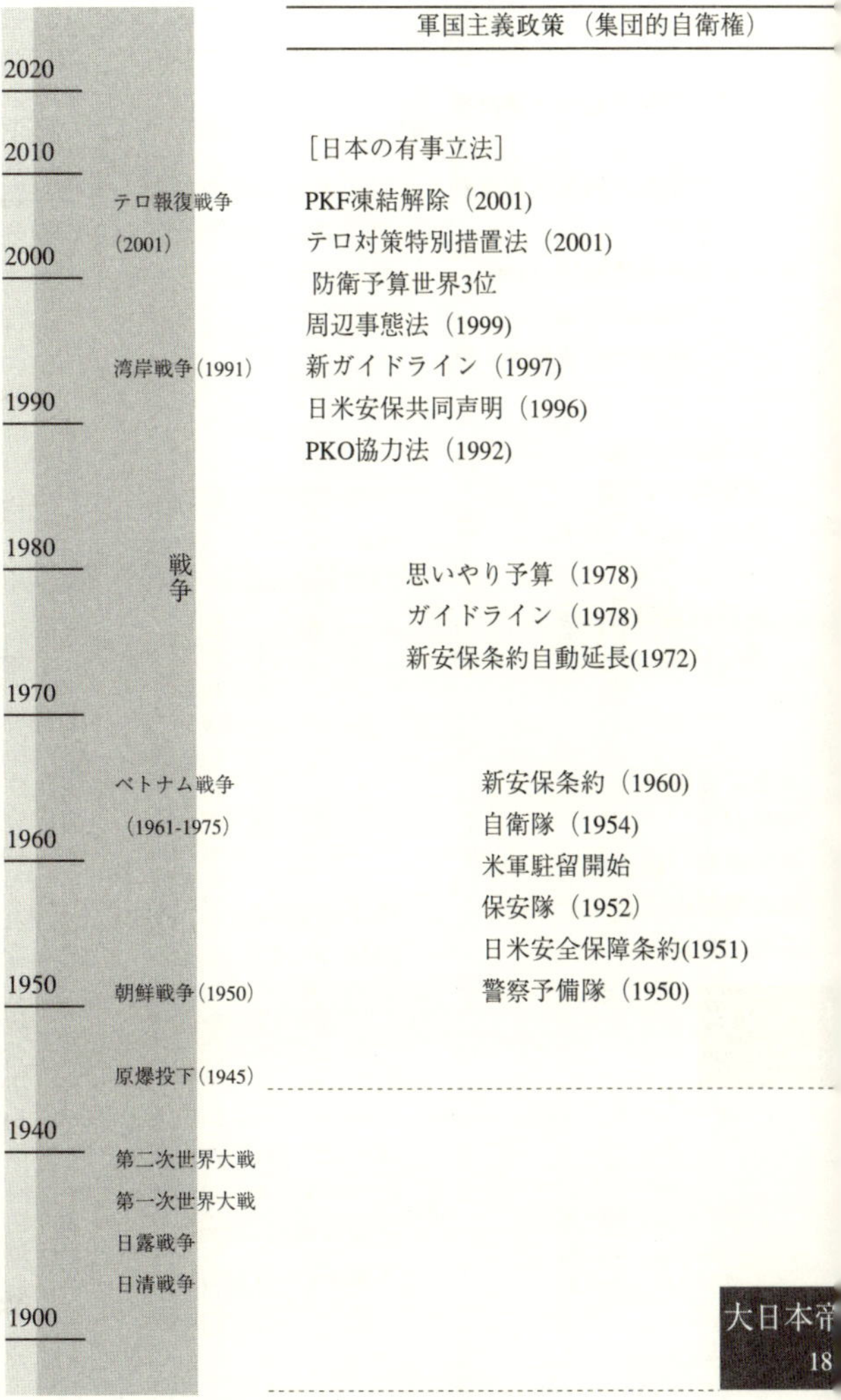
軍国主義政策（集団的自衛権）
2020
2010
[日本の有事立法]
テロ報復戦争（2001）
PKF凍結解除（2001）
テロ対策特別措置法（2001）
2000
防衛予算世界3位
周辺事態法（1999）
湾岸戦争（1991）
新ガイドライン（1997）
日米安保共同声明（1996）
1990
PKO協力法（1992）
1980
戦争
思いやり予算（1978）
ガイドライン（1978）
新安保条約自動延長(1972)
1970
ベトナム戦争（1961-1975）
新安保条約（1960）
自衛隊（1954）
1960
米軍駐留開始
保安隊（1952）
日米安全保障条約(1951)
1950
朝鮮戦争（1950）
警察予備隊（1950）
原爆投下（1945）
1940
第二次世界大戦
第一次世界大戦
日露戦争
日清戦争
1900
大日本帝
18

（5）湾岸戦争を経て議論は拡大する。何をもって自衛というか、ということであり、地域は国内から極東へ、極東から周辺事態へと広がった。論理も、集団的自衛権は認められないが、PKO参加五原則（i、紛争当事者間の停戦合意。ii、受入国を含む紛争当事者のPKOと日本の参加についての同意。iii、PKOの中立性の厳守。iv、i―iiiの原則が充たされない場合の自衛隊の撤収。v、武器の使用は、自衛隊員の生命、身体防護のために必要最小限に限ること）の下で、自衛隊が海外で活動することは認める、というのであった。

（6）しかし、アフガン空爆開始後に制定されたテロ対策特別措置法以降は、「戦闘の行われていない地域での非軍事的な支援だけ」でなく、「戦闘地域での軍事的支援」を行うために「集団的自衛権」を認知することと、それを合法化するための法体制の整備、一つは九条改正、もう一つは九条を最大限拡大解釈して何らかの集団的自衛権を認知する法律を制定する欲求が高まってきている。

私たちの選択

改憲論も護憲論も、それぞれの理由と歴史を背負って苦悩している。そこで私たちは、この不幸を打開する必要がある。

軍国主義体制を推進してきた与党自民党は健在だが、平和主義を担ってきた社会党は解体縮小し、現在の民主党に象徴されるように、野党側は軍国主義や平和主義が入り交じり、混迷状態となった。自衛隊は違憲か合憲か。これを判断すべき裁判所も、かつて一審では「違憲」との判断を示したものの〔注4〕、すでに「司法」の章で示したように、最高裁判所は「統治行為論」をとって判断を放棄している。

しかし、誰の眼からみても、九条の下、高度な戦闘能力をもつ自衛隊（特にイージス艦）が、後方支援の名目とはいえ、到底「自衛の範囲」とは思われないインド洋まで出撃している状態は異様である。この異様状態の解消は、改憲論、護憲論の双方にとって喫緊の課題であろう。

「市民の政府」では、この課題に対して次のようにアクセスする。

一つは、冒頭にみたように、日本はもはや戦争を行う必要性も可能性もない国となったということ、また、世界・人類が抱える課題は軍事では解決できないことを確認することである。もう一つは、この確認を憲法に残しておくことは、その国の「固有性」（「歴史」や「伝統」を示すものといっても差し支えない）として、全世界で承認すべきだし、また承認されるということである。

「市民の政府」は、この観点からさらに、日本国の固有性を象徴するものとして憲法九条を維持しつつ、平和主義の立法化、軍縮の推進、国連中心の安全保障体制を推し進める。

以下、順にみていこう。

（1）平和主義の立法化

二つの世界大戦後、不戦条約や国連憲章など侵略戦争を禁ずる国際法や憲法が増え、平和主義の立法化が広がっている。ジュネーブ条約は、軍備を持たない国や地域への攻撃を禁じている。

平和憲法も一挙に増えた。戦勝国でありながら、フランス第四共和国の政府と人々は国民投票で平和憲法を選んだ。敗戦国の日本、イタリア、ドイツもこれに続いた。あまり知られていないが、日本、フィリピン、ビルマ（現ミャンマー）、韓国といったアジアの国を含め、一七カ国もの憲法が侵略戦争を禁止している。

一九九九年五月、オランダのハーグで開かれた平和会議では、「公正な世界秩序のための一〇の基本原則」に、第一原則として「各国議会は、日本国憲法第九条のような、政府が戦争をすることを禁止する決議を採択すべきである」と掲げた。世界中で平和への立法化が進められつつある現在、日本はその先頭に立つ。

（2）軍縮の推進

軍縮の状況をみてみよう。冷戦後、民族や宗教の対立が激しくなり、ユーゴ、中東、アフリカ等で国内紛争が増加している。にもかかわらず、一九九〇年イラクのクウェート侵攻に始まった湾岸戦争以来、国家による侵略戦争はおきていない。これに伴い、軍縮条約が締結され、各国の戦力は大幅に削減された〔注5〕。ロシアや中国の兵力は冷戦前の約半分となった。

世界の安全保障は地域ブロックごとの国家間の対話と協力関係によって築かれようとしている。欧州のOSCE、アジア太平洋地域のASEAN地域フォーラム（ARF）である。

各種兵器の使用禁止や削減を定めた国際条約も次々結ばれている。特定通常兵器使用禁止・制限条約、生物・化学兵器禁止条約、包括的核実験禁止条約（CTBT）、対人地雷禁止条約〔注6〕、ABM制限条約〔注7〕が締結され、小型武器売買禁止条約も検討され始めた。

軍隊や基地の縮小も進んでいる。

軍隊を持つには実にさまざまな負の社会的コストがかかる。人々の生命、財産、国土を防衛するための政策として軍隊を選ぶのであれば、そのことによって発生する負の社会的コストをも試算し、軍隊維持の費用対効果を考えなければならない。

軍隊の周辺では犯罪や事故が多発する。一九九五年九月、沖縄で少女が三人の米海兵隊員に強姦された。北京世界女性会議から帰国したばかりの女性たちを中心に、「沖縄の怒り」は爆発した。沖縄県の地主たちは銃剣とブルドーザーによって土地を奪われ続け〔注8〕、今や全土の一一％が米軍基地である。その存在によって、沖縄の人たちの安全と生活が、日々侵されている。その被害は、あきらかになった事件だけでも女性の強姦一一〇件、これを含め米兵による犯罪が四七八四件、航空機事故一二一件、原野火災一三三件〔注9〕、基地周辺の耐え難い爆音、実弾射撃訓練、ＰＣＢ等による環境汚染。基地はどこも同様の問題を抱えている。軍隊や基地は、最悪の「公共事業である」という声がある。

（３）国連中心の安全保障体制

軍事によらない集団的安全保障体制は国連でも模索されている。もともと、国連憲章が示す集団的安全保障体制とは、軍事によらず、多国間の協力体制を基軸とする考え方である。国連軍の発動は、必要悪として極力限定されているのである。

一九九四年、国連の人間開発計画ＵＮＤＰの報告書は、「人間の安全保障」（Human Security）という考え方を示した。外交、経済や技術協力、人的または文化的交流といった従来の非軍事の方法による平和維持の努力に加え、注目すべき新しい具体案も提案されている。人間や自然にやさしい持続的開発にむけての協定、世界社会憲章の制定、軍事予算を削減し平和への配当にまわす国際基金、その監督機関としての国際経済安全保障理事会の設置などである。

ＵＮＤＰの考え方は、一九九五年、国連の社会開発サミットで提案され、参加国の賛同を得、最終宣言に反映された。二〇〇一年、人間の安全保障委員会が設置され、共同代表として、ケンブリッジ大学のアマルティア・セン教授と並んで、前国連難民高等弁務官の緒方貞子が就任した。

これらが、当面、日本が果たすべき世界平和のための努力である。武力を放棄した憲法九条と憲法前文にみられる国際協調主義は、このような平和政策に根拠を与え、私たちを励ます。

危機を管理する

しかし、世界中には今後もさまざまな紛争（テロ、民族対立、貧富の格差）などが生まれることも同時に確認されなければならない。

率直に言って、改憲論はこれへの対応について、あまりにも性急かつ短絡であるのに対し、一方の護憲論はあまりにも呑気かつ悠長すぎた。

日本国民が今回の自衛隊インド洋派遣や海上保安庁の不審船撃破について「高い支持」を与えたのは、「戦争」は絶対にイヤだが、国際的な危機管理にはそれなりに対処しなければならない、という反応だとみることができるであろう。客観的にみても、この立場は国の内部ではもちろん、対外的にみても承認されるものと思われる。また、最近の国会レベルでの「改憲論の高まり」〔注10〕も、憲法九条の改正の直接的な要求というよりも、危機管理の必要性の反映とみることができる。

したがって市民の憲法では、九条論の補強としてこの論理を正面に据える必要があると考えるものである。

問題は、「危機」を誰が認定し、それに対してどういう方法をとるか、ということである。

「市民の政府」は、この「国際的な危機管理」について、政府の最も重要な政策として、次のような政策を法制化したい。

まず、世界的な規模での危機に対処するために、国連内に「国際的な危機管理組織」を設ける。これは、国連憲章がすでに規定している国連軍及び新設の国連警察として構築される。

国連軍及び国連警察は、国連によって「指揮」される（もちろん、この指揮についてはデュー・プロセスが貫かれる。たとえば、行動の開始、方法、手段等は、事前に国連によって承認された国際ルールにより統制される。大前提としては、国際立法、国際司法、国際行政の制度的枠組みをつくり、その行政の中の活動として位置づけられる）。これに対して日本政府は、国民の個人参加を含めて、自衛隊とは別の組織を参加させる。

この国際危機管理組織の組織員の身分は国連に属する。

日本政府はそのための費用を分担する。

日本の主権も含め、あらゆる国の主権から、この危機管理組織は独立であり、先に述べた国際行政を統制する法によって活動する。

この危機管理組織は、必要最低限の有形力を行使できるよう装備を整える。各国の「軍縮」の進捗に応じ、装備を軽減する。

次に、国内の危機管理に対処する部門として「危機管理庁」を組織する。これは現在の内閣府、国土交通省、警察庁、海上保安庁、そして自衛隊の一部などが当たる。危機は大きく三つに分類される。一つは地震や原発の事故など、普段の警察や消防などだけでは対応できない大規模な災害である。アメリカではＦＥＭＡ（連邦緊急事態管理庁）が組織され、一九九三年米国中西部を襲った大洪水や一九九四年のノースリッジ地震で大活躍した。二〇〇一年の同時多発テロの際も、ＦＥＭＡのワッペンを付けた捜索救助隊の活躍が大々的に報道されている。日本にもこのような対応が急がれる。しかし、現在はこのような危機に対してどの省庁が対応するのか、自衛隊の陸・海・空の責任はどう動くのか。海上保安庁と海上自衛隊はどう連携するのかバラバラである。またこのような危機には、阪神・淡路大震災で実証されたように、これら政府組織（自治体も含む）よりも、はるかに隣近所あるいはNGOなどの民間組織の行動が素早く、柔軟に対応できることがわかった。救出活動や食糧の供給などについて企業の果たす役割も大きい。危機管理庁は国レベルで政府組織をまとめ、被災した自治体を支援するとともに、市民や企業とも一体とならなければならない。またその活躍の場所は国内だけでなく海外にも広げられなければならない。アフガン空爆で最も必要なものは実は自衛隊の武力ではなく、このような危機管理を含む生活再建援助であった。

二点目はテロなどの国内の騒乱である。これには日本国内の組織と外国の勢力が関係する場合が考えられる。最近ではあのオウム真理教がそのような組織の一つであるとされている。国民の不安のひとつはこれにある。しかし「オウム」や今回のニューヨークにおける同時多発テロをみて、本当に軍隊が、これらテロの防止に役立つ、といえるだろうか。「オウム」には警察が対応した。ニューヨークの事件は、それこそ世界最強の軍隊をもつアメリカで起きたことを忘れてはならない。

そして最後に、これと関連するのが有事である。その可能性が限りなくゼロに近いことは冒頭で検証したが、万が一、外国が日本に侵入してきたときにどうするかというのが論点であり、この集約化が有事法の制定の必要性あるいはその内容となっている。九条改憲論者が持ち出す最終的論点がこれであるということも覚えておきたい。

万が一の有事には、「市民の政府」は、まず先ほどみた国連軍に侵入阻止の対応を取るよう要請する。この対応が間に合わない場合、あるいはこれと並行してとりあえず危機管理庁が持っている武器や能力の範囲内で応戦する。

究極の平和

有事に対するこのような備え方に対して、「丸腰」論から始まって敗北主義に至るまで、これまでさまざまな拒否反応が見られたし、これからもそれは続けられるであろう。中には一笑に付すものもいる。最近は相手にしないという論調も強くなった。そこで最後に究極の平和について考えておこう。

ひとつは、このような「弱腰論」がだめというなら、それではどのような対応を準備すれば万全なものになるかということである。戦争論の鉄則によれば、侵入の阻止を含めて、敵に勝つには、敵よりも強い軍隊をもたなければならない。現在の最強軍隊はアメリカ軍であり、それ以下の軍隊でもほとんどが「核」武装している。日本がこれらの敵に対応するために、集団的自衛権で理論武装し武器を持つとして、自衛隊は一体何発の核を持つのか、あるいはアメリカの基地を撤去してアメリカと対置し、それを越える軍隊をもつのかどうか。またそれは一体どのような軍隊になるのか。改憲論者はこれに答えなければならない。

反対に危機管理庁の設置についても付け加えておきたいことがある。それはテロにせよ侵入にせよ一時的に起きるが、その対応は政府に依存するものではなく、市民が不断に準備しておくべきものであり、侵入もテロもそれによって未然に防がれるということである。

それでは不断の対応とは何か。先に述べた平和主義の政策とともに、「伝統と文化」の章で見た「美しい都市」を私たちはあげたいのである。かつて第二次世界大戦のとき、アメリカは日本本土を爆撃するにあたって京都を爆撃対象から外した、ということが知られている。また同じくドイツでは、首都ベルリンを包囲されたヒトラーは、自殺寸前、連合軍の侵攻を防ぐために、道路、橋、病院、学校など都市生活を送る上で必要なすべての施設を焼き払うことを部下に命じた。焦土作戦である。しかしこれは彼の唯一の友人であり、軍需省大臣としてともに戦争を支えてきた建築家シュペーアによって最後の最後の段階で阻止された。京都、ハンブルクやその他のドイツの都市があまりにも美しかったからである。

美しい都市には人類の英知と時代ごとの豊かな暮らしが、積み重ねられている。そこには人間の命や健康、そして環境や財産、人間の関係や組織のすべてが含まれている。

それは過去と継続し未来を照らす。

それは、その地域に特有なものであるが、同時に世界的に普遍的なものである。

危機管理庁とは、このような美しい都市を底辺にもつ、きわめて市民的な組織でなければならないのである。

現代の戦争には、シビリアンコントロールという言葉に象徴されるように、「法治主義」が貫かれる。その意味は、戦争はもはやヒトラーやムッソリーニそして東条など一部の独裁者が行えるものではなくなったということである。日本でいえば、戦争（有事を含む）を行う場合には、内閣総理大臣が戦争を宣言し、これを国会が承認しなければならない。市民の憲法では、それだけでなく憲法裁判所の審査を経て、さらに究極的には国民投票によってはじめて合法性が与えられる。

二一世紀、「市民の政府」の下で、再び「国家」なるものが登場するとすれば、それはまさにこの戦争の時である。総理大臣や国会は、そのときたぶん、「国家」の名において多くの人を殺し、美しい都市を破壊せよ、あるいは破壊されても仕方がないと命じなければならない。しかし、かけがえのない人命と、美しい都市、すなわち国民主権の、そして個々人の命の最も具体的な姿であるそれを、切り捨てる「国家」とはいかなるものか。

「市民の憲法」は、そのとき、国民に対して投票という方法でそれに対する回答を与える権利を保障するのであり、その権利によって国民も真実とその責任が問われることになる憲法なのである。

〔注1〕『平成一三年度防衛白書』より。二〇〇〇年三月三一日現在。
〔注2〕衆議院、一九四六年七月一五日。
〔注3〕衆議院、一九四六年六月二八日。
〔注4〕砂川事件第一審（伊達判決）は、「わが国が外部からの武力攻撃に対する自衛に使用する目的で合衆国軍隊の駐留を許容していることは、本条二項前段によって禁止されている陸海空軍その他の戦力の保持に該当するものといわざるをえ」ないので駐留米軍を違憲（東京地判昭和三四年三月三〇日判時一八〇―二）であるとし、長沼事件第一審（福島判決）は「その編成、規模、装備、能力からすると、明らかに『外敵に対する実力的な戦闘行動を目的とする人的、物的手段としての組織体』と認められるので、軍隊であり、本条二項にいう『陸海空軍』という『戦力』に該当する」という理由で自衛隊を違憲（札幌地判昭和四八年九月七日判時七一二―二四）と判断した。
〔注5〕アメリカ中心の北大西洋条約機構（NATO）と旧ソ連中心のワルシャワ条約機構（WPO）は、一九九二年発効の欧州通常戦力（CEF）条約、一九九四年発効の第一次戦略兵器削減条約（START　I）に基づき戦力を大幅に削減されている。
〔注6〕地雷禁止活動に貢献したNGOは二〇〇〇年のノーベル平和賞を受賞。イギリスの故ダイアナ妃も貢献した一人である。
〔注7〕二〇〇一年一二月、迎撃ミサイル開発のためにブッシュ政権のアメリカが条約締結国から離脱。

〔注8〕日米安保条約締結により米軍用地特別措置法が制定され、米軍基地としての土地強制使用のため、土地収用法が準用されている。自衛隊基地建設には適用されていない。

〔注9〕一九七二年の本土復帰から一九九五年末現在の数値。沖縄県総務部知事公室基地対策室「沖縄の米軍基地及び自衛隊基地〔統計資料集〕」一九九六年。

〔注10〕二〇〇二年三月二二日付け「読売新聞」は、七割以上の国会議員が憲法改正を支持するようになったと報じている。

あとがき

最近、国民や国会議員を対象にした世論調査などをみると、憲法を改正したいという声が大変強くなっている。国会では党派を超えて七〇％以上の議員が改憲派になっているという新聞の調査が報道された。自衛艦のインド洋派遣、不審船への銃撃、あるいは有事立法といった憲法に関わる政府の動きについて国民の支持率も高い。こうした個別問題は詳細にみると、ただちに改憲論とはいえない側面もあるが、全体的にみれば、この国でいよいよ憲法改正が政治日程に上ってきたといってよいだろう。

しかし、戦後これまで、それなりに定着してきた憲法がいまなぜこの時期に改正なのか。たしかに、自民党などの一部には以前から改憲論があり、近年加速していた。一部の報道機関が急速に改憲論を盛り上げてきた。

そうした動きに共鳴するように世論が動き出した背景には、不況のただなかで将来への不安が噴出し、漠然とした不安や不満が充満して、一挙に世直しをしたい、しなければならない、その頂点に憲法がある、ということではないか。

しかし、この改憲や世直しムードには、市民の立場からすれば致命的な欠陥がある。

こうした改憲論は、戦争をするのか、しないのかという国の命運を分けるような重大な問題について、私たち市民の意見は尊重されるのか、私たちの意見をくみ上げる仕組みができるのか、という民主主義社会では決定的に重要な問いを無視している。

しかも、「第九条」が典型的なのだが、改憲論者は自らの立場だけを正義とし、すぐに「敵」と「味方」に峻別してレッテルを貼ってしまう。最近では、相互の議論すらできない状況だ。

だが、九条を含め憲法を変えたからといって、深まる閉塞感が解消され、世直しができるわけではないだろう。どうしてこんな世の中になったのか。冷静な分析と解決策を探ることが優先されるべきなのだ。改憲論は、そうした責任論や政策論争を封じ込める狙いがあるようにもみえる。

百歩譲って、もし閉塞感の元凶が憲法にあるにしても、では憲法をどうしたらよいのか、具体的に市民にわかる言葉で議論すべきだろう。しかも九条だけでなく、国民主権から始まり、憲法改正の手続き（憲法改正国民投票法を含む）に至るまで憲法が対象とする領域の全体をみるべきだ。その入口と出口の間では、福祉や教育、労働や雇用、住宅といった広い意味での人権問題から言論の自由までさまざまな個別の領域で、どんな政策を目指すのか、広く自由に議論を戦わすことが欠かせない。

なにより重要なのは、その議論の主人公は主権者であるあなたであり、憲法を変えるにしても制定権者はあなたなのだ、という原理・原則を強調し、国民一人ひとりを議論に参加させなければならないのである。

憲法論議は、いまのところ低調な議論に終始する国会に独占され、それを伝えるマスメディアはほとんど無視するか、改憲を加速させるキャンペーンに利用するかである。肝腎の学界も「憲法解釈」

という従来からの閉鎖的な空間に閉じこもったまま、一歩も外に出ないようにみえる。
いずれにせよ、改憲論はあっても改憲論議はなく、国民は置き去りにされている。

私は憲法学者ではない。長らく弁護士として、恩師松下圭一教授の「市民自治の憲法理論」を学びながら都市計画、公共事業など個別事件を通して社会を考え、法律の壁にぶち当たってきた。そこに見えたのは法律は官僚が中心となって権力を握る勢力がつくり、市民の権利は二の次、三の次だという実態だった。

いまから数年前、縁あって松下教授と同じ大学で教鞭をとるようになったが、その最大の動機は、これまでの学問のように法律の「解釈」だけでは、現代社会の困難な諸問題に対応できない、法をつくる、とくに市民と同じ立場に立つ「立法」が学問的にも、もっと大きな課題になるべきだ、という考えにあった。

そのころから日本は、政治、行政、司法の改革から始まって、地方分権、無数といえる規制緩和の立法や法律改正があり、まさに立法ラッシュが始まった。しかし、法律を何百本つくっても、事態は一向によくならない。むしろ反対に、日本社会が衰退している。それは端的にいって、こうした法律が市民による市民のための立法でなかったからだ。

そこへ人為的ともいえる改憲論の盛り上がりである。私は世代的には現行憲法と全く同じ歴史を歩いてきた。そして、一貫してこの憲法は人間の歴史の成果を取り込んだ理想的なよい憲法だと思ってきた。しかし、改憲論に対しては、これまでの護憲論だけでは、その勢いを止めることは難しい。

そこで私は、立法学を学ぶものとして、法律の頂点にある憲法を市民の立場から考えてみよう、主権者としての市民と立場を強化する憲法を考えてみようという思いを強くした。それは改憲論に対抗する重要な手段とも思えた。

私はいまから二年ほど前に、夜間大学院の私の講座に学びにきている人々に対して、最大の法律である憲法を立法学の観点から研究しようと呼びかけ、受け入れられた。それから今日まで、小林丈人、松本徹意、鍵屋一、原亮、石田敏高、加藤正明、高野恵亮、肥沼位昌、萩原淳司、渡辺光子、山田雅巳などの諸君との間で、私の米国留学を挟み、何度かの合宿を経て、この本は完成された。

当初この本は、各人が個別テーマを担当し、それぞれが執筆する予定であった。だが読者のためには文体などを統一して読みやすくする必要があるなどということから、私が各人の研究をまとめることにした。こうした経過からいうと、実質的には、この本の執筆者はここに掲げた全員である。

さて、この本を執筆するに当たって最も留意したのが、立法学の前提である、立法事実、すなわちなぜこの憲法を改正しなければならないか、という前提条件をまずはっきりさせるということである。この方法論を私たちは「論憲」と名づけ、自らの立場を「論権派」と位置づけた。

「論憲派」の目指すところは、まず国民になぜ憲法を考えなければならないかということを、イデオロギーではなく事実によって示すということであり、ついで改憲派と護憲派の双方に対して、事実を媒介にした論争のための共通の土俵を作ろうということである。これでレッテル貼りは止められるであろう。しかしそれだけではない。最大の眼目は、無謀なことと思われるかもしれないが、市民自らが憲法をつくってみるということであった。おおげさにいえば、聖徳太子の一七条の憲法制定以来、日本では憲法は誰か偉い人がつくるものというのが通念となっている。明治憲法の時にも現行憲法の制定時にも、一部市民あるいは学者が憲法を考えたということを私たちは知っている。現在も読売新聞社をはじめ各人からさまざまな提案がなされている。しかし、それらは小さなサークル内での試案であったり、外側から偉い人に影響を与えようとするというにとどまっている。私たち論憲派はそうではなくて市民案を国会に上程し、場合によっては、たぶん、今後、政府あるいは有力な政党や議員がつくるだろうさまざまな憲法改正案とあわせて、これも同様な資格を持つ案として一緒に国民投票の対象にさせたいということなのである。この一点で、私たちはこれまでと異なっている。現行憲法が定めている国民主権とは憲法改正発議権が国会に独占されるのではなく、国民にもある、ということだと解釈したのである。

もちろん、私たちが本書で提案したさまざまな改憲論は、絶対に正しいというものではない。むしろ、九条以外にも日本の未来を考えるためのさまざまな論点と改革案があるということ、そしてそれらは立法事実の共通理解に立って国民によって検証、修正、立案されていくべきものだと提示したかったのである。

早川書房は、戦後まもない時代からミステリというモダンな仕事をしながら、日本の演劇文化を育成してきたユニークな出版社だ。同社のみなさんが私たちのいささか型破りの試みを認めてこの本の出版を引き受けてくださったことに厚く御礼を申し述べたいと思う。とくに合宿の段階から参加して市民の立場からもアドバイスをいただいた編集部の菅野圀彦氏には心からの感謝を申し上げる。

二〇〇二年春の盛りに

五十嵐敬喜

巻末資料
憲法関連年表

	月	憲法に関わる事件・立法・判例	月	市民生活・社会・政治の動き
一九四五	8	ポツダム宣言受諾、無条件降伏により日本敗戦 言論・集会・結社等臨時取締法廃止	8	広島・長崎に原爆投下、一九五〇年までの犠牲者三〇万人以上 東久邇宮内閣 マッカーサー来日
	12	旧労働組合法公布（四六年三月施行）	10	幣原内閣
			11	市川房枝ら新日本婦人同盟結成 ニュルンベルク国際軍事裁判開廷
一九四六	1	天皇が「人間宣言」で神格科を否定 GHQ、軍国主義者の公職追放を指令	1	国連第一回総会
	2	GHQ民政局、憲法草案の起草に着手。日本政府案との対立を深める	4	衆議院総選挙、スローガン「民主憲法は人民の手で」（自由一四一、進歩九四、社会九三、協同一四、共産五） 幣原内閣総辞職後、首班指名確実視されていた鳩山一郎をGHQが公職追放
	3	日本政府、GHQ案に修正を施した「帝国憲法改正草案要綱」を発表	5	第一次吉田内閣
	5	極東国際軍事裁判（東京裁判）開廷	6	イタリアが国民投票で王制廃止
	6	憲法改正草案、衆議院に提出、審議開始		
	11	日本国憲法公布		
一九四七	1	皇室典範、皇室経済法公布（施行五月三日）	1	全官公庁労組拡大共闘委員会、二・一ゼネストを宣言。マッカーサーが中止の声明を出しスト回避
	3	請願法、恩赦法公布		

年	月	国内	月	国外
	4	教育基本法公布（五月三日施行） 労働基準法、独占禁止法公布 裁判所法公布（五月三日施行） 地方自治法公布（五月三日施行） 国会法公布	4	衆議院総選挙（与党：社会一四三、民主一二四、国民協同三一／野党：自由一三一、農民四、共産四、他二九）
	5	日本国憲法施行	5	片山内閣
	8	最高裁判所発足	6	国鉄労働組合結成、日教組結成
	10	国家公務員法公布 刑法改正、「皇室に関する罪」を削除		
	12	児童福祉法公布 警察法公布、自治体警察 民法改正、旧家族制度を廃止、信義則・権利濫用の禁止規定を追加		
一九四八	3	最高裁、死刑は「残虐な刑罰」にあたらないと判断（判決）	3	芦田内閣
	7	福井市公安条例施行（全国初の公安条例） 改正刑事訴訟法公布 教育委員会法公布、自治体に教育委員会を設置、委員は住民の直接選挙 政治資金規正法公布 政令二〇一号公布・施行、公務員の団結権、争議権を剥奪	4	ソ連、ベルリン封鎖
			8	大韓民国樹立、米韓軍事協定成立
	11	国家公務員法改正、公務員の争議行為禁止 極東軍事裁判判決、A級戦犯容疑者二五人に	10	第二次吉田内閣
			12	国連、世界人権宣言を採択 東条英機ら絞首刑
一九四九	6	労働組合法、労働関係調整法公布	1	衆議院総選挙（与党：民主自由二六四、民主六九／野党：社会四八、共産三五、国民協同一四、労農七、他二九）
	7	マッカーサーが「日本は共産主義の防壁」と発言。そ		

		の後GHQ教育局W・E・イールズが各地で反共講演を行う
	8	シャウプ勧告
	9	公務員の政治的行為に関する人事院規則公布
一九五〇	4	公職選挙法公布
	5	国土総合開発法公布
		国籍法公布
		文化財保護法公布
		マッカーサー、警察予備隊の創設を指令
		地方税法公布・施行
	8	警察予備隊令公布
	10	最高裁、尊属殺重罰規定合憲判決（七三年違憲判決）
一九五一	4	宗教法人法公布・施行
		最高裁、死刑合憲判決
	5	児童憲章制定
	6	土地収用法公布（一二月施行）
	9	対日講和条約、日米安全保障条約調印
	10	出入国管理令公布
		京都地裁、京都市公安条例違憲判決（五三年合憲判決）

	2	第三次吉田内閣
	4	GHQ、円の為替レートを一ドル三六〇円
	5	西ドイツ、ボン基本法（五月八日）、東ドイツ、共和国憲法（五月三〇日）採択
	7	下山事件、三鷹事件
	8	松川事件
	10	毛沢東、中華人民共和国成立宣言
	11	コスタリカ、常備軍保持を禁止する憲法公布
		対共産圏輸出統制委員会設立
一九五〇	2	アメリカで赤狩り始まる
	4	京都府知事選、蜷川虎三当選
	6	特殊法人としてNHK発足
		朝鮮戦争勃発
	7	総評結成
	12	NATO軍創設
一九五一	4	マッカーサー解任、衆参両院で感謝の決議
	10	社会党、左派右派に分裂

一九五二	3	財政法、会計法改正で、継続費制度導入	3	政府、破防法案要綱発表。その後、ストライキなど、反対運動が高揚
		吉田首相、自衛戦力は合憲	4	読売新聞憲法世論調査（改正賛成四二・二%、反対一七・一%）
		政府、米駐留軍は憲法九条の戦力に該当しないと答弁	5	血のメーデー
		私立学校振興会法公布・施行	10	衆議院総選挙（与党：自由二四〇／野党：改進八五、右派社会五七、左派社会五四、労農四、共産〇、他二五）
	4	琉球中央政府発足		第四次吉田内閣
	5	優生保護法改正、医師の認定による人工中絶の合法化		
	7	破防法関係三法公布・施行		
		保安庁法公布		
	8	地方自治法改正、東京都特別区の区長公選制を廃止		
	11	内閣法制局、「戦力」に関する見解。近代戦に役立つ程度の装備、編成を備えたもの（五四年衆院予算委答弁参照）		
一九五三	2	自治庁、憲法改正の国民投票に関する法案を作成、以後凍結	2	ＮＨＫ、東京地区でテレビ放送開始
	7	国会、ＩＬＯ三条約承認	3	スターリン死去、首相マレンコフ・書記にフルシチョフ
	9	町村合併促進法	4	衆議院総選挙（与党：自由吉田派一九九／野党：改進七六、左派社会七二、右派社会六六、自由鳩山派三五、労農五、共産一、他一二）保守系減、左派社会伸長
	11	大阪高裁、京都市公安条例を必要最小限の規制として合憲	5	第五次吉田内閣
		静岡地裁、静岡県公安条例の規制方法を憲法二一条に反し違憲と判決（五四年判決参照）	7	朝鮮戦争、板門店で休戦協定
			12	水俣病第一号患者
一九五四	5	日米相互防衛援助協定（ＭＳＡ協定）発効	3	アメリカのビキニ環礁での水爆実験で日本船乗員全員が被爆
	6	警察法改正、自治体警察を都道府県警察に統合、中央集権化		西ドイツ、基本法改正で再軍備に道を開く
		防衛庁設置法・自衛隊法公布（施行七月一日）		衆議院厚生委員会で外相が日米安保条約の関係上アメリカの核実験に日本は協力する旨答弁。原水爆禁止の
	9	改進党憲法調査会「現行憲法の問題点の概要」を発表		

年	月	事項	月	事項
	11	東京高裁、静岡県公安条例の規制方法を違憲と判決		運動が全国的に高揚
	12	自由党憲法調査会「日本国憲法改正案要綱」を発表	10	読売新聞憲法世論調査（改正賛成四七・一%、反対二七・六%）
		衆議院予算委員会、内閣法制局長官が現在の自衛力は戦力に該当しないと答弁	11	保守系政党再編、日本民主党結成、改進党等が自由党結成
			12	第一次鳩山内閣
				水俣病認定患者一二人に
一九五五	3	鳩山首相、衆議院予算委員会で現行憲法無効発言、後に撤回	2	衆議院総選挙（与党：日本民主一八五／野党：自由一一二、左派社会八九、右派社会六七、労農四、共産二、他八）
	6	憲法擁護国民連合、抽象的違憲審査制度をめざし裁判所法改正案決定。七月国会提出	3	第二次鳩山内閣
	7	自主憲法期成議員同盟結成、一三二人参加	6	森永ヒ素ミルク事件
	12	原子力基本法等公布		西ドイツ再軍備へ
			8	民主党「うれうべき教科書の問題」発行
			9	日本GATTに正式加盟
			10	社会党統一
			11	自由・民主、保守合同。現行憲法の自主的改正を内容とする政策綱領可決 ―五五年体制成立―
				朝日新聞憲法世論調査（改正賛成三〇%、反対二五%）
				第三次鳩山内閣
一九五六	1	鳩山首相、参議院本会議で軍備を認めない憲法に反対と答弁	2	フルシチョフ、スターリン批判
	4	初の弾劾裁判所による裁判官罷免	7	経済白書で「もはや戦後ではない」と表記
		自民党憲法調査会「憲法改正の問題点」を発表		エジプト、スエズ運河を国有化
	6	憲法調査会法、内閣に調査会が置かれる	10	日ソ国交回復に関する共同宣言署名調印
			12	石橋内閣

	12	新教育委員会法、委員任命制導入 国連加盟		
一九五七	3 5	最高裁、チャタレイ事件判決。表現の自由を公共の福祉で制限 自主憲法期成議員同盟、広瀬試案を発表 岸首相、参議院内閣委員会で自衛権の範囲内での核兵器保有は可能と答弁	2 8 9 10 11 12	第一次岸内閣 読売新聞憲法世論調査（改正賛成四四％、反対三二％） 文部省、勤務評定実施を都道府県に通達 アメリカで公民権法（Civil Rights Act）成立 ソ連、人工衛星スプートニクの打ち上げに成功 浅沼社会党委員長が自衛隊、駐留米軍による防衛が無意味と発言 朝日新聞憲法世論調査（改正賛成二七％、反対三一％） アメリカ、ICBMの試射に成功
一九五八	4 10	刑法改正、凶器準備集合罪等を新設 政府、警察官職務執行法改正案国会に提出、令状なしの身体・所持品検査等。反対運動が広がり廃案 最高裁、条例による地域的取扱の不平等について合憲と判断	1 4 5 6 9	日教組、勤評反対闘争方針発表 衆参両院で原水爆禁止決議案可決 衆議院総選挙（与党：自民二八七／野党：社会一六六、共産一、他一三） 第二次岸内閣 フランス、国民投票で第五共和制憲法承認
一九五九	3 4 12	岸首相、防御用小型核兵器は合憲と答弁 国民年金法公布 最高裁、砂川事件判決。米軍駐留は政治部門の裁量	1 4 10	日本、メートル法施行 キューバ革命、日本政府が新政府を承認 皇太子結婚、恩赦約一〇万人 安保改定反対運動の高揚 社会党分裂、社会クラブ・民社クラブ等
一九六〇	5	衆議院本会議で自民党が新安保条約等を強行採決	6	安保反対運動激化、機動隊の実力行使で死者

年	月	憲法関連事項	月	政治・社会の動き
	6	新安保条約等発効	7	第一次池田内閣
			10	浅沼社会党委員長、右翼に刺殺される
			11	アメリカ大統領選、ケネディ候補勝利
				衆議院総選挙（与党：自民二九六／野党：社会一四五、民社一七、共産三、他六）
			12	第二次池田内閣、所得倍増計画
一九六一	10	衆参両院で核実験禁止決議案可決	1	ケネディ大統領就任
	11	災害対策基本法成立	4	アメリカ支援のキューバ反革命軍が敗退
	12	中央公論社、「思想の科学」天皇制特集号を発売中止	5	アムネスティ・インターナショナル結成
				キューバ社会主義共和国建国
一九六二	5	行政事件訴訟法公布、行政事件訴訟特例法を廃止	1	公明政治連盟発足
			7	参議院選挙で創価学会九名当選
			8	朝日新聞憲法世論調査（改正賛成二七％、反対三八％）
			10	キューバ海上封鎖、キューバ危機
一九六三			11	衆議院総選挙（与党：自民二八三／野党：社会一四四、民社二三、共産五、他一二）
				ケネディ大統領暗殺
			12	第三次池田内閣
一九六四	2	最高裁、義務教育の無償は授業料に限り、教科書・学用品等は実費であることは合憲	5	PLO結成
	6	神奈川県公害防止条例、全国初の包括的公害認定基準を決定	10	東海道新幹線開通
	7	内閣憲法調査会最終報告書提出、改憲・護憲の両論併記		東京オリンピック
	9	東京地裁、「宴のあと事件」でプライバシー権を認める	11	第一次佐藤内閣
				公明党結成

一九六五	6	第一次家永教科書起訴提訴	2	アメリカ、北ベトナム爆撃
		日韓基本条約調印	6	毎日新聞憲法世論調査（改正賛成二八・一%、反対一七・四%）
	8	ＩＬＯ報告書、公務員のスト権行使禁止に対して勧告	7	政府、不況対策として国債発行の方針を閣議決定
一九六六	3	衆議院予算委員会で、外相・防衛庁長官がいかなる海外派兵も拒否、自衛隊海外派兵に関して政府統一見解	3	日本の人口一億人を突破
			9	中央教育審議会「期待される人間像」最終報告、象徴天皇への敬愛を明記
一九六七	3	札幌地裁、恵庭事件で、通信線の切断は自衛隊法一二一条「防衛の用に供するもの」を毀損したとの構成要件をみたさず無罪。憲法判断を回避	1	衆議院総選挙（与党：自民二七七／野党：社会一四〇、民社三〇、公明二五、共産五、他九）
	5	最高裁、朝日訴訟判決で憲法二五条はプログラム規定と明示	2	第二次佐藤内閣
	6	第二次家永教科書訴訟提訴	4	東京都知事選、美濃部亮吉当選。革新系候補が自治体選挙で伸長
	8	公害対策基本法公布		
	9	四日市公害訴訟提訴		
	11	徳島地裁、徳島市公安条例を構成要件の不明確性等により違憲判断		
一九六八	1	富山イタイイタイ病訴訟提訴	1	米空母エンタープライズ佐世保入港
		佐藤首相、非核三原則発表	4	アメリカでキング牧師暗殺
	5	消費者保護基本法成立		総理府、憲法に関する世論調査（再軍備賛成四九%）
	6	大気汚染防止法、騒音規制法公布		
		文化庁発足		

一九六九	2	内閣法制局長官、衆議院予算委員会で憲法上核保有は可能と答弁	7	アメリカのアポロ11号月面着陸
	4	最高裁、公選法の事前運動禁止は合憲と判断	12	衆議院総選挙（与党：自民二八八／野党：社会九〇、公明四七、民社三一、共産一四、他一六）
		「革共同」幹部を破防法適用で逮捕		
	7	東京都公害防止条例公布		
		同和対策事業特別措置法		
	8	平賀書簡事件		
	11	日米共同声明で沖縄返還（七二年）決定		
	12	最高裁、肖像権を憲法上の人権として容認		
一九七〇	2	政府、核拡散防止条約に調印	1	第三次佐藤内閣
	3	内閣法制局長官、衆議院予算委員会で自衛隊の海外派遣は憲法に反しないと答弁	3	大阪で万国博覧会
	5	障害者基本法成立		日航機よど号ハイジャック事件
	6	最高裁、八幡製鉄事件で法人の人権を承認	11	三島由紀夫、市ヶ谷の自衛隊で自殺
	7	私学助成のための私学振興財団発足		
一九七一	2	自民党憲法調査会「憲法改正要綱」の作成方針決定	8	大蔵省・日銀、為替相場の変動相場制への移行を発表
	6	東京都中野区議会、区長の選任に関して住民投票を行う条例可決	9	天皇・皇后ヨーロッパ七カ国親善訪問
	7	環境庁発足	12	一ドル三〇八円の新レート決定
一九七二	4	参議院予算委員会で西山記者事件について報道の自由と国家機密をめぐり論戦	2	連合赤軍、浅間山荘事件
	5	沖縄復帰、沖縄県発足	4	沖縄返還密約文書暴露事件で、毎日新聞記者逮捕（西山事件）
	6	自民党憲法調査会、憲法改正大綱草案。自衛力の保持明記など	7	第一次田中内閣
		自然環境保全法	9	日中共同声明調印、国交正常化
		最高裁、住宅の日照などは法律上保護される生活利益であることを認める（日照権）	12	衆議院総選挙（与党：自民二七一／野党：社会一一八、共産三八、公明二九、民社一九、他一六）

	7	品川区議会、区長準公選条例可決		アメリカ、北ベトナム爆撃再開 第二次田中内閣
一九七三	3	田中首相、小選挙区導入に向けて公選法改正案準備、野党の反対で提出せず	1	ベトナム和平協定調印
	4	最高裁、尊属殺重罰規定を違憲と判断	8	金大中氏拉致事件
	5	閣議で刑法の尊属重罰規定全面削除を決定（九五年の表記平易化まで存置）	10	第一次オイルショック
	9	札幌地裁、長沼事件で自衛隊違憲判決		
	12	最高裁、三菱樹脂事件で思想・信条を理由とする採用拒否は違憲ではないと判断		
一九七四	1	東京地裁、西山記者事件で毎日新聞記者無罪（七六年有罪）、元外務省事務官有罪	1	田中首相、東南アジア訪問で各地で反日デモ
	5	地方自治法改正、区長直接公選復活（二三年ぶり）	8	ニクソン大統領、ウォーターゲート事件で辞任
	11	最高裁、政治的行為の禁止に違反した者に対し刑罰による制裁を規定する国公法を合憲	10	立花隆「田中角栄研究——その人脈と金脈」を発表
			12	三木内閣
一九七五	4	最高裁、薬事法の距離制限規定に違憲判決	1	環境庁、「緑の国勢調査」で「純粋自然は国土の二割」と発表
	5	自治省「放漫財政の自治体に新税、超過課税認めず」と発表	2	英国保守党、サッチャーを党首に
	6	衆参両院、婦人の地位向上に関する決議案採択	6	第六〇回ＩＬＯ総会、「婦人労働者の機会および待遇の平等に関する宣言」等を採択
	7	国際婦人年世界会議	7	内閣広報室、死刑に関する世論調査で死刑廃止賛成二一％、反対五七％
	9	国民総背番号制に対する反対運動	8	全欧安保協力会議、ヘルシンキ宣言採択 三木首相、現職首相として戦後初の靖国参拝
	10	政府、赤字国債の発行などを内容とした初の減額補正予算を国会に提出	11	スト権スト、一二月三日まで国鉄運休
			12	英国、性差別禁止法、男女同一賃金法

一九七六	4	最高裁、七二年衆議院総選挙の定数配分規定に違憲判断。選挙自体は有効の事情判決	2	衆議院予算委員会でロッキード問題が焦点
	5	政府、二四年ぶりに憲法記念式典開催	3	国際人権規約発効
	7	東京高裁、西山記者事件で、毎日新聞記者逆転有罪判決	5	衆参両院にロッキード問題調査特別委員会
		田中前首相逮捕	6	新自由クラブ結成
	9	川崎市、全国初の環境アセスメント条例	9	毛沢東死去
	11	閣議で防衛費の上限GNP一%枠を決定	12	衆議院総選挙（与党：自民二四九／野党：社会一二三、公明五五、民社二九、共産一七、新自ク一七、他二一）
				福田内閣
一九七七	2	弾劾裁判所が鬼頭史郎判事補の職務停止を決定（三月罷免）	4	衆議院ロッキード委員会、中曽根康弘自民幹事長を証人喚問
		国会の予算修正権につき、内閣の予算提案権に抵触しない範囲で認めるとする政府見解		
	7	最高裁、津市地鎮祭事件で公金支出を合憲		
一九七八	2	嫌煙権確立をめざす人々の会結成	4	京都府知事選、保守系候補が二九年ぶりに勝利
		政府、F・15・P3C等は戦力に該当しないと表明	7	イギリスで世界初の体外受精児
		外相、衆議院外務委員会で憲法の趣旨から核兵器は持てないと答弁。政府見解は、政策判断として核兵器を持たないのであって、法的解釈とは別との問題	12	第一次大平内閣
	3	福田首相、衆議院外務委員会で細菌兵器も自衛のための必要最小限であれば合憲と答弁		
	5	成田新法公布・施行		
	7	シンポジウム「地方の時代」横浜で開催		
	8	福田首相、靖国神社参拝		
	10	最高裁、マクリーン事件で外国人の在留期間延長は法務大臣の裁量行為と判断		
		靖国神社、東条英機らA級戦犯を合祀		
	11	日米ガイドライン決定		

一九七九	5	中野区で教育委員準公選条例公布	4	東京・大阪知事選で保守系候補勝利
	6	元号法公布・施行	5	イギリスで保守党勝利、サッチャー首相誕生
	8	国際人権規約公布（発効九月）	10	衆議院総選挙（与党：自民二四八／野党：社会一〇七、公明五七、共産三九、民社三五、新自ク四、社民連二、他一九）
			11	第二次大平内閣
			12	イランで国民投票、イスラム共和国憲法承認、ホメイニ師が最高指導者に
				ソ連アフガン侵攻
一九八〇	2	文部省、中野区教育委員準公選取りやめの指導文書。区長、準公選制擁護の発言	6	大平首相死去（伊東正義臨時代理）
				衆議院総選挙（与党：自民二八四／野党：社会一〇七、公明三三、民社三二、共産二九、新自ク一二、社民連三、他一一）
	7	中野区議会、教育委員準公選条例を改正	7	パラオ世界初の非核憲法制定
				鈴木内閣
	8	鈴木首相、靖国神社に私人として参拝		
	11	宮沢喜一官房長官、閣僚の靖国公式参拝は違憲との疑いを否定できないとの政府統一見解		
		最高裁、「四畳半襖の下張」事件で、猥褻性の判断基準をチャタレイ事件よりも詳細に		
	12	臨時行政調査会設置法		
一九八一	4	最高裁、創価学会「板まんだら」事件で、宗教上の教義に関する司法審査を否定	4	読売新聞憲法世論調査（改正賛成二七・八％、反対四三・九％）
		最高裁、「月刊ペン」事件で私人の私生活の行状も公共の利害に関する事実にあたると判断		

	6	難民条約加入に伴う出入国管理令等関係法整備		
	7	条約法に関するウィーン条約批准		
	10	難民の地位に関する条約批准		
	11	自主憲法期成議員同盟、竹花試案		
一九八二	3	大阪地裁、箕面忠魂碑訴訟で政教分離原則を認定	4	フォークランド紛争
	7	最高裁、堀木訴訟事件で、生活保護と児童扶養手当の併給禁止は合憲と判断		毎日新聞憲法世論調査（改正賛成三二%、反対二八%）
	8	衆議院全国区改正、従来の全国区を比例区に、地方区を選挙区に改正	7	中国政府、教科書問題で抗議
	9	鈴木首相、財政非常事態宣言	10	西ドイツ、コール首相
			11	第一次中曽根内閣
一九八三	1	中曽根首相、日米関係を運命共同体、日本を浮沈空母とするなどと発言	5	朝日新聞憲法世論調査（改正賛成二八%、反対四五%）
		自民党、第四二回定期大会で初めて「自主憲法」への取り組みを決議	9	ソ連、大韓航空機撃墜
	4	神奈川県、都道府県レベルで初の情報公開制度	12	衆議院総選挙（与党：自民二五〇、新自ク八／野党：社会一一二、公明五八、民社三八、共産二六、社民連三、他一六）、自民敗北
		最高裁、参議院選挙定数不均衡訴訟で一対五・二六の格差を違憲ではないと判断		第二次中曽根内閣
	10	田中元首相、ロッキード事件懲役四年の実刑判決		
	11	最高裁、八〇年衆議院選挙定数不均衡訴訟で、国会に対し、できるだけ速やかに是正するよう勧告		
一九八四	1	家永第三次教科書訴訟提起	8	専売公社改組、日本たばこ産業株式会社へ
	3	文部省、中野区長、区議会に対して教育委員準公選制を廃止するよう文書で勧告	9	米カール・セーガン博士「核の冬」を警告
			12	電電公社解散、ＮＴＴへ

年	月	事項	月	事項
	5	最高裁、八一年都議会議員選挙定数訴訟で一対五・一五の格差を公選法違反と判断		
		国籍法・戸籍法改正、父母両系血統主義		
	11	逗子市池子弾薬庫跡地の米軍住宅建設をめぐり建設反対派候補が当選		
	12	最高裁、税関検査は検閲にあたらないと判断		
一九八五	2	中曽根首相、防衛費の総額を明示し、一%枠に代わる歯止めを検討	2	自民党田中派、創政会（竹下）発足で分裂
	3	最高裁、サラリーマン税金訴訟で、源泉徴収制度などは合理性がありと合憲と判断	3	ゴルバチョフ、ソ連共産党書記長に就任
				日本で初めてエイズ患者が発生
	6	国会法改正、衆参両院に政治倫理審査会を設置	9	文部省、君が代・日の丸で現場の実施率を公表、実施の徹底について通知
	7	最高裁、合理的期間を超えた国会の是正措置放置に警告		
	8	中曽根首相、戦後初の内閣総理大臣として靖国公式参拝		
	10	最高裁、福岡県青少年保護条例事件で合憲判断		
一九八六	3	最高裁、八〇年参議院選挙定数不均衡訴訟で格差五・三七倍を合憲と判断	2	中野富士見中生徒、教師を含む葬式ごっこ等のいじめを苦に自殺。いじめによる自殺が社会問題化
				フィリピン革命、アキノ大統領誕生
	4	高齢者等雇用安定法成立	3	読売新聞憲法世論調査（改正賛成二二・六%、反対五六・六%）
		男女雇用機会均等法成立		朝日新聞世論調査、中曽根内閣支持率五三%に上昇
	5	ロッキード事件の佐藤孝行被告に有罪判決（後の橋本内閣の閣僚として問題化）		フランス、保革共存政権（コアビタシオン）成立
	12	防衛費、GNP一%枠突破	4	ソ連チェルノブイリ原発事故
				衆議院総選挙（与党：自民三〇〇、新自ク六／野党：社会八五、公明五六、民社二六、共産二六、社民連四、他九）

			12	第三次中曽根内閣
			8	新自由クラブ解党
				朝日新聞憲法世論調査（改正賛成二九%、反対四一%）
				ビートたけし「フライデー」編集部で暴行・逮捕
一九八七	1	防衛費の歯止めとして総額明示方式へ閣議決定	3	朝日新聞調査、売上税反対八二%
	2	政府、売上税法案提出。公約違反で批判続出		毎日新聞憲法世論調査（改正賛成五一%、反対四三%）
	4	臨時行政改革推進審議会発足	11	竹下内閣
	5	売上税法案廃止		
	8	臨時教育審議会最終答申		
	9	天皇裕仁手術、皇太子が国事行為を臨時代行		
	12	教育課程審議会最終答申		
一九八八	2	最高裁、東京電力事件で労働者の思想表明要求行為を合憲と判断	9	天皇の体調不良で全国的な自粛ムード蔓延
	7	リクルート事件発覚、値上がり確実の未公開株を中曽根前首相らに譲渡		
	11	議院証言法改正、静止画像と音声による中継		
	12	個人情報保護法		
一九八九（平元）	1	昭和天皇死去、皇太子明仁が即位。「国民とともに憲法を守る」旨発言	2	リクルート事件で江副リクルート社前会長ら逮捕
	2	大喪の礼	5	薬害エイズ事件提訴
	4	消費税実施	6	天安門事件、天安門広場での市民・学生ストを人民軍の戦車・装甲車が制圧
	12	土地基本法成立		宇野内閣成立直後に首相の買春スキャンダル発覚。七月辞任
			8	第一次海部内閣
			11	ベルリンの壁崩壊
				国連総会で子どもの権利条約採択

一九九〇	8	小沢一郎自民党幹事長、自衛隊の派遣は可能と発言	1	天皇に戦争責任ありと発言した本島長崎市長が右翼に銃撃され重症
	10	政府、国連平和協力法案提出（一一月廃案）	2	衆議院総選挙（与党：自民二七五／野党：社会一三六、公明四五、共産一六、民社一四、社民連四、進歩一、他二一） 第二次海部内閣
			8	イラクがクウェートに侵攻、国連安保理が無条件撤退決議
			10	東西ドイツ統一
			11	国連安保理、武力容認決議
一九九一	1	イラク周辺国難民救済に五一億円支出	2	多国籍軍がクウェート制圧、イラクが国連決議受諾。湾岸戦争終結
	2	ブッシュ大統領「日本に軍事面の貢献を求めない」と発言	3	読売新聞憲法世論調査（改正賛成三三・三％、反対五一・一％）
	3	多国籍軍へ追加支援九〇億ドル	11	宮沢内閣
	4	ペルシャ湾へ掃海艇派遣を閣議決定	12	ソ連邦解体、消滅を宣言。一一の共和国が独立国家共同体を形成、ゴルバチョフ辞任
	9	政府、ＰＫＯ協力法案提出		
一九九二	1	脳死臨調、脳死を人の死とする答申	2	ＥＣでマーストリヒト条約の調印始まる
	2	自民党小沢調査会、日本の安全保障に関する答申案を発表、国連の指揮の下で自衛隊の武力行使容認	4	米ロサンジェルスで白人警官の黒人に対する暴行をきっかけに暴動が発生
	3	福岡地裁、セクハラを不法行為と認める	8	国連安保理、ボスニア・ヘルツェゴビナの人道援助を促進するため武力行使容認 金丸信自民副総裁、佐川急便の五億円献金授与を認め辞任を表明、佐川事件が国会で焦点
	5	外国人登録法改正、指紋押捺制度廃止。ただし永住資格を持たない一年以上の長期滞在者には継続（九三年一月施行）	10	金丸信衆議院議員を辞職
	6	ＰＫＯ協力法案をめぐり野党が牛歩戦術で抵抗（一五日可決・成立）	12	国連安保理、ソマリアに多国籍軍派遣決議

		大阪箕面市教育委員会が個人情報保護条例に基づき指導要項を全面開示		
		政府がODA大綱を閣議決定、環境と開発の両立、民主化と軍縮を中心に		
	9	国連の要請を受け、PKO協力法に基づき、カンボジアへ自衛隊派遣。文民警官一名、ボランティア一名が死亡		
一九九三	1	最高裁、九〇年衆議院議員選挙で最大三・一八倍の格差を無効と判断	3	読売新聞憲法世論調査（改正賛成五〇・四%、反対三三・〇%）
	3	モザンビークのPKO活動に自衛隊派遣	4	毎日新聞憲法世論調査（改正賛成四四%、反対二五%）
	5	川崎市が情報公開条例に基づき市長らの交際費を全面開示	6	国連安保理、ボスニア・ヘルツェゴビナに国連防護軍の武力行使容認
	7	大阪岸和田市で、定住外国人の参政権付与を求める決議を全会一致で可決		ソマリアで国連平和維持軍が武装勢力と交戦、二三名死亡
	9	最高裁、死刑判決で異例の補足意見、大野判事が一定期間の死刑執行の実験的停止に言及		皇太子結婚
	11	環境基本法公布		宮沢内閣不信任案可決
				自民党分裂、武村正義「さきがけ」、羽田孜「新生党」を結成
			7	衆議院総選挙（与党：社会七〇、新生五五、公明五一、日本新三五、民社一五、さきがけ一三、社民連四／野党：自民二二三、共産一五、他三〇）
			8	細川内閣、五五年体制終焉
			11	マーストリヒト条約発効
一九九四	1	最高裁初の女性判事誕生	2	国連安保理、ソマリアでの武力による強制的武装排除を断念
		中野区、教育委員準公選を廃止	3	ソマリア和平合意
		政治改革法案可決、小選挙区比例代表並立制導入		
	4	子どもの権利条約批准		

9 社会党が自衛隊を合憲とするなど基本路線変更
ルワンダPKOで自衛隊派遣
11 読売新聞が憲法改正試案を発表
政治改革関連三法案成立

読売新聞憲法世論調査（改正賛成四四・二%、反対四〇・〇%）
細川首相、東京佐川急便疑惑などで辞任
4 羽田内閣
5 社民連、日本新党へ合流
6 オウム真理教長野県松本サリン事件、七名死亡
7 村山内閣
ドイツ連邦憲法裁、NATO域外への派遣を認める判断
10 ドイツ緑の党、連邦議会で四九議席獲得
11 ソマリアPKO全面撤退
12 毎日新聞憲法世論調査（改正賛成二八%、反対二七%）

一九九五

2 最高裁、定住外国人の地方参政権につき憲法上禁止されていないと判断
5 地方分権推進法公布
7 最高裁、非嫡出子の相続差別を合憲と判断
元従軍慰安婦を対象とした「女性のためのアジア平和国民基金」が正式発足
8 中国、フランスの核実験に対して衆参両院で反対の決議採択
村山首相談話、戦争に対する責任を明確化
9 沖縄県議会、日米地位協定の見直しを求める意見書採択
10 新潟県巻町で原発建設に関する住民投票条例案可決（九六年実施）
11 政府、新防衛大綱を決定
高齢社会対策基本法成立

1 世界貿易機関（WTO）発足
国連事務総長、平和執行部隊構想を撤回
阪神・淡路大震災、死者六〇〇〇人以上
3 オウム真理教地下鉄サリン事件、死者一〇名
読売新聞憲法世論調査（改正賛成五〇・四%、反対三〇・九%）
4 東京都青島幸男、大阪府横山ノックが知事に当選
ドイツ、NATO域外へ軍隊派遣
9 沖縄で米兵による少女暴行事件発生、後に日米地位協定、米軍基地用地について市民運動が高揚
11 イスラエルのラビン首相、銃撃され死亡
12 毎日新聞憲法世論調査（改正賛成三七%、反対二二%）

	12	国会、人種差別撤廃条約を承認。六五年に国連総会で採択されてから三〇年経過		
一九九六	1	最高裁、オウム真理教に解散命令を合憲と判断	1	第一次橋本内閣
	3	らい予防法を廃止する法律公布	2	菅直人厚生大臣、HIV患者に謝罪
	4	川崎市、職員採用で消防を除く全職種で国籍条項を撤廃することを決定	3	読売新聞憲法世論調査（改正賛成四六・七%、反対三六・四%）
	8	新潟県巻町、原発建設について、全国初の住民投票で反対多数	7	国際司法裁判所、核兵器の使用は一般的に国際法違反と勧告的意見
	10	薬害エイズ事件で、厚生省の元課長が業務上過失致死容疑で逮捕	10	衆議院総選挙（与党：自民二三六、社民一五、さきがけ二／野党：新進一五六、民主五二、共産二六、他一〇）
			11	第二次橋本内閣
			12	毎日新聞憲法世論調査（改正賛成三二%、反対二〇%）
一九九七	1	岐阜県御嵩町で、産廃処理施設設置に関する住民投票条例案可決（六月実施）	3	読売新聞憲法世論調査（改正賛成四四・九%、反対三六・八%）
	5	アイヌ文化振興法成立 環境影響評価法成立 臓器の移植に関する法律成立	4	消費税率五%に 朝日新聞憲法世論調査（改正賛成四六%、反対三九%）
	6	財政構造改革の推進に関する特別措置法成立	5	イギリスで労働党が勝利、ブレア首相誕生
	12	介護保険法成立	11	北海道拓殖銀行、山一証券など金融大手の経営破綻
一九九八	3	特定非営利活動促進法成立	3	読売新聞憲法世論調査（改正賛成五二・三%、反対三〇・九%）
	6	中央省庁等改革基本法成立	7	小渕内閣
	10	地球温暖化対策の推進に関する法律成立		
	12	財政構造改革の推進に関する特別措置法の停止に関する法律成立		
一九九九	5	行政機関の保有する情報の公開に関する法律成立 児童買春・児童ポルノ等処罰法成立	3	読売新聞憲法世論調査（改正賛成五三・〇%、反対三一・一%）

		周辺事態に際して我が国の平和及び安全を確保するための措置に関する法律成立		
	6	司法制度改革審議会設置法成立 徳島市で吉野川可動堰に関する住民投票実施。建設相が「民主主義の誤作動」と発言 男女共同参画社会基本法成立		
	7	ダイオキシン類対策特別措置法成立 各中央省庁設置法成立		
	8	犯罪捜査のための通信傍受に関する法律成立		
	10	静岡地裁、人種差別撤廃条約を直接適用して被告外国人の訴えを認める		
	12	任意後見契約に関する法律成立、成年後見人制度創設 各独立行政法人設置法成立 民事再生法成立		
二〇〇〇	3	過疎地域自立促進特別措置法成立	3	読売新聞憲法世論調査（改正賛成六〇・〇%、反対二六・七%）
	5	ストーカー行為等の規制等に関する法律成立 児童虐待の防止等に関する法律成立	4	第一次森内閣（小渕首相緊急入院による）
	6	循環型社会形成推進基本法成立	6	衆議院総選挙（与党：自民二三三、公明三一、保守七／野党：民主一二七、自由二二、共産二〇、社民一九、他二二）
	12	高度情報通信ネットワーク社会形成基本法成立 ヒトに関するクローン技術等の規制に関する法律成立	7	第二次森内閣
			8	三宅島噴火、全住民約二〇〇〇人が島を離れ避難生活へ
			9	毎日新聞憲法世論調査（改正賛成四三%、反対一三%）
二〇〇一	4	DV防止法成立	4	読売新聞憲法世論調査（改正賛成五四・一%、反対二一

月	事項
	新潟県刈羽町で、プルサーマル計画の導入に関して住民投票条例案可決（五月実施）
5	熊本地裁、ハンセン病訴訟で国会の不作為責任を認める。国控訴断念
6	特殊法人等改革基本法成立
11	テロ対策特別措置法成立

月	事項
	八・四%）
	小泉内閣、改革を掲げて国民的人気
9	日本で初の狂牛病（BSE）確認
	アメリカ同時多発テロ
	毎日新聞憲法世論調査（改正賛成四三%、反対一四%）

「美しい都市を創る権利」に関わる世界の憲法

イタリア

第９条

1　共和国は、文化の発展並びに科学的及び技術的な研究を促進する。

2　共和国は、国の風景並びに歴史的及び芸術的財物を保護する。

インド

第51Ａ条

次に掲げる事項は、すべてのインド公民の義務である。

6　多面的要素を含んだインド文化の豊かな伝統を尊重し、維持すること。

7　森林、湖、河川及び野生動物を含む自然環境を保護、改善し、生物をいとおしむこと。

スイス連邦

第24条６

1　自然及び郷土の保全は、邦の管轄事項である。

2　連邦は、自己の任務の遂行にあたって、自然及び郷土の保全に関する懸案に顧慮する。連邦は、土地状況、地域景観、史跡及び自然的記念物及び文化的記念物を愛護する。連邦は、右のものに公的利益が認められる場合には、それを完全な形で保存する。

3　連邦は、自然及び郷土の保全のための努力を支担し、また全スイス的意義をもつ対象を、契約により、または公的徴用の形で取得もしくは確保することができる。

第69条

2　連邦は、全スイスの利益にかなう文化分野での努力を支担し、また、美術及び音楽を、とくに教育の領域において奨励する。

第73条 3 連邦は、その任務の遂行に際して、国の文化的・言語的多様性を顧慮する。
連邦及び邦は、一方では、自然とその更新力との間の、長期にわたって釣り合いのとれた関係をつくり出し、また他方では、自然を人間による使用に耐えるようなものとするために努力する。

スウェーデン

第2条 2 個人の個人的、経済的及び文化的な福利は、共同体の活動の基本的な目標でなければならない。特に、勤労、住宅及び教育の権利を確保し、社会扶助及び社会保障並びに良好な生活環境を促進することは、共同体の義務である。

スペイン

第45条 2 公権力は、生活水準を維持、向上し、及び環境を保護、回復するために、あらゆる天然資源の合理的利用に留意する。このため、公権力は、国民全体の連帯及び支持を得なければならない。

第46条 公権力は、スペイン国民の歴史的、文化的及び芸術的財産、並びにその構成部分につき、法的地位及び所有者のいかんにかかわらず、その保護を図り、かつその育成を奨励する。

第47条 すべてのスペイン人は、相応の、適切な住居を享受する権利を有する。公権力は、この権利を実効的たらしめるため、必要な条件を整備し、適切な基準を定めるとともに、投機を防止するため、全体の利益に合致するよう、土地利用の規制を行う。
地域社会は、公共団体の都市計画により生ずる利益を享受する。

大韓民国

第35条　1　すべて国民は、健康かつ快適な環境のもとで生活する権利を有し、国家及び国民は環境保全に努めねばならない。
2　環境権の内容は、法律でこれを定める。
3　国家は、住宅開発政策等を通して、すべての国民が快適な住居生活をすることができるように努めなければならない。

第122条　国家は国民すべての生産及び生活の基盤となる国土の効率的かつ均衡ある利用、開発及び保全のため、法律の定めるところにより、これに関する必要な制限及び義務を課すことができる。

中華人民共和国

第9条　2　国家は、天然資源の合理的利用を保障し、貴重な動物及び植物を保護する。いかなる組織または個人であれ、天然資源を不法占有しまたは破壊することは、その手段を問わず、これを禁止する。

第22条　2　国家は、名所・旧跡、貴重な文化財及びその他の重要な歴史的文化遺産を保護する。

ドイツ連邦共和国

第14条　1　所有権及び相続権は、これを保障する。内容及び制限は、法律で定める。
2　所有権は、義務を伴う。その行使は同時に公共の福祉に役立つものでなければならない。

第15条　土地、天然資源及び生産手段は、社会化の目的のために、補償の種類及び程度を規律する法律によって、公有財産または他の形態の公共経済に移すことができる。

第20a条　国は、将来の世代に対する責任からも憲法的秩序の枠内で、立法により、並びに法律及び法に基づく執行権及び司法により、自然的な生活基盤を保護する。

第72条　1　競合的立法の分野では、州は、連邦が立法権を行使しなかった範囲かつその限りで、立法権を有する。

第74条　1　競合的立法は、次の分野に及ぶ。
15　土地、天然資源、生産手段の公有化またはその他の形態の公共経済への移行
24　ごみの除去、大気の清浄保持及び騒音防止

フィリピン共和国

第2条第16節　自然と調和した望ましい生態環境に対する国民の権利は保障される。

第12条　国は、この憲法及び開発の国策ないしは計画に従い、固有の文化共同体に、その経済的文化的恵福を享受することを目的とする、父祖の土地に対する権利を保障する。

第14条第16節　全国の芸術的歴史的遺産は、国民の文化財である。国はこれを保護し、処分に制限を加える。

ブラジル連邦共和国

第5条　22　所有権は、保障される。
23　所有は、義務を伴う。

第23条　以下の事項は、連邦、州、連邦区及び市の共同の権限に属する。
3　文書、作品、その他歴史的、芸術的、文化的価値を有する財産、遺跡及び著名な天然の景観並びに考古学的地域の保護。

第24条　以下の事項は、連邦、州、連邦区の競合的立法権限に属する。
6　森林、狩猟、漁労、動物区系、自然保護、土壌及び天然資源の保全、環境保護及び汚染の制御。
7　天然の景観美を含む歴史的、文化的、芸術的及び観光的記念物の制御。

第182条 8 環境、消費者、天然の景観美を含む芸術的、美術的、歴史的、観光的価値を有する財産及び権利の毀損に対する責任。

第225条 市郡の公権力によって実施される土地開発政策は、法律に定める一般的指針に従い、市の社会的機能の完全な発展を組織し、かつその住民の福祉を保障することを目的とする。二万人以上の住民の市に対し義務づけられ、市議会によって承認された指導計画は、都市の開発及び拡張政策の基本手段である。

市街地の所有権は、指導計画に明示された市の基本的要求を満たすとき、その社会的機能を果たす。

すべての者は、国民の公共物で、健康な生活を営む上で不可欠の、均衡のとれた生態的環境に対する権利を有し、公権力と社会には、現在及び将来の世代のためにこれを擁護し、かつ保全する義務が課せられる。

ポーランド共和国

第6条 1 ポーランド共和国は、ポーランド国民のアイデンティティ、その持続と発展の源泉である文化財の普及とそれへの平等なアクセスのための条件をつくり出す。

第74条 1 公的権力は、現在及び将来の世代にエコロジー的安全を保障する政策を実施する。

2 環境の保護は公的権力の義務である。

3 各人は、環境の状態及びその保護についての情報を得る権利を持つ。

4 公的権力は、環境を保護しその状態を改善するための市民の行動を支援する。

ロシア連邦

第44条 1 各人には、文学的、芸術的、学術的、技術的及びその他の種類の創作活動と教育の自由が保障される。知的所有権は、法律によって保護される。

2　各人は、文化的な生活への参加及び文化施設利用の権利、文化財の享受の権利を有する。

3　各人は、歴史的及び文化的な遺産の保護に配慮し、歴史と文化の記念物を大切にしなければならない。

（参考文献）

阿部照哉・畑惇博行編『世界の憲法集第二版』（一九九八年、有信堂）
樋口陽一・吉田善明編『解説　世界憲法集　第四版』（一九九四年、三省堂）
矢谷通朗編訳『ブラジル連邦共和国憲法：一九八八年』（一九九一年、アジア経済研究所）
高田敏、初宿正典編訳『ドイツ憲法集』（一九九四年、信山社）

参考文献

第二章　直接民主主義の設計

生田希保美・越野誠一著『アメリカの直接参加・住民投票』（一九九七年一〇月、自治体研究社）
『アメリカにおける直接立法／住民投票制度』（地方自治総合研究所）
「自治研究」第七三巻第五号〜八号、第一〇号〜一一号（一九九七年、良書普及会）
「月刊自治研」一九九七年一月号（自治研中央推進委員会）
ジョン・ロック著『市民政府論』鵜飼信成訳（一九六八年、岩波書店）
J・J・ルソー著『社会契約論』桑原武夫・前川貞次郎訳（一九五四年、岩波書店）
松下圭一著『政策型思考と政治』（一九九一年、東京大学出版会）
松下圭一著『市民自治の憲法理論』（一九七五年、岩波書店）
小笠原弘親・小野紀明・藤原保信著『政治思想史』（一九八七年、有斐閣）
阿部照哉・畑博行編『世界の憲法集　第二版』（一九九八年、有信堂）
芦部信喜著『憲法　新版補訂版』（一九九九年、岩波書店）
伊藤正巳著『憲法』（一九九〇年、弘文堂）
宮沢俊義著『憲法Ⅱ』（一九七一年、有斐閣）
今井一著『住民投票』（二〇〇〇年、岩波書店）

第三章　人権論の創造

ジョン・ロック著『市民政府論』鵜飼信成訳（一九六八年、岩波書店）
J・J・ルソー著『社会契約論』桑原武夫・前川貞次郎訳（一九五四年、岩波書店）
松下圭一著『政策型思考と政治』（一九九一年、東京大学出版会）
松下圭一著『市民自治の憲法理論』（一九七五年、岩波書店）
小笠原弘親・小野紀明・藤原保信著『政治思想史』（一九八七年、有斐閣）
芦部信喜著『憲法　新版補訂版』（一九九九年、岩波書店）
伊藤正巳著『憲法』（一九九〇年、弘文堂）
宮沢俊義著『憲法Ⅱ』（一九七一年、有斐閣）

第四章　環境権

バイエルン・ユリウス・マクシミリアン大学　http://www.uni-wuerburg.del/law/home.html
Constitutions of the Countries of the World (Gisbert H. Flanz, Oceania Publications)
阿部照哉・畑博行編『世界の憲法集　第二版』（一九九八年、有信堂）
浦野起央・西修編『資料体系アジア・アフリカ国際関係政治社会史　第六巻　憲法資料アジアⅡ』（一九八四年、パピルス出版）
四本健二「カンボジア王国憲法（日本語訳）」（「法学セミナー」四七六号）
大内憲昭「朝鮮民主主義共和国の一九九八年憲法改正に関する若干の考察」（「関東学院大学文学部紀要」八三号）

東條喜代子「タイ王国新憲法『仏歴二四五〇年（西暦一九九七年）タイ王国憲法』」（「産大法学」三一巻三／四号）
大村泰樹「一九九二年モンゴル国憲法（仮訳）」（「現代の諸問題とその分析」四号）
青山利勝著『ラオス』（一九九五年、中央公論社）
西修「イラン・イスラム共和国憲法」（「政治学論集」一二号）
直川誠蔵・吉田稔訳「キューバ共和国憲法（一九七六年）」（「比較法学」一六巻一号）
矢谷通朗編訳『ブラジル連邦共和国憲法一九八八年』（一九九一年、アジア経済研究所）
滑川憲一「一九九三年、憲法をもったアンドラ公国」（「レファレンス」五三七号）
武永淳「オーストリア共和国連邦憲法（一）」（「彦根論叢」三一二号）
「オランダ王国憲法（仮訳）」（「衆議院ロシア等欧州各国及びイスラエル憲法調査議員団報告書　別冊　訪問国等の憲法」、二〇〇一年）
竹森正孝「クロアチア共和国憲法」（「社会主義法のうごき」三九、四一号）
黒本三郎・杉本篤史訳「スロヴェニア共和国一九九一年憲法」（「比較法学」三三巻二号）
平泉公雄「ハンガリー共和国憲法」（「法律時報」六二巻三号）
衆議院憲法調査会事務局「フィンランド共和国憲法（仮訳）」（二〇〇〇年）
ストイチェヴァ・ビストラ、直川誠蔵訳「一九九一年ブルガリア共和国憲法（全訳）」（「比較法学」三四巻二号）
竹森正孝「リトヴァ共和国憲法」（「社会主義法のうごき」八一号）
佐藤信夫著『対訳アルメニア憲法』（一九九九年、信山社）
佐藤信夫・飯島紀著『対訳グルジア憲法』（一九九八年、信山社）

竹森正孝「ベラルーシ共和国憲法」（「社会主義法のうごき」八三号）

第五章　外国人の権利

杉田敦著『権力』（二〇〇〇年、岩波書店）
小熊英二著『「日本人」の境界――沖縄・アイヌ・台湾・朝鮮　植民地支配から復帰運動まで』（一九九八年、新曜社）
井口泰著『外国人労働者新時代』（二〇〇一年、筑摩書房）
青木保著『異文化理解』（二〇〇一年、岩波書店）
なだいなだ著『民族という名の宗教――人をまとめる原理・排除する原理』（一九九二年、岩波書店）
紙谷雅子編著『日本国憲法を読み直す』（二〇〇〇年、日本経済新聞社）
藤正巖・古川俊之著『ウェルカム・人口減少社会』（二〇〇〇年、文藝春秋）
近藤敦著『Q&A外国人参政権問題の基礎知識』（二〇〇一年、明石書店）
田久保 忠衛他『「国家」を見失った日本人――外国人参政権問題の本質』（二〇〇〇年、小学館文庫）
丹羽雅雄著『知っていますか？　外国人労働者とその家族の人権　一問一答』（一九九八年、解放出版社）
桑原靖夫編『グローバル時代の外国人労働者　どこから来てどこへ』（二〇〇一年、東洋経済新報社）警察庁編『警察白書〈平成一一年版〉――国境を越える犯罪との闘い』（一九九九年、大蔵省印刷局）

第六章　地方自治

J・S・ミル著『自由論』塩尻公明・木村健康訳（一九七一年、岩波書店）
イェーリング著『権利のための闘争』村上淳一訳（一九八二年、岩波書店）

松下圭一著『市民自治の憲法理論』（一九七五年、岩波書店）
西尾勝著『行政学』（一九九三年、有斐閣）
「地方分権推進委員会中間報告」http://www.sorifu.go.jp/council/bunken/middle/01.html
一九八五年「欧州地方自治憲章」
五十嵐敬喜・小川明雄著『市民版　行政改革』（一九九九年、岩波書店）
レイモンド・エリック著『伽藍とバザール』山形浩生訳（一九九九年、光芒社）

第七章　立法

古関彰一著『新憲法の誕生』（一九八九年、中央公論社）
ジャスティン・ウィリアムズ著『マッカーサーの政治改革』市雄貴・星健一訳（一九八九年、朝日新聞社）
浅野一郎著『国会辞典第三版補訂版』（一九九八年、有斐閣）
大山礼子著『国会学入門』（一九九七年、三省堂）
衆議院事務局編『衆議院の動き　第六号』（一九九八年、集栄会）
田丸大著『法案作成と省庁官僚制』（二〇〇〇年、信山社）
上田章・五十嵐敬喜著『議会と議員立法　議員立法についての元衆議院法制局長との〈対談〉』（一九九七年、公人の友社）
毎日新聞特別取材班『ルポルタージュ国会は死んだか？　再生への大胆な提言』（一九九六年、毎日新聞社）
朝日新聞特別取材班『政治家よ　「不信」を超える道はある』（二〇〇〇年、朝日新聞社）
上田哲著『上田哲が、一人で最高裁を追いつめた本邦初の裁判「国民投票法・合憲」「小選挙区比例代表並立制・違憲」逃げた首相と議長と裁判官たち』（二〇〇一年、データハウス）

中田ひろし著『国会の掟　国会の常識は世間の非常識』（一九九五年、プレジデント社）
「国会の役割と改革の行方」（「ジュリスト」一一七七号）
「法律はどうやってつくるのか　議員立法大研究」（「法学セミナー」四九九号）

第八章　行政

堤和馬著『巨大省庁天下り腐敗白書』（二〇〇〇年、講談社）
菅直人著『大臣』（一九九八年、岩波書店）
カレル・ヴァン・ウォルフレン著『日本／権力構造の謎』篠原勝訳（一九九〇年、早川書房）
官僚研究会編『キャリア官僚大研究』（二〇〇〇年、東邦出版）
川北隆雄著『官僚たちの縄張り』（一九九九年、新潮社）
佐竹五六著『体験的官僚論』（一九九八年、有斐閣）
脇山俊著『官僚が書いた官僚改革』（一九九四年、産能大学出版部）
村松岐夫著『日本の行政』（一九九四年、中央公論社）
西川伸一著『知られざる官庁　内閣法制局』（二〇〇〇年、五月書房）
読売新聞社調査研究本部編『西欧の議会民主主義の源流を探る』（一九八九年、読売新聞社）
小池洋次著『政策形成の日米比較』（一九九九年、中央公論社）

第九章　大統領制

モンテスキュー著『法の精神』野田良之他訳（一九八九年、岩波書店）

弘文堂編集部編『いま、「首相公選」を考える』（二〇〇一年、弘文堂）
小田全宏著『首相公選』（二〇〇一年、サンマーク出版）
小林昭三著『首相公選論入門』（二〇〇一年、成文堂）
国立国会図書館調査及び立法考査局、政治議会調査室・課資料
「大統領制と議院内閣制の主な特徴比較」一九九五年一月
「大統領に関する各国比較」二〇〇一年五月一六日
「主要国の内閣の特徴比較」二〇〇一年八月八日
「首相公選制を考える懇談会」議事要旨（速報版）、内閣府、二〇〇一年六月〜
hppt://www.kantei.go.jp/jp/kousensei/dai3/1~4gijiyousi.html
「衆議院　ロシア等欧州各国及びイスラエル憲法調査議員団　報告書」二〇〇一年一一月

第一〇章　司法

佐藤幸治著『憲法　第三版』（一九九五年、青林書院）
渡辺洋三・江藤价泰・小田中聰樹著『日本の裁判』（一九九五年、岩波書店）
原田尚彦著『行政法要論』（二〇〇〇年、学陽書房）
山本祐司著『最高裁物語』（一九九四年、講談社）
L・ファヴォルー著『憲法裁判所』山本一訳（一九九九年、敬文堂）
大村文敏著『アメリカ連邦最高裁の新しい役割』（一九九七年、新評論）
小山雅亀著『イギリスの訴追制度』（一九九五年、成文堂）

第一一章　憲法裁判所

L・ファヴォルー著『憲法裁判所』山本一訳（一九九九年、敬文堂）
戸波江二「ドイツ連邦憲法裁判所の現況とその後」（「ジュリスト」一〇三七号）
戸波江二「憲法訴訟論の現代的課題」（「法学教室」二五三号）
芦部信喜著『宗教・人権・憲法学』（一九九九年、有斐閣）
笹田栄司「憲法裁判の在り方」（「ジュリスト」一一三三号）
伊藤正巳著『裁判官と学者の間』（一九九三年、有斐閣）
野中俊彦・中村睦男・高橋和之・高見勝利著『憲法Ⅱ〔第三版〕』（二〇〇一年、有斐閣）

第一二章　財政

加藤治彦編『図説平成一三年度版日本の財政』（二〇〇一年、東洋経済新報社）
神野直彦著『システム改革の政治経済学』（一九九八年、岩波書店）
神野直彦著『二兎を得る経済学』（二〇〇一年、講談社）
岸宣仁著『税の攻防』（一九九八年、文藝春秋）
井堀利宏著『財政赤字の正しい考え方』（二〇〇〇年、東洋経済新報社）
神野直彦・金子勝著『財政崩壊を食い止める』（二〇〇〇年、岩波書店）
富田俊基著『国債累増のつけを誰が払うのか』（一九九九年、東洋経済新報社）

第一三章　伝統と文化

T・フジタニ著『天皇のページェント』米山リサ訳（一九九四年、NHKブックス）

原武史著『可視化された帝国――近代日本の行幸啓』（二〇〇一年、みすず書房）
坪内祐三著『靖国』（一九九九年、新潮社）
井上ひさし著『『國語元年』』（一九八五年、中央公論社）
長谷川三千子著『正義の喪失――反時代的考察』（一九九九年、PHP研究所）
三浦朱門著『「歴史・公民」全教科書を検証する――教科書改善白書』（二〇〇一年、小学館文庫）
隈元浩彦著『私たちはどこから来たのか――日本人を科学する』（一九九七年、毎日新聞社）
五十嵐敬喜・野口和雄・池上修一著『美の条例――いきづく町をつくる』（一九九六年、学芸出版社）
赤坂憲雄著『東北学（Ｖｏｌ．４）』（二〇〇一年、東北芸術工科大学東北文化研究センター）
金達寿著『日本の中の朝鮮文化――相模・武蔵・上野・房総ほか』（二〇〇一年　講談社学術文庫）
樋口陽一・吉田善明編『解説　世界憲法集　第四版』（二〇〇一年、三省堂）
青木保著『異文化理解』（二〇〇一年　岩波新書）
なだいなだ著『民族という名の宗教――人をまとめる原理・排除する原理』（一九九二年、岩波書店）
藤原帰一著『戦争を記憶する　広島・ホロコーストと現代』（二〇〇一年、講談社）
佐伯啓思著『国家についての考察』（二〇〇一年、飛鳥新社）
大塚英志著『戦後民主主義のリハビリテーション』（二〇〇一年、角川書店）
大塚英志・福田和也著『最後の対話――ナショナリズムと戦後民主主義』（二〇〇一年、PHP研究所）
アンソニー・ギデンズ著『暴走する世界――グローバリゼーションは何をどう変えるのか』佐和隆光訳（二〇〇一年、ダイヤモンド社）
アンソニー・ギデンズ著『第三の道――効率と公正の新たな同盟』佐和隆光訳（一九九九年、日本経済新聞社）

第一四章　戦争放棄と平和への貢献

松井愈他著『戦争と平和の事典――現代史を読むキーワード』（一九九五年、高文研）
ツキュディデス著『戦史』久保正彰訳（一九六六年、岩波書店）
ジョン・ダワー著『敗戦を抱きしめて』（二〇〇一年、岩波書店）
C・ダグラス・ラミス著『憲法と戦争』（二〇〇〇年、晶文社）
小林直樹著『憲法第九条』（一九八二年、岩波書店）
中曽根康弘・宮澤喜一『対論　改憲・護憲』（一九九七年、朝日新聞社）
中村明著『戦後政治にゆれた憲法九条』（一九九六年、中央経済社）
ノーム・チョムスキー著『9.11　アメリカに報復する資格はない』（二〇〇一年、文藝春秋）
B・ラセット著『パクス・デモクラティア』（一九九六年、東京大学出版会）
樋口陽一・大須賀明編『日本国憲法資料集』（二〇〇〇年、三省堂）
前田哲男著『在日米軍基地の収支決算』（二〇〇〇年、筑摩書房）
松井愈他著『戦争と平和の事典』（一九九五年、高文研）
松下圭一著『都市型社会と防衛論争』（一九八八年、木鐸社）
読売新聞社調査研究本部編『憲法を考える――国際協調時代と憲法第九条』（一九九三年、読売新聞社）
和田進著『戦後日本の平和意識――暮らしの中の憲法』（一九九七年、青木書店）
『日本の防衛――二一世紀の精強な自衛隊を目指して――平成一三年度』（二〇〇一年、防衛庁）
「ミリタリー・バランス二〇〇〇・二〇〇一」The International Institute for Strategic Studies
「人間開発報告書一九九四年」国連開発計画UNDP（国際協力出版会）

〈検印廃止〉

市民《しみん》の憲法《けんぽう》

二〇〇二年五月　十　日　印刷
二〇〇二年五月十五日　発行

著　者　五十嵐《いがらし》敬喜《たかよし》
発行者　早　川　　浩
発行所　早　川　書　房

東京都千代田区神田多町二ノ二
電話　〇三－三二五二－三一一一
振替　〇〇一六〇－三－四七七九九
http://www.hayakawa-online.co.jp

印刷所　株式会社精興社
製本所　大口製本印刷会社
定価はカバーに表示してあります

ISBN4-15-208417-0 C0032
乱丁・落丁本は小社制作部宛お送り下さい。
送料小社負担にてお取りかえいたします。